● 国家自然科学基金面上项目"农村居民点用地内部结构演变及其配置标准改进" （41671519）
● 国家自然科学基金面上项目"都市郊区农村居民点产住空间权衡机理及协同机制研究" （41801193）
● 国家自然科学基金面上项目"物质−社会空间耦合视阈下农村居民点转型机理与效应研究" （41771560）
● 国家重点研发计划课题"村镇聚落空间重构的数字模拟" （2018YFD1100305）

乡村振兴战略下
农村居民点用地功能
——分化与更新

张佰林　姜广辉　曲衍波◎著

图书在版编目（CIP）数据

乡村振兴战略下农村居民点用地功能：分化与更新/张佰林，姜广辉，曲衍波著. —北京：知识产权出版社，2019.9

ISBN 978-7-5130-6395-1

Ⅰ.①乡⋯　Ⅱ.①张⋯　②姜⋯　③曲⋯　Ⅲ.①乡村居民点—土地利用—研究—中国　Ⅳ.①F321.1

中国版本图书馆 CIP 数据核字（2019）第 167046 号

内容提要

中国快速工业化、城镇化进程促使农村居民点用地内部结构与功能多样和分化，当前研究多将农村居民点用地视为一个整体。本书构建农村居民点用地内部结构与功能的对应逻辑，对 4 个典型村的研究表明，改革开放前，农村居民点用地以生活居住和农业生产功能为主，同质性明显；改革开放后，农村居民点用地生产功能逐渐多样化，农业生产、工业生产、商旅服务及生产功能缺失等类型在空间内并存。随着与城镇的邻近，农村居民点用地生活居住功能也呈现规律性变化。最后，本书对不同用地功能主导的农村居民点发展趋势进行了研判，提出了乡村振兴战略下农村居民点用地功能更新思路。

责任编辑：韩　冰　李　瑾		**责任校对**：潘凤越	
封面设计：邵建文　马倬麟		**责任印制**：孙婷婷	

乡村振兴战略下农村居民点用地功能
分化与更新

张佰林　姜广辉　曲衍波　著

出版发行：**知识产权出版社** 有限责任公司		网　　址：http://www.ipph.cn	
社　　址：北京市海淀区气象路 50 号院		邮　　编：100081	
责编电话：010-82000860 转 8126		责编邮箱：hanbing@cnipr.com	
发行电话：010-82000860 转 8101/8102		发行传真：010-82000893/82005070/82000270	
印　　刷：北京九州迅驰传媒文化有限公司		经　　销：各大网上书店、新华书店及相关专业书店	
开　　本：720mm×1000mm　1/16		印　　张：14.5	
版　　次：2019 年 9 月第 1 版		印　　次：2019 年 9 月第 1 次印刷	
字　　数：260 千字		定　　价：69.00 元	

ISBN 978-7-5130-6395-1

前　言

　　中国快速工业化、城镇化进程深刻影响着广大农村地区，促使农村居民点用地内部结构与功能朝着多样化和分化方向发展，对农村居民点演变研究提出了迫切需求。但当前，多数研究将农村居民点用地视为一个整体，探讨农村居民点的分布、空间格局、演变过程及其驱动机理，少有对农村居民点用地内部结构的系统解析。在传统农业社会，农村非农经济不发达，农村居民点用地内部结构较为单一，以宅基地为绝对主导，在这种情况下，将农村居民点用地视为一个图斑的研究或许可以满足农村土地管理的需求。但是，在当前社会经济转型背景下，农村居民点用地内部出现了一些工商业用地，在某些经济发达地区，宅基地甚至已经不再是主导的用地类型，因此，再将农村居民点用地视为一个整体的研究范式，显然不能适应经济发展和国土管理的需求。尤其是在乡村振兴战略背景下，村庄规划及乡村空间规划等一系列国土规划需要理论研究的跟进，因此，剖析农村居民点用地内部结构类型及农村居民点用地功能演变机理，据此提出农村居民点用地功能优化与更新的思路与框架，就具有十分重要的理论与指导意义。

　　基于此，本书首先构建了农村居民点用地内部结构与农村居民点用地功能的对应关系，在此基础上，运用参与式农村评估法，在山东省沂水县、山西省长治市选取典型样点村，通过对农村居民点内部用地属性和农村社会经济与自然要素的调查，建立农村居民点用地功能表征指标体系，系统分析了农村居民点用地多功能演变及其空间分异规律，提出了基于主导功能的农村居民点重构思路，旨在为农村居民点用地功能更新提供参考。

　　本书构建了一个长时间序列的农村居民点演变分异框架，以山东省沂水县为例，研究历史资料发现，农业社会，随着时间的推移，沂水县新建农村居民点由平原向丘陵和山地发展。说明在农业社会，在以农业为主要生计来源的背景下，耕地资源禀赋是农村居民点发生与发展的主要驱动力。农民建村首先选择耕地资源禀赋优越的平原，随着人地矛盾的加剧，逐步向丘陵和山区转移。综合统计数据和村户调研数据发现，工业化社会，沂水县农村居民点演变特征由数量的增加和空间布局的变化转变为农村经济和农户生计的多样化、非农化和分化。对 16 个调研村的研究发现，2013 年农村非农化程度为 37.54% ~ 90.65%，并呈现明显的空间分异规律。

接下来，本书以山东省沂水县 4 个典型村为例，通过大量的实地调研，对农村居民点用地多功能演变进行了系统而重点的分析。农村居民点用地生产功能演变与空间分异的研究表明，改革开放前，农村居民点用地以农业生产功能为主导，同质性明显。改革开放后，农村居民点用地生产功能逐渐多样化，农业生产、工业生产、商旅服务及生产功能缺失等不同功能主导的农村居民点并存，呈现明显的空间分化。农户以效用最大化原则安排生计策略，是农村居民点用地生产功能演变的直接动力。农村发展政策推动了农村居民点用地由单纯的农业生产功能到非农生产和农业生产等多功能的演变。地理环境和农户生计资产状况则决定了农村居民点用地生产功能的空间分化；对农村居民点用地生活功能演变与空间分异的研究表明，随着时间的推移，农户通过提升建材质量、扩展居住空间和翻新住宅，不断优化农村居民点用地居住功能。同时，21 世纪以来，农村住宅闲置废弃和居民点扩展并存，影响了农户生活居住环境的改善。农村居民点生活服务功能不足，但仍呈现一定的空间分异。随着与城镇的邻近，农村基本公共服务设施完善度呈上升趋势。农户以家庭为单位追求效用最大化目标，因此，农户生计成果的丰富必定刺激其对住宅进行投资以改善居住环境，但对农村基本公共服务设施投入缺乏激励，导致农村居民点生活服务功能优化缓慢。邻近城镇的农村接受了城镇基本公共服务的延伸，导致了农村居民点生活服务功能的空间分化。

通过对山西省长治市大量农村居民点的实地调研，探讨农村居民点用地功能的空间分异特征。不同类型农村居民点用地优势功能分异明显：边远型和远郊型优势功能是农业生产功能，随着与市区的邻近，近郊型和城中村优势功能逐渐转变为非农生产功能和生活功能，农村居民点用地多功能表征属性也呈规律性变化。生活功能表征属性方面，农户翻新、改造住房越频繁，农村居民点内部生活服务设施愈加完善；农业生产功能表征属性方面，人均耕地面积、农业生产对农户生计的贡献逐步降低，农户对农业生产功能的需求逐步减弱；非农生产功能表征属性方面，农村居民点非农生产空间逐渐扩大，维系农户就业和收入的非农产业活动对农户生计的贡献逐步提高。

最后，本书对不同功能主导的农村居民点发展趋势进行了研判，并提出了基于功能需求的农村居民点重构思路，即应在遵循农村居民点功能演化规律的基础上，通过调整农村居民点用地内部结构，更新农村居民点用地功能。基于农村居民点用地功能特征，以沂水县为例，辨析了农村居民点用地整治潜力，以及该县城乡建设用地增减挂钩中的新村建设模式。本书还对沂水县4个典型村的发展演变进行了系统剖析，提出了不同类型农村居民点用地功能演化特征对乡村振兴战略的启示。本书认为，基于功能需求的农村居民点重构，充分尊重了农户生产生活实际，以及农村发展演变规律，具有理论支撑和现实指导意义。

　　本书的创新点是，从研究视角上，不再将农村居民点用地视为一个图斑，而是通过对农村居民点用地内部结构的系统剖析，从微观尺度阐述农村居民点用地多功能的演变与分异规律，在此基础上，提出基于功能需求的农村居民点重构思路，通过调整农村居民点用地内部结构，实现农村居民点功能提升与更新。在理论上深化和扩充了农村居民点用地转型的研究框架，在实践中为乡村振兴及乡村空间规划提供了决策支撑。但同时，由于作者水平有限，难免会出现纰漏和不足，恳请各位同行不吝赐教。

目 录
CONTENTS

第1章 绪 论

1.1 研究背景

1.1.1 农村居民点用地功能演变具有客观的历史规律

农村居民点，亦称农村（乡村）聚落，伴随着原始农业的产生而出现，在过去几千年的农业社会中一直是人类聚居的主要形态（金其铭，1989）。我国对农村居民点的记录和描述起源颇早，《史记·五帝本纪》记载有"一年而所居成聚、二年成邑、三年成都"，其注释称"聚，谓村落也"；《汉书·沟洫志》记载有"或久无害，稍筑室宅，遂成聚落"。从功能属性分析，农村居民点分布在以农业生产为主体的地域，无论这个主体指的是从事农业生产的人，还是指农业生产在整个经济活动中的地位，或者是农业生产用地在整个土地利用结构中的比重（张小林，1998）。作为一个动态的人地关系地域系统，农村居民点不断进行着发生、发展的演变过程（Paquette S，2003；周国华等，2011；Long H L et al，2012；Tang M H，2013）。根据《国家人口发展规划（2016—2030年）》，到2030年当我国城镇化率达到70%时，仍将有4.35亿的乡村人口。因此可以说，"城市中国"与"乡土中国"将长期并存，"乡土中国"将长期为14亿~15亿人口提供与农业有关的各类产品和服务。因此，农村发展相关问题的研究是事关我国现代化建设大局的重要议题，历来受到政府和学界的高度关注。

农村居民点作为农村居民生产和居住等活动的空间载体，是农区人地系统交互耦合的核心（金其铭，1998；李小建，2017），也是实现乡村振兴及国家现代化不可或缺的关键环节与重要载体。农村居民点用地的出现，是农户需求的结果，满足农户对于居住和生产活动的需求是农村居民点用地的首要功能（张强，2007）。随着人类生产力的发展和社会进步，从原始社会避风遮雨的原始巢穴，到生活又生产、房屋加院落的"周时村社"，再到充满现代气息的社会主义新村（李同升，1998），农村居民点在历史变迁中经历了若干重大的转折（金其铭，

1998），农村居民点用地内部结构及功能不断地发生阶段性的变化，正由单一走向复杂、由复杂走向分化、由分化走向多元的变异及重组（李红波等，2015；赵之枫，2004；金其铭，1998）。这其中隐含着深刻的农村居民点用地功能演化的必然规律（龙花楼等，2009；姜广辉，2007）。

1.1.2 工业化、城镇化进程中农村居民点用地功能分化势不可挡

农村居民点用地内部结构是指农村居民点内各类用地的构成、比例及其通过内在机制相互作用而表现出的空间状态（姜广辉等，2007），是村庄功能在用地构成上的集中体现，是农村居民点内自发生成力与地域自然、社会经济背景因素组合作用下的复合表现（姜广辉等，2007）。农户不断改造农村居民点用地内部结构以适应村庄内外部环境的变化，从而导致农村居民点用地功能发生演变。

农业社会时期，村庄内外部环境相对封闭且稳定，农户以农业生产为主要生计策略，非农经济不发达，农村居民点用地内部结构单一，包括农民居住区的住房用地、附房用地以及庭院等。而农村宅基地作为农村居民点用地构成的主体（龙花楼等，2005），在漫长的传统小农社会，甚至可以等同于农村居民点用地。农村居民点用地主要承载着农户生活居住和农业生产功能，同质性明显（周其仁，1995；王鹏飞，2013），其功能演变过程相对缓慢。

近几十年来，史无前例的工业化、城镇化进程深刻影响着广大农村地区，城乡人口流动与经济社会发展要素的重组促使农村经济发展经历深刻转型（刘彦随，2007；Long H L et al，2009；龙花楼，2012a），农村内外部环境发展出现重大变化。由于我国地域广大，各区域农村接受非农要素辐射的强度不同，内外部环境也存在差异，我国农村居民点用地功能逐步多样化、非农化和分化。例如，东部沿海农村非农经济发展迅速，农户就业非农化与农村地域非农生产用地扩展并行发展（Long H L et al，2007），农村居民点朝着兼具生活和二、三产业等多功能方向发展；广大传统农区和边远山区，由于宅基地的闲置废弃及空心化，农村居民点用地功能不断萎缩，同时，由于非农经济缺乏，农户在庭院内种植蔬菜、养殖禽畜，除生活功能外，农村居民点还承载着农户的农业生产活动（信桂新等，2012）。同一区域内农村居民点用地功能也呈现出异质性，工业村、商品性农业村、外出务工村和资源依赖型村庄并存（沙志芳，2007）。农村构成要素的多样性，农村自然地理及区位的差异性及资源禀赋、经济社会基础的不同，使农村居民点用地在内容和呈现形式等方面错综复杂（张佰林等，2014；李平星

等，2014）。多样化和分化成为当前中国农村居民点用地内部结构及功能演变的重要特征（龙花楼和李秀彬，2005；Liu Y S & Zhang F G，2009；马晓冬等，2012；Zhou G H et al，2013；贺艳华等，2013）。

1.1.3　当前缺少对农村居民点用地功能演变分化的系统研究

农村居民点用地一直是地理学、土地科学、人类聚居学及农村社会学等学科共同关注的热点问题。国外对农村居民点的研究始于聚落与地理环境关系的定性描述，后经计量革命和技术方法革新、社会文化转向等阶段，主要研究领域转向农村居民点景观视觉评价、农村居民点用地变化与规划、乡村特殊人群及社会研究等（Klepeis et al，2006；Clark et al，2009；Tilt et al，2009；Banski et al，2010；Wissen et al，2010；Siciliano，2012；Bittner et al，2013；Wilson et al，2015），研究视角和测度方法较为多样，研究内容从农村居民点物质实体为主向人类生存环境和社会问题的综合研究转变，研究范式的人文社会趋向也日益明显（Farstad et al，2013；陶伟等，2016）。在国内，社会经济转型期农村居民点演变加速，对农村居民点用地的物质实体研究更为关注，研究多将农村居民点视为一个整体/图斑，从理论层面研究农村居民点用地的演变与重构（李君和李小建，2009；周国华等，2011；马晓东等，2012；贺艳华等，2013；孔雪松等，2014；谭雪兰等，2015；李红波等，2016；梁发超等，2017；曲衍波等，2017），从国土资源管理实务角度研究农村居民点用地的整治与利用（杨庆媛等，2004；刘彦随等，2009；龙花楼等，2009；陈秧分等，2012；王介勇等，2013；张正峰等，2015；刘建生等，2016；关小克等，2017）。

1984 年全国农业区划委员会发布的《土地利用现状调查技术规程》将农村居民点定义为"镇以下的居民点用地"，《全国土地分类》（过渡期间适用）将其定义为"镇以下的居民点"。两个分类系统均将农村居民点视为一个图斑和最基础的土地利用类型。虽然《土地利用现状分类》（GB/T 21010—2017）和《村庄规划用地分类指南》中，将农村居民点用地进一步划分为住宅用地、商服用地、工矿仓储用地、公共管理与公共服务用地等。然而，农村居民点与城市在产业构成、人口构成、空间形态等诸多方面存在着明显的差异。简单套用城市的土地利用分类体系及研究方法，以城市视角看农村，以城市的思维规划农村，无法突出农村居民点的特色用地类型，因此，当前土地利用分类系统显然难以揭示农村居民点内部用地的多样性，也难以适应土地精细化管理的需求（朱晓华等，2010）。

近些年，虽然也有学者从微观层面探讨农村居民点用地内部结构与功能，但对农村居民点用地内部结构的研究多进行了简单数量测算和区位特点的趋势性判断，缺少农村居民点用地内部结构组合类型的刻画与提炼，未能深入分析农村居民点用地功能与自然、社会、经济、人文要素的相互关系，缺少微观视角下的系统分析与机理研究，削减了农村居民点用地研究的实践应用价值。

1.1.4 乡村振兴战略下农村居民点重构亟须对其用地功能更新的科学认识

乡村振兴战略是习近平同志于 2017 年 10 月 18 日在党的十九大报告中提出的。十九大报告指出，农业农村农民问题是关系国计民生的根本性问题，必须始终把解决好"三农"问题作为全党工作的重中之重，实施乡村振兴战略。乡村兴则国家兴，乡村衰则国家衰。我国人民日益增长的美好生活需要和不平衡、不充分发展之间的矛盾在乡村最为突出，我国仍处于并将长期处于社会主义初级阶段的特征很大程度上表现在乡村。全面建成小康社会和全面建设社会主义现代化强国，最艰巨最繁重的任务在农村，最广泛最深厚的基础在农村，最大的潜力和后劲也在农村。实施乡村振兴战略，是解决新时代我国社会主要矛盾、实现"两个一百年"奋斗目标和中华民族伟大复兴中国梦的必然要求，具有重大现实意义和深远历史意义。农村居民点重构是乡村振兴战略的重要内容，也是实现"产业兴旺、生态宜居、乡风文明、治理有效、生活富裕"总要求的重要载体。因此，国家始终高度重视对农村居民点重构和用地规划。但由于理论研究滞后，缺乏对农村居民点用地内部结构与功能演变规律及更新的科学认识，农村居民点重构长期缺乏科学规划，多处于自发、松散无序的状态，导致用地类型交错混杂、人居环境恶劣，已经成为我国农村土地利用的严重问题（Su et al，2016）。

当前，全国各地纷纷开展了中心村建设、旧村改造、村庄环境整治等农村居民点重构活动，旨在优化村庄用地结构，加强村庄人居环境建设（张强等，2007）。此类建设，出发点是节约集约用地，多是一种减量化的思路，保护耕地的数量和质量成为农村居民点重构过程中的重点任务（张凤荣等，2016），由此引发了一系列问题：①大规模进行迁村并点、集中居住，违背了农户的意愿和需求，打破了原有村内居民之间形成的各种家族关系和邻里关系（刘建生等，2016）。过于重视农村居民点整理后的新增建设用地指标（朱泰峰等，2013；朱凤凯等，2013），大拆大建，损害了农民的权利与利益。②不加区别地建造标准化的"城市社区"(Long H L et al, 2009b),造成广大农村居民点单一化、均质化的空间格局(刘彦随,2011a),而事实上,一些地区的农村居民点用地早已不再是单纯的居住功能,而是成为集工业生产、商旅服务及居住等多功能的复合体。③将农村居民点看作一整个图斑,考虑的重点是整治潜力,忽视了用地内部结构的多样性和功能的复杂性(张凤荣等,2016),因此与农户的实际需求形成严重错位,成为引发社会矛盾的主要诱因(陈秧分等,2011)。

农村居民点重构中出现的上述偏差,不符合城乡融合发展及乡村振兴对农村土地管理的要求,不利于农村居民点的健康可持续发展(陈秧分和刘彦随,2011)。应当说,对农村居民点重构实践中出现的问题的认识已经清楚。在学术研究层面上,需要进一步细化,将研究深入到农村居民点内部,剖析农村居民点用地结构与功能的内在组织规律与更新机理,并将其视为农村居民点重构和用地规划的理论依据。

基于此,本书拟在城乡土地利用结构深刻调整的时代背景下,改变当前将农村居民点用地作为整体进行研究的现状,将研究细化至农村居民点用地内部,从土地资源优化配置的角度出发,注重农村居民点用地功能与人地系统的互馈关系解析,多层次、多视角考察农村居民点用地功能的时空分异;提炼农村居民点用地功能演变时空组织范式,揭示农村居民点用地功能与地域环境背景适应机制,并以此为依据提炼不同主导功能的农村居民点重构模式。为村庄功能更新、乡村空间规划及乡村振兴战略提供理论依据与实践指导。

1.2　研究意义

1.2.1　理论意义

农村居民点用地功能演变与更新机理属于微观尺度的研究。当前学者多将农村居民点用地视为一个图斑,研究农村居民点的分布、空间结构、演变过程及其驱动机理等,少有研究深入到农村居民点用地内部。在当前工业化、城镇化快速推进过程中,农村居民点内部用地类型及功能逐渐多样化和分化,亟须研究的跟进。因此,本书根据不同土地利用类型承载的要素和功能差异,构建农村居民点用地内部结构与农村居民点用地功能类型之间的对应关系,据此识别农村居民点用地多功能性。通过对农村居民点自然与社会经济要素等农村居民点用地功能表征属性的细致深入调查，从过程和格局双重维度研究农村居民点用地功能的阶段性特征、演变分化、驱动机制及其与地域环境的互适关系。

从研究视角上，在当前农村居民点用地功能多样化和分化的背景下，本书改变了之前将农村居民点用地视为一个图斑的研究范式，将尺度细化到农村居民点用地内部，将更为深入地剖析农村居民点用地演变特征。研究成果有助于农村居民点用地演变的理论与方法的完善，扩充农村居民点用地转型研究的方法与框架，丰富农村居民点研究范式。

1.2.2 现实指导意义

当前的农村居民点重构实践，也是将农村居民点用地视为一块图斑，因此，造成新建村均质和单一的空间格局。本研究在厘清农村居民点用地功能多样化及分化演变机理的基础上，探讨农村居民点用地多功能更新机制，依据农村居民点用地功能演化特征及其主导功能状况，探索差异化的农村居民点重构模式。

本书的农村居民点重构框架，首先，考虑了农村居民点用地功能多样化及其演化的事实，可以避免建设的新村千篇一律，或呈现单一和均质的用地格局的弊端，使得农村居民点重构更为科学合理；其次，农村居民点用地功能也是农户需求的结果，因此，遵循农村居民点用地功能更新规律的重构模式，也就充分满足了农户的实际需求，是尊重"以人为本"的发展实践，有利于农民生活居住环境和生产环境的同步提升；最后，乡村振兴战略亟须新理论和新的发展模式的支撑，细化到农村居民点用地内部、尊重用地多样化和分化的农村居民点重构实践，能够为推进农村国土空间的科学管理，乡村空间规划的科学编制提供科学依据，从而为乡村振兴提供新的理论内涵与依据。

1.3 章节安排及主要内容

本书遵循"理论构建—过程模拟—空间分异—优化配置"的研究思路，首先在借鉴土地利用多功能等理论基础上，构建农村居民点用地功能演变的理论框架，进而系统分析了农村居民点用地功能时间演变、空间分异及机理，最后探讨了农村居民点用地功能优化配置的思路。各章节内容安排如下。

1.3.1 概念辨析与理论框架构建

此内容包括第 1~3 章。在阐述本书写作背景、研究意义、国内外研究进展及研究区域与方法的基础上，基于地理学、社会学及土地科学等学科对农村居民点内涵的阐述，界定了本书中农村居民点用地及农村居民点用地功能的内涵；基于农村居民点用地内部结构与农村居民点用地功能的对应关系，构建了农村居民点用地功能表征指标体系；借鉴土地利用多功能理论、农户行为理论、"驱动力—状态—响应"模型及农户生计策略分析框架，搭建了本书中农村居民点用地功能演变的理论框架，指导全书的写作结构。

1.3.2 农村居民点用地演变的阶段性特征分析

此内容涉及第 4 章。以山东省沂水县为例，从长时间序列，研究农村居民点由同质同构到异质异构演变的过程。首先，基于史料记载和 ArcGIS 空间分析，研究自然农业社会农村居民点用地发生与布局的空间格局与演变特征；其次，基于翔实的实地调研资料，运用定量分析方法，研究工业化、城镇化快速推进时期农村居民点演化分异的新特征。以期总结不同时期农村居民点演变的特征，以及当前农村居民点分化的内容与驱动力，为研究工业化、城镇化背景下农村居民点用地功能演变分化提供前提和依据。

1.3.3 农村居民点用地多功能演变分异研究

此内容包括第 5~7 章。此部分是本书基础理论（农村居民点用地多功能演变分异）研究的核心内容，包括 3 个部分。

首先，以山东省沂水县为例，通过参与式农村评估与实地调研结合，搭建了农村居民点用地内部结构数据库，构建了农村居民点用地功能表征指标体系。在将农村居民点分为农业生产村、工业生产村、商旅服务村和城镇非农就业村 4 类的基础上，选择典型村，对农村居民点用地生产功能（第 5 章）和生活功能（第 6 章）的演变过程进行了系统分析，并对其不同的演变路径及其驱动力进行了阐述。其次，以山西省长治市为例，通过大样本数据（112 个农村居民点），在构建农村居民点用地功能表征指标体系基础上，运用区位熵模型，探讨了农村居民点用地多功能优势度，探讨农村居民点用地各类功能在不同空间区位中的优势度状况，全面认识农村居民点用地多功能的空间分异。

1.3.4 农村居民点用地多功能更新研究

此内容包括第8、9两章。此部分是本书应用研究的核心内容，旨在掌握农村居民点用地多功能演变规律与机制的基础上，探讨其对农村居民点重构和乡村振兴的启示。

首先，从农村居民点用地功能演变特征探讨农村居民点重构思路。此部分是针对当前农村居民点重构忽视农村居民点用地内部结构与功能的多样性，造成新建村单一和均质的空间格局的情况下，通过遵循农村居民点用地多功能演化规律，调整农村居民点用地内部结构，优化农村居民点用地功能。

其次，从影响农村居民点功能演变的内外部因素，探讨其对乡村振兴战略的启示。通过对沂水县4个农村的深入调研，从农村区位、农村起源与发展、农村经济及劳动力状况等影响农村居民点用地功能的因素入手，探讨不同功能类型农村居民点演变的内外部影响因子。通过对影响因子的调控，优化农村居民点用地功能演变，为乡村振兴提供政策支撑。

1.4 农村居民点用地功能研究进展

已有文献对农村居民点有不同的称谓，如村庄及乡村/农村聚落，从土地利用视角辨析，这些概念的内涵基本相同（曾山山等，2011），包括农民居住区的住房用地、附房用地及晒场、庭院等，以及村内基础设施和公共设施用地。而农村宅基地作为农村居民点用地构成的主体（龙花楼等，2005），尤其是在山区等经济欠发达的农村，甚至可以视为农村居民点用地（冯应斌等，2015）。因此，本书农村居民点用地包括了村庄、乡村/农村聚落和农村宅基地。基于农村居民点用地演变的新特征及土地精细化管理的需求，本书从地块尺度系统综述中国快速工业化和城镇化进程中农村居民点用地研究进展并提出展望，以期为本书及后续研究提供思路与借鉴。

1.4.1 农村居民点用地内部结构研究

（1）农村居民点用地内部结构特征

农村居民点用地是多类型用地构成的复合体，在当前社会经济转型期呈显著的空间异质性（见表1-1）。在广大传统农区，农村居民点用地内部有相当大比

例的种植用地和养殖用地，这些土地具有农业生产功能，是农户生计不可或缺的
组成部分（张凤荣等，2016）。在经济发达地区和都市郊区，农村居民点用地类
型逐渐多样化，如北京郊区农村居民点用地内部出现大量工商企业用地及服务用
地（李灿等，2013；李裕瑞等，2013）。即随着与城市的邻近，农村居民点用地
类型的多样化指数提高，农村居民点与城市之间的距离是刻画农村居民点用地结
构分异最突出的因素（姜广辉等，2007）。现有研究揭示了当前农村居民点用地
空间分异的特征：边远地区和传统农区的农村居民点用地类型组合简单，以宅基
地为主并兼有一些种养殖用地；在非农经济辐射强烈的都市郊区，农村居民点用
地类型逐渐丰富，向城镇型用地类型转换趋势明显。

表1-1 我国农村居民点用地内部结构特征

区位	地区	农村居民点内部用地类型及特征	文献出处
丘陵山区	重庆合川	宅基地占绝对主导，宅基地内兼有晒坝、圈舍、堆棚等农业生产和服务用地	张玉英等，2012
	山东沂水	宅基地占绝对主导，宅基地内兼有庭院和储物间等农业生产和服务用地	张佰林，2015
平原农区	吉林昌邑	宅基地为主，兼有大量种养殖用地（部分是农用地，也有部分为农户院落）	张凤荣等，2016
	山东禹城	住宅用地为主，兼有部分工矿用地和公共管理与公共服务用地等，村庄空心化普遍	王介勇等，2010；朱晓华和陈秧分等，2010
乡村旅游区	河北野三坡	旅游住宿用地、旅游购物用地、旅游娱乐用地、普通住宅用地和公共管理与公共服务用地	席建超等，2014a
都市郊区及经济发达地区	北京 13 个区县	宅基地、工商企业用地、村民管理机构用地、服务设施用地和闲置用地。前两类占比分别为64.5%和21.9%	姜广辉等，2007
	广东佛山	商业用地、居住用地、工业用地、公共服务用地和内部道路用地。前三类占比分别为36.1%、13.8%和10.7%	魏开等，2012
	江苏无锡	居住用地、工业用地、商贸物流仓储用地、旅游住宿用地和公共服务用地。前两类占比分别为48.5%和48%	陈诚等，2015

揭示农村居民点用地内部结构的地域分异特征，是进行农村居民点整治等土
地管理实践工作的重要依据（姜广辉等，2007；李灿等，2013）。应根据不同区
位的农村居民点用地结构特征，合理安排城乡产业用地布局，提出各自农村居民

点用地的整治模式与途径（曹子剑等，2008）。例如，土地利用现状调查中将农村居民点内的种植农作物和养殖畜禽的土地都调绘为农村居民点用地即建设用地，如果扣除这部分具有农畜产品生产功能的土地，农村居民点整治潜力并非很大（张凤荣等，2016）；受建设用地指标约束，城镇用地扩展更多依赖农村居民点用地撤并来实现，但经济发达地区农村居民点用地中存在的工矿、仓储及商服用地是农户非农生计需求的结果，应将农村居民点用地整治新增建设用地指标优先用于本村非农经济发展（张佰林，2015）。

（2）农村居民点用地内部结构演变及驱动力

农村居民点用地内部结构演变体现在其内部各种用地类型随着时间推进而呈现的组合类型及多样性的变化，是在社会经济加速转型和农户生计变迁的背景下乡村地域系统演化的客观规律。在传统农区，受制于经济发展滞缓及非农经济不发达，农村资源要素大量外流，农村居民点用地结构变化不明显。农村居民点用地变化更多地体现在用地规模的增长和宅基地闲置废弃方面（Liu et al，2014）。例如，山东禹城赵庄村 2008 年农村居民点用地规模比 1967 年增加了 1.26 倍（王介勇等，2010）。农村居民点用地规模增长表现出阶段性特征（吴文恒等，2008），其扩展的空间格局也随时间演变而经历了渐进式蔓延扩展、突变式飞地扩展和填充式补充扩展等阶段（王介勇等，2010）。人口大量增加、核心家庭地位提升与农户居住需求增长、农户收入增长、村庄内外部环境的反差、村庄土地规划缺失与管理缺位是农村居民点用地扩张的主要原因（吴文恒等，2008；王介勇等，2010）。

随着市场经济在广大农区的渗透，都市郊区和经济发达区的农户就地发展非农经济，农村居民点用地类型逐渐多样化。经历了乡村工业化的东南沿海农村居民点过去 30 多年土地利用变化的显著特征是工业用地、商业用地等非农生产用地比例增加（魏开等，2012）；旅游地农村居民点用地格局由单一的农民居住型用地向满足旅游者多样需求的住宿、餐饮、购物、娱乐等复合型用地转变（席建超等，2011；席建超等，2016），距离核心景区越近的村落土地利用集约度越高，旅游用地愈加完善（席建超等，2014b）。工业化和城镇化发展、市场需求是促使农村居民点用地类型多样化、非农化的根本动力，农户行为的理性调整则是内在动因（席建超等，2011），土地转用的产业升级收益和资本化收益相对于转用成本的差异是农村居民点用地多样化和非农化的核心动力（魏开等，2012）。

随着社会经济的转型发展，一方面，农村居民点用地扩展迅速；另一方面，在非农经济影响显著的地区，农村居民点用地内部结构逐渐多样化，由简单的居住用地为主逐渐向居住、工业、商服、旅游等多元化用地转变。从土地利用视角、阐述农村居民点由以宅基地为主，演变为用地类型多样化和非农产业用地发展的过程，可为农村居民点用地内部结构调整与优化等提供参考。

1.4.2 农村居民点用地功能研究

（1）农村居民点用地功能类型与识别

传统农业社会，农村居民点用地主要为农户提供居住和农业生产功能，随着工业化和城镇化的推进，农村居民点非农生产功能迅速发展，为农户提供的功能也日益增多。当前研究多以《土地利用现状分类》（GB/T 21010—2007）❶ 地类字典为基础，建立农村居民点用地内部结构与功能的关系。据此，张佰林等（2014）将农村居民点用地功能分为生活功能、农业生产功能和非农生产功能，并以山西省长治市为例，测度了农村居民点用地多功能优势度；马雯秋等（2018）构建了涵盖农村居民点用地生产功能、生活功能、生态功能和潜在功能的分类体系，通过实地调查分析了北京市大兴庄内部生产用地、生活用地和生态用地的比例。边远地区和传统农区的农村居民点用地功能组合简单，以宅基地为主并兼有一些农业生产用地（张凤荣等，2016）；在非农经济辐射强烈的都市郊区，农村居民点用地功能多样化，呈现城镇型用地类型特征（姜广辉等，2007）。

（2）农村居民点用地功能演变

随着生产力的发展和社会进步，农村居民点用地功能不断地发生阶段性的变化，正由单一走向复杂、由复杂走向分化、由分化走向多元的变异及重组。研究表明，传统农区农村居民点用地一直以居住功能和农业生产功能为主（房艳刚等，2012；Jiang et al，2016），但随着农村劳动力的转移，出现了"人走屋空"为显著特征的农村空心化现象，其实质是由于农村居民点用地功能的闲置和废弃导致的农村衰落（刘彦随等，2009；龙花楼等，2009）。朱晓华等（2010）、王介勇等（2013）、李阳兵等（2018）对村庄用地功能废弃及空心化程度进行了微观层面的实证研究。张佰林等（2015）详细研究了传统农区农村居民点用地功能演变过程：改革开放前农户利用庭院及房前屋后种植蔬菜，改革开放后在宅基地内修建猪圈养猪、在庭院内散养家禽，21 世纪后将庭院硬化晾晒粮食、猪圈改造为储物间存放粮食和农机具，农业生产特性明显，随着时间的推移，农户对农

---

❶ 现行国家标准为 GB/T 21010—2017。

村居民点用地生活功能的追求不断提升，表现为对住宅建材的更新和居住空间的优化等方面（张佰林等，2015）。在都市郊区和经济发达地区，由于城乡要素互动强烈，农村居民点用地功能逐渐多样化，由传统的居住生活转为集居住、工业、旅游和商服等多元复合型用地模式（陈诚等，2015），农村居民点用地生产功能呈现明显的非农化特征，如接待游客的农家乐、工业厂房、住宅改造成出租屋等。李裕瑞等（2013）、Zhu等（2014）对发达地区农村居民点用地多功能演变进行了微观层面的实证研究。

（3）农村居民点用地功能演变驱动力

不同区域农村居民点用地功能的差异，实际上是由农村发展接受非农经济辐射强弱所致。接受非农经济辐射较弱的传统农区，农村居民点用地功能为居住和农业生产，但在都市郊区，由于受市场经济的强烈影响，农村居民点用地向农户提供包括居住和工业、商服、休闲娱乐等多种功能（Zhu et al，2014）。随着工业化、城镇化的快速发展，制度变迁引导了农村居民点用地功能分异，加速了农村居民点用地功能的多样化（陈诚等，2015），而农户生计方式的变化直接推动了农村居民点用地功能的演变（王成等，2014；张佰林等，2015）。农户生计转型导致农村居民点用地功能的多样化和非农化发展，成为中国农村居民点用地演变的重要趋势。特别是经济发达地区和都市郊区，农村居民点逐渐演变为以非农为主的多功能聚落，而非传统意义上的农村居民点。因此，在认识上，应与时俱进，深入剖析农村居民点用地功能多样化的过程和演变机理、空间布局及发展模式，适时调整农村居点用地管理政策。

1.4.3　农村居民点用地空心化研究

城乡转型发展进程中农村人口非农化引起了"人走屋空"，以及宅基地"建新不拆旧"，新建住宅向外围扩展的现象，导致农村居民点用地规模扩大、原宅基地闲置废弃加剧的农村空心化过程（刘彦随等，2009；龙花楼等，2009），因此，迫切需要从地块尺度剖析农村居民点用地利用状况的演变。开展空心村整治是中国现代化建设中破解土地供需矛盾，推进新农村建设，促进城乡协调发展的重大战略（Liu et al，2010）。一些学者响应国家战略需求，从土地利用视角适时开展了微观尺度的农村空心化程度、过程与机理以及空心村重构等研究，为服务国家空心村整治战略提供了决策支撑（刘彦随等，2011）。

（1）农村空心化特征及程度

在外部发展环境和内部要素发生变化和重组的驱动下，广大传统农区资源要素外流严重，农村空心化问题凸显。农村空心化首先体现在农村居民点用地的空心化，包括宅基地的闲置废弃、基础设施建设空心化（崔卫国等，2011；母舜等，2013），同时还涉及人口、产业、社会、文化和景观的塌陷或空心化等，是乡村地域系统呈现退化的不良演化趋势（刘彦随等，2009）。

农村空心化程度研究是开展空心村整治的前提。当前多运用人均建设用地标准法（石诗源等，2009）、户均建设用地标准法（胡道儒，1999）及多因素综合修正法（曲衍波等，2012）等，进行农村居民点整治潜力测算。人均建设用地标准法和户均建设用地标准法测算的潜力不易转化，因为住房若无闲置和废弃，即使宅基地超标，也不能强行复垦或割除一块；多因素综合修正法作为理论潜力，其结果也不易转化。部分学者将研究尺度深入农村居民点内部，基于高分辨率遥感影像加实地调研结合方法，对每宗宅基地利用状况进行调查，将农村宅基地细分为使用中的宅基地、空置宅基地和废弃宅基地，测算空心村程度及整治潜力，取得了良好效果（张济等，2010；朱晓华和丁晶晶，2010）。王介勇等（2013）结合山东省76个村庄的0.25m高分辨率航空遥感影像和逐户调查数据，测算出农村空心化程度为17.1%。但调查数量众多的农村居民点空心化程度，运用高分辨率遥感和入户调查需耗费大量人力、物力、财力，因此，有学者通过问卷调查，以闲置和废弃宅基地数量占宅基地总量的比重对村庄空心化程度进行定量测算（宋伟等，2013）。在理论层面上，朱晓华、陈秧分等（2010）深入开展村庄尺度土地利用现状分类体系构建、宅基地利用属性调查表设计、空心村整治潜力类型及其测算方法等研究，逐层递进地构建了空心村用地潜力调查与评价的成套技术方法。

（2）农村空心化过程及机理

李君等（2008）基于高分辨率遥感影像和对农村居民点用地的实地调研，从时空角度对农村空心化的过程和机理进行研究。通过典型样点村的宅基地闲置和废弃演化轨迹将农村空心化划分为初期、中期和晚期3个阶段。初期表现为闲置住宅零星出现，村外住宅开始增多；中期表现为闲置住宅逐渐增多，村外新住宅渐成规模；晚期表现为闲置住宅连片，村外新住宅包围旧村（王成新等，2005）。进一步根据聚落范围、人口增长及耕地之间的关系，将农村空心化细分为村核带增长过程、村核带膨胀过程、缓冲带增长过程、缓冲带膨胀过程及新扩带增长过程5个阶段（程连生等，2001）。吴文恒等（2012）认为，村庄空心化过程与格局包括向四周拓展，中心空废，人口向城镇等地转移致使房屋空弃两个阶段。

通过对农村居民点用地状况的微观深入调查并结合村庄社会经济和农户生计状况的调查，认为随着农村经济的迅速发展，在低建筑成本、低移动成本、低土地成本驱动下，农民在村外或公路附近建设新房导致建设用地外延内空、农村聚落逐步空心化（程连生等，2001；王成新等，2005）。其作用机理可以概括为农村的推力和拉力失衡、农村新房建设加速和规划管理薄弱、人口增多和家庭结构小型化、农村经济发展和农户建房意愿明显等因素（王成新等，2005），未来村庄空心化将在综合驱动力（离心力、向心力）与政府政策导向博弈的过程中发生变化（吴文恒等，2012）。

（3）空心村重构模式评估与优化

农村空心化程度及特征、过程及机理的研究，最终目的是为空心村整治提供理论指导，进行空心村重构模式评估与优化。针对农村劳动力大量转移导致农村居民点空心化和土地粗放利用问题，以河南省郸城县为例，设计了传统农区典型的农村居民点整治和重构模式，认为基于模型估算和当地禀赋特征的社区型农村居民点重构模式能够改善居民生活环境（Li et al，2014）；刘建生等（2016）针对中国空心村带来的一系列负面效应，构建了空心村治理的协同治理模型，并以江西省安福县广丘村为例，对农村居民点空间、基础设施、人口及产业进行治理和系统有序的协调，指出协同治理作为优化村庄空间结构的有效模式，提高了村庄的生产、生活功能，促进了村庄空间重构和可持续发展。

当前对农村居民点用地重构的研究以空心村重构为主，尚较为薄弱，很难适应社会经济转型背景下乡村发展多样化和分化对农村居民点用地管理实践的需求。对农村居民点重构的基本范式与模式优化，将凸显农村居民点用地研究的实践价值与政策出口，是乡村聚落地理/农村居民点研究由描述揭示走向实践/应用的重要突破口。

1.4.4 农村居民点用地规划与重构研究

在当前我国农村土地利用问题及矛盾凸显的现实下，农村居民点空间重构成为学界和社会关注的焦点，并围绕这一主题进行了大量的理论和实践探索。

（1）农村居民点重构理论研究

农村居民点重构包括其外部形态、规模、空间布局等外部空间重构，以及居住空间、交往空间、建筑实体空间等内部空间重构（李红波等，2015）。学者通过对农村居民点所处的地域环境及未来发展潜力，总结出就地城镇化型、重点发展型、限制扩建型和迁移合并型等农村居民点空间重构模式（杨立等，2011）。此外，杨庆媛等（2015）从农村居民点体系结构、用地结构和产业结构 3 个方面的重组入手，探讨农村居民点空间重构路径，并识别农村居民点空间重构模式。当前研究多探讨农村居民点外部空间重构，较少涉及内部空间的微观重构，王勇等（2011）从内部视角研究认为乡村生产和生活的空间分化日益明显，在"三集中"政策作用下，在乡村空间形态建构中，政府力量发挥着越来越重要的作用；席建超等（2016）认为，与传统乡村聚落"空心化"空间重构过程产业发展集聚、农民居住集中、资源利用集约不同，旅游乡村聚落则以乡村聚落空间融合、立体扩张和适度集约为基本特征。

（2）农村居民点重构实践

当前对农村居民点用地重构，以原国土部门的城乡建设用地增减挂钩和城乡建设部门的农村人居环境整治为主。城乡建设用地增减挂钩政策自 2006 年开始试点以来，在促进城乡协调发展、推进新农村建设、提高土地利用集约度等方面发挥了一定的积极作用。针对不同规模、不同地理区位、不同地形条件、不同经济发展水平的农村居民点，需采取不同的整治重构模式。目前，国内农村居民点整治模式主要包括城镇化引领模式、中心村整合模式、村内集约模式、宅基地置换模式、迁村并点模式等。然而，在农村居民点重构的具体实践过程中由于过分追求建设用地置换指标，不充分考虑农民的搬迁意愿，导致"强拆强建""农民被上楼"等事件频繁发生，并没有考虑农村居民点用地内部结构与功能多样性，造成新建村单一均质空间格局，损害了农民的实际需求。

城建部门的农村人居环境整治工作，包括了危旧房改造、农村道路整修、垃圾及污染物治理、村容村貌改造等，在一定程度上，对于美丽乡村建设、改善农村的居住生活环境起到了重要作用。但是，这毕竟也是外部的，甚至是"面子"工程，并没有考虑农村居民点用地功能的多样性，也就无法对农村居民点用地内部类型进行统一规划与设计，无法满足农户实际的生产需求，比如对于工商业用地、公共服务用地的需求等。因此，农村居民点重构实践，亟须通过优化农村居民点用地内部结构，既满足农户生产生活提升的需求，又可美化村庄内外部环境，实现农村居民点用地功能整体的更新与提升。

1.4.5 农村居民点用地微观尺度研究的方法与技术手段

中国社会经济统计数据很少细化到村级行政单元，《土地利用现状调查技术规程》（TD/T 1014—2007）虽然将农村居民点用地细分为住宅用地、商服用地、公共管理与公共服务用地等类型，但除北京等少数地区外，中国绝大多数地区的土地利用调查均没有深入到农村居民点内部，即仍将农村居民点调绘为一个图斑。农村居民点用地微观尺度的数据获取具有相当大的难度。当前研究多通过实地调研和遥感影像相结合，开展农村居民点用地微观尺度调查，并结合 GIS 和景观生态学等工具和方法，剖析农村居民点内部用地类型、利用状况及功能（见表1-2）。例如，利用高分辨率航空遥感数据为基本信息源，结合村庄逐户调查数据，通过土地利用分类与制图，定量研究农村居民点用地格局特征、扩展模式，测算村庄空心化率等。

表1-2　农村居民点微尺度研究方法与技术手段

研究方法	研究内容	主要观点	文献出处
实地调查	农村宅基地结构功能	农户生计变迁驱动农村宅基地结构功能演变	周婧等，2010；房艳刚等，2012
	空心村特征	产业、基础设施建设、人口和宅基地空心化是农村空心化的主要特征	崔卫国等，2011
高清影像＋GIS＋实地调查	农村居民点用地及其功能演变	农户生计变迁推动农村居民点用地演变，传统农业发展、农村工业化、城市功能外溢等发展驱动力在不同作用范围上叠加，导致农村居民点用地的空间分化	吴文恒等，2008；李裕瑞等，2013；席建超等，2014a；Zhu et al，2014；张佰林等，2015
	空心村整治潜力调查	将农村宅基地细分为使用中的宅基地、空置宅基地和废弃宅基地，以空置、废弃宅基地面积占宅基地总面积比例测算空心村整治潜力	朱晓华和陈秧分，2010；刘彦随等，2011；王介勇等，2013
	村庄空心化过程与机理	初期村外住宅开始增多，中期闲置住宅逐渐增多、村外新住宅渐成规模，晚期闲置住宅连片、村外新住宅包围村；农村的推力和拉力失衡、农村新房建设加速和规划管理薄弱、农村经济发展和农户观念意识落后等是农村空心化的内在机制	程连生等，2001；王成新等，2005；李君等，2008；龙花楼等，2009
景观生态学方法+GIS	农村居民点用地结构特征	与城镇的区位差异是造成农村居民点用地类型差异的主导因素	姜广辉等，2007；曹子剑等，2008
PRA+3S	农村居民点用地景观特征	户均宅基地面积先扩大后减小，户均建筑面积不断增大，农村居民点用地组合多样性减少	张玉英等，2012

结合现代工具和技术手段，如高分辨率遥感影像、GIS、GPS 等，提高实地调研获取数据的实用性和准确性，将是深化农村居民点微观尺度研究和适应土地精细化管理的急迫需求。例如，《土地利用现状调查技术规程》（TD/T 1014—2007）规定图上大于 $6mm^2$ 的耕地（调查制图比例尺 1：10000）才独立勾绘出图斑，单独量算。但在一些传统农区和山区，有一些耕地在农村居民点内部，而且一般面积小于 $600m^2$，只能将其勾绘到农村居民点中作为建设用地处理（张凤荣等，2016）。因此，摒弃将农村居民点视为一个图斑的调查手段，识别传统农区农村居民点内部的用地类型，将是提高农村居民点微观调查研究精度和进行农村居民点用地规划（如城乡建设用地增减挂钩）的关键；在经济发达区，农村居民点用地的多样化更多地体现在用途和功能上，而这些特征仅凭遥感等技术手段无法识别，必须辅以精准的实地调研和入户调查，通过土地承载的社会经济要素去识别土地利用功能的多样性（Zhu et al，2014），这也是未来农村居民点用地微观尺度调查技术方法需强化的领域。

农村居民点用地微观尺度研究的优势在于呈现农村居民点内部用地类型和功能的多样性与复杂性，并反映土地承载的资源要素的演化和相互作用规律，提炼农村居民点用地演变驱动机理，以弥补农村居民点用地中宏观尺度（将农村居民点视为一个图斑）研究的不足。当前学者对农村居民点布局、演变、驱动力、重构等方面进行了大量研究，服务了当前国家农村国土管理实务。随着乡村振兴战略及乡村空间规划的实施，农村居民点演变及优化重构将会是持续的热点。综述当前研究，不同地区由于经济发展和农户生计方式等的差异，农村居民点用地呈显著的空间分异。都市郊区及经济发达区农户就地非农就业，农村居民点内部用地类型多样化以及功能和景观非农化；传统农区由于农村劳动力大量转移，导致农村居民点用地闲置废弃和景观空心化。从研究技术手段和内容看，无论是基于遥感、实地调研抑或是景观生态学方法对农村居民点用地微观尺度的研究，均以现象描述和解释为主。未来应逐渐向实践应用拓展和深化，以增强研究的实际应用和支撑能力。

1.4.6 研究展望

相对于海量的将农村居民点视为一个图斑的研究范式，将农村居民点视为一个整体，从微观层面探讨农村居民点用地内部结构与功能演变机理的研究明显不足，缺少对农村居民点用地功能多样性识别、交互关系测度与演变机理的探讨，缺少基于机理分析的农村居民点重构实践。基于农村居民点用地微观尺度研究现状基础，响应乡村振兴战略及全面建成小康社会目标对农村发展的诉求以及农村发展出现的新特征，未来应加强如下领域的农村居民点用地微观尺度研究，为适时调整农村居民点内部用地布局和规划，以及农村居民点用地功能更新提供政策支撑。

（1）农村居民点用地转型研究

随着工业化和城镇化的快速推进，传统农区的农村劳动力转移到城镇从事非农生计活动，农村居民点用地空心化普遍，尤其是在一些边远山区，由于生存条件恶劣，劳动力大量转移，引发农村衰败（李秀彬等，2011）。都市郊区及沿海发达地区农户在村内实现非农就业，促使农村居民的用地非农化，其实质是向城镇土地利用功能演变的过程。农村居民点用地的演变实际上可用转型来描述。龙花楼（2012）将土地利用形态分为显性形态和隐性形态；强调土地利用隐性形态及其转型应当成为今后土地利用转型与土地资源管理研究关注的焦点（龙花楼，2015）。

当前学者对农村居民点用地微观尺度研究多从显性形态入手，如遥感影像和实地调研相结合识别农村宅基地闲置、废弃比例并测算空心村整治潜力，运用景观生态学方法测算农村居民点用地的多样化指数等。从农村居民点用地的集约利用度、功能变迁等视角剖析其隐性转型的研究较为缺乏。未来在加强农村居民点用地隐性形态及变化的同时，应强化农村居民点用地转型路径及其区域对比的研究，并涉及农村传统产业、就业方式、消费结构以及社会结构等。为此，需借助现代化的技术手段，对农村居民点用地及农村社会经济状况进行深入的调研与评价。传统农区和山区应注意农村居民点用地节约评价、空心化潜力评价、劳动力转移及社会经济状况评价等，并据此提出农村居民点用地转型的方向，为农村发展和再生提供理论指导；都市郊区及经济发达地区的农村居民点用地，应聚焦到集约利用评价、产业用地评价、土地利用多功能评价、农户生计非农化评价等，厘清农村城镇化的土地利用转型机理，为新型城镇化发展的空间布局模式等提供理论指导。

（2）农村居民点用地演变的模式提炼

不同区域农村居民点用地的演化方向是不同的，除对其转型路径及分化进行深入对比研究之外，还需对演变的特征、过程、规律及驱动机理进行深入剖析，并在此基础上提炼不同类型农村居民点用地的演变模式。

当前，从微观层面对单个农村居民点内部用地的特征、演变过程及驱动力研究逐渐丰富。农村居民点用地特征及演变研究发现，农业村落延续了以居住为主的用地模式和传统形态；经济发达地区，以居住为主的用地模式逐步转向居住—工业—旅游—商服多元复合型的用地模式（陈诚等，2015），山区农村居民点用地则逐渐闲置废弃和衰落。对农村居民点用地演变驱动力研究则多注重成因的简单定性解释，缺少定量剖析和规律的提炼。未来应在农村居民点用地特征、过程及驱动力研究的基础上，深入剖析农村居民点用地演变和分化机理，从理论高度提炼不同类型农村居民点用地的演变模式，丰富乡村聚落地理的相关理论，并为因地制宜实施农村居民点用地规划和管理提供理论支持。

（3）农村居民点用地功能优化提升研究

土地功能受土地利用及其管理方式等的综合影响，其变化与土地利用变化并非完全一致（梁小英等，2014）。因此，需要在农村居民点用地结构与功能建立对应关系之后，到实地进行详细调查，综合土地利用结构及其承载的社会经济要素，更能体现农村居民点用地功能的科学性。为此，需借助现代化的技术手段，对农村居民点用地及农村社会经济状况进行深入的调研与评价。传统农区和山区应注意农村居民点用地节约评价、空心化潜力评价、农村传统产业、就业方式、消费结构、劳动力转移及社会经济状况评价等；都市郊区及经济发达地区的农村居民点用地，应聚焦到集约利用评价、产业用地评价、土地利用多功能评价、农户生计非农化评价等。

（4）基于用地结构与功能的农村居民点空间重构路径探讨

在新型城镇化和全面建成小康社会战略目标下，农村发展备受各界关注，与国家战略需求相适应，农村居民点整治、农村土地制度改革等系列工程和改革成为推动农村发展、实现城乡发展一体化的重要举措。加强农村居民点用地重构模式评估与优化的研究，特别是结合新时期、新常态、新阶段的国情，凸显农村居民点用地研究的实践价值与政策出口，显得尤为必要和迫切。

通过重构土地利用促进农村居民点空间重构，是乡村地理研究的重要视角（杨忍等，2015），为优化乡村生产、生活和生态空间提供了重要载体。当前农村居民点用地重构研究多基于中宏观尺度，研究农村居民点空间结构的重新布局和调整（陈永林等，2016），缺少农村居民点内部用地的规划布局调整。为此，不仅要对农村居民点用地的微观进行深入调查与评价，更要对土地利用引发的社会经济和生态效应进行准确评估。如山区劳动力转移导致农村居民点用地衰败、功能废弃和经济塌陷，但也意味着农户有了新的生计来源，减轻了山区人地矛盾，从而有利于生态恢复（王成超等，2011）。因此，如何准确评估山区劳动力转移引发的农村居民点用地变化效应，构建适应劳动力转移的山区农村居民点空间重构模式，成为精准扶贫对山区农村再生的必然诉求。农村空心化研究响应了国家战略需求，具有广阔的应用前景，除了对空心村整理潜力、特征、过程研究外（姜绍静等，2014），未来应加强农村空心化机理及引发的一系列社会经济效应，进而提出空心村重构方向（Long et al，2012），完善空心村整治理论体系，实现人地关系的重构。都市郊区农村居民点用地演变，一方面功能逐渐多样化（居住、工业、商服等），另一方面引发了较为严重的环境效应，如乡村工业企业排放废渣、废气、废水等，给农村居民的生活环境带来了严重的威胁（李裕瑞等，2013）。如何从土地利用视角重构农村居民点空间，引导工业企业的空间集聚和居民集中居住，优化乡村环境，成为都市郊区和经济发达地区农村居民点空间重构的重要方向。

第2章　研究方法与研究区域

2.1　研究方法

2.1.1　农村居民点内部用地类型获取方法

农村居民点用地功能具有丰富的内涵和表征属性，对研究数据的获取提出了较高的要求，不仅需要统计数据，更需要深入农村实地调研，通过参与式农村评估+问卷调查等形式获取农村居民点内部用地结构类型及其要素承载状况。

微观尺度的精细解剖，对深入认识和解释区域人地关系内部机理，具有十分重要的作用。虽然国家标准《土地利用现状分类》（GB/T 21010—2017）将农村居民点细分为住宅、商服等类型，但该标准同时规定，开展农村土地调查时，对土地利用现状分类中的05（商服用地）、06（工矿仓储用地）、07（住宅用地）、08（公共管理与公共服务用地）等一级类和103（街巷用地）等二级类归并到村庄，即仍将农村居民点调为一个图斑，内部地类的多样性仍无法呈现。

因此，本书设计了农村居民点用地内部结构与用地类型数据的获取、判别和入库等一系列方法技术。农村居民点用地内部结构的获取路径如下：将调研的村庄在土地利用矢量数据中标注出来，框选出居民点分布范围，利用 ArcGIS 9.3 将农村居民点图斑和 Google Earth 高清影像（空间分辨率达0.6m）叠加配准。将高清影像上的每个房屋、道路、河流及其他地类切割出来，进行矢量化。运用参与式农村评估，让熟悉村情况的老人和村干部回忆并指出居民点内部每个地块的性质及出现的时间。最后对每个地块进行核实并编号，用 ArcMAP/Attribution 进行录入，导入 Geodatabase 数据库，将每个编号添加字段，录入地块的性质，建造年代及住宅建筑材料、使用状况等属性信息，建立"农村居民点用地内部结构"数据库，以还原农村居民点各个阶段的土地利用类型及功能承载状况（见图 2-1），该数据库也是进行农村居民点用地多功能测算的依据。

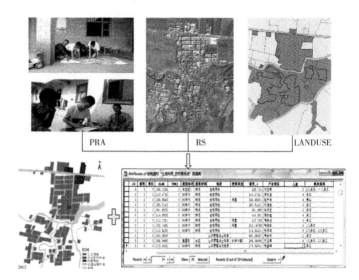

图2-1　"农村居民点用地内部结构"数据库（山东省沂水县核桃园村）

2.1.2　农村居民点用地功能与结构对应关系

土地是资源要素的承载体，不同土地利用类型承载的要素和功能是不同的（陈靖和史培军，2005；刘沛等，2010）。可以说，土地利用成为诸地理现象空间分布格局及其变化的客观反映（樊杰等，2003；王向东和刘卫东，2014），为研究农村居民点用地功能诸要素及其变化提供了最直观的载体。因此，本书从农村居民点内部土地利用视角来识别农村居民点用地功能。

《土地利用现状分类》（GB/T 21010—2017）从土地用途角度将农村居民点细分为住宅用地、工矿仓储用地、商服用地、公共管理与公共服务用地等类型，充分反映了当前农村居民点内部用地类型多样性的事实。因此，根据农村居民点内部不同用地承载的资源要素和功能的差异（樊杰等，2003），建立农村居民点用地内部结构与农村居民点用地功能的对应关系表，将农村居民点用地功能识别为生活功能和生产功能2个一级功能，居住功能、生活服务功能、农业生产功能、工业生产功能和商旅服务功能5个二级功能，各个功能的内涵及对应的土地利用类型见表2-1。

表2-1　农村居民点用地内部结构与农村居民点用地功能对应关系

土地利用现状分类	农村居民点功能		备　　注
	一级分类	二级分类	
住宅用地	生活功能	居住功能	指农村宅基地，承载农户居住空间
公共管理与公共服务用地		生活服务功能	中小学、幼儿园、卫生室、健身场所、公园和绿地等用地
交通运输用地			主要指街巷用地
住宅用地	生产功能	农业生产+工业生产+商旅服务功能	指农村宅基地，除居住功能外，一些农户利用宅基地内部空间发展庭院养殖或非农生产，因此具有生产功能
工矿仓储用地		工业生产功能	农村居民点内部的工业生产、物资存放场所等用地
商服用地		商旅服务功能	农村居民点内部的小超市、餐馆及理发店等用地

注：住宅用地（农村宅基地）是一个多功能复合体，不仅具有居住功能，也是农户重要的生产空间。由于农村居民点内部的空闲地暂时没有功能承载，因此本书没有考虑农村居民点内部的空闲地。

2.1.3　农村居民点用地功能表征属性数据获取

虽然在某种程度上，土地利用类型与土地利用功能存在密切的联系和对应关系，但是需要指出的是，土地利用类型与土地功能也并非完全一一对应，如 Kruska 和 Mottet 等研究发现，虽然土地利用类型没有发生变化，但由于集约程度、轮作方式、弃耕与否等管理方式的差异使得土地功能发生很大变化（梁小英等，2014）。因此，仅仅建立农村居民点用地内部结构与农村居民点用地功能的对应关系是不够的，需要寻找在土地利用类型未变情况下土地功能的变动情况。因此，需要获取村级尺度的社会经济数据，来识别农村居民点用地功能承载状况。

但是，中国多数地区的社会经济统计数据并没有细化到村级行政单元。因此，除了到相关部门收集与村级尺度相关的社会经济统计年鉴、农村经济报表等数据外，最主要的是到农村实地调研，获取表征农村居民点用地功能的自然和社会经济要素。

农村居民点调研，主要运用参与式农村评估（Participatory Rural Appraisal，PRA）+问卷调查的形式，首先，根据地形和区位的差异，初步划分农村居民点类型，运用分层抽样与随机抽样相结合的方法，选取具有代表性的农村居民点；其次，深入农村对村主任、会计及熟悉村情的农民进行访谈，获取农村产业结构、农户就业及农村土地利用等信息；最后，按照生计类型差异及农户土地利用差异，对每个村的农户进行抽样问卷调查，以补充和完善调研数据。调研内容包括农村居民点用地内部结构和承载的要素信息。农村居民点用地内部结构属性是在遥感判读和实地验证后确定的，包括各地类属性及每个地块出现的时间、权属、投入产出状况、利用状况等。社会经济及自然数据包括：①农村劳动力就业结构：从事非农生产、非农兼业及农业生产的劳动力数量及年龄构成，在不同非农就业领域（机械、电子、纺织、造船等）的劳动力数量等；②农村收入结构：非农就业领域的工资水平，全村每种农作物（禽畜）的单位成本—收益；③农村劳动时间结构：非农就业、兼业农民一年从事非农生产的劳动工数、单位农业需要的劳动日数等；④其他：包括村庄所处的地形地貌、与主要城镇的距离、与主干道的距离、农村耕地面积及种植结构的变化、农村非农产业发展状况等。

2.2 研究区域概况

本书对农村居民点用地功能演变的研究，以山东省沂水县为例，沂水县城位于县域中心，周边经济较为发达，而且地处平原，向外围依次延伸为丘陵、山区，经济发展水平也依次降低，因此沂水县以县城为中心，向外围存在社会经济和地貌的梯度。本书对农村居民点用地功能空间格局的研究，以山西省长治市为例，依托2012年为长治市做土地整治规划进行的112个农村居民点详查数据，长治市也存在明显的经济发展梯度，由市中心向外依次到外围的山区，农村社会经济发展水平依次降低。因此，这两个研究区域能够提供农村居民点用地功能演变及空间分异的详细数据支撑和案例代表。

2.2.1 农村居民点用地多功能演变及更新：山东省沂水县

在省、市（地）、县、乡四级地方政府中，以县最为重要。尽管自清末以来，中国地方最末一级基层政权由县下移到乡镇，但从其机构设置及职能来看，乡镇虽名为一级政府，却在很大程度上是县的派出机构。县，在很大程度上是一个相对完整与独立的行政辖区和乡村社会单元，也是一个在历史、语言、文化传统等方面相对一致的单元（曹锦清，2001）。这是本研究以县域为农村居民点类型选择的地域尺度的依据。

沂水县辖 19 个乡镇（办事处），1063 个行政村（居），1548 个自然村（2008 年），总面积 2434.8km²。远在 20 万年前就有人类在沂水县聚居生息繁衍，具有悠久的历史，创造并发展了沂水的古代文化。"沂"载入史册，最早见于《禹贡》和《周礼》。隋开皇十六年（596 年），始称沂水县，因沂河而得名。沂水县最后一次境域变迁是在 1958 年，将当时沂南撤销时划入沂水县的 481 个村又划归沂南县。同年 10 月，安丘县（现安丘市）的何家庄子公社划归沂水县。至此，沂水县境域稳定至今。沂水县城始建于西汉，称东莞县城。隋开皇十六年（596 年）更名沂水。从公元 1323 年（元至治三年）至公元 1868 年（清同治七年），共有 10 次复修县城。可见，沂水县城起源历史悠久，很早便成为区域政治、经济中心。在漫长的历史发展进程中，沂水县实际上已经形成了以县城为中心，在自然、文化和经济上相对稳定、持续并呈现出一定分布规律的地域空间。这种地域格局，为本书分析农业社会农村居民点发生发展以及经济社会转型期的分化提供了稳定的地理环境背景。

（1）自然地理条件

1）区位。沂水县位于山东省东南部的沂山南麓，临沂市最北端，地处沂河、沭河上游，沂蒙山区腹地。南与沂南毗连，北同安丘、临朐交界，东与莒县、诸城为邻，西和蒙阴、沂源接壤。地跨北纬 35°36′~36°13′、东经 118°13′~119°03′，东西最大横距 78km，南北最大纵距 67.5km，约占山东省总面积的 1.6%，为省内各县（市）第二位。新中国成立初期，沂水县只有 3 条公路，全是沙土路面，桥涵残缺。改革开放后，沂水县交通建设迅速发展。到目前县境内已形成以铁路、高速公路、省道为主干，以县、乡公路为辅的综合交通网络。东（营）红（花埠）、石（臼所）兖（州）、博（山）沂（水）等 7 条省道贯穿全境，可直通济南、青岛等省内主要城市；胶（州）新（沂）铁路经过沂水并设立县级站，青莱高速、长深高速在沂水境内交汇。全县县乡公路达 39 条，公路通车里程达 788.7km。交通和区位条件的改善，提高了沂水县与外界的可达性，促进了县域经济发展，并加速了改革开放后县域农村居民点经济的发展与分化。

2）地貌。根据海拔、切割程度和起伏大小等差异规律，沂水县分为山地、丘陵和平原 3 种地貌形态，其类型比例是"一山六岭三分平"。具体看，山地、丘陵和平原各占 5.5%、57% 和 37.5%。北部、西部为低山区，其中北部为沂山山脉，西部为崮区，由于流水侵蚀而成为山顶浑圆且周身陡峭的桌状山，地貌学谓之"方山"，著名的"沂蒙七十二崮"，沂水县境内有 47 个；东部、东北部为丘陵区，中部、南部为沂河、沭河冲积平原。地势自西北向东南倾斜；沂水县境内最高点为境内北部的沂山南主峰泰薄顶，海拔916.1m；最低点在东北部的朱双村东，海拔101.1m。

这种地貌分异格局显著影响了土地利用及农村居民点的分布。山区平均海拔400m以上，相对高度为200~400m，大部分地区山岭连绵，是林地的主要分布区，也是沂水水果的重要产区，农村居民点规模较小，分布较为零散；丘陵区海拔为200~400m，相对海拔小于200m，是全县花生、黄烟等经济作物的主产区；平原海拔在200m以下，相对高度小于50m，是全县粮、菜的重点产区，农村居民点规模较大，分布集中。由于地貌格局导致了农村土地利用、种植结构及农村居民点形态在空间上存在显著的差异，因此成为本书调研村选取的重要依据。

3）气候。沂水县属暖温带大陆性半湿润季风气候区，具有明显的大陆性气候特点：四季分明，冬季干冷，雨雪稀少；春季干旱，易发生春旱；夏季高温高湿，雨量集中；秋季秋高气爽，常有秋旱。大陆度为62.4%，多年平均气温12.3℃，7月份气温最高，平均25.5℃，1月份最低，平均-2.8℃。光照充足，年日照时数2414.7h，无霜期191.7d。年均降水量629.2mm，集中在夏季。

雨热同期，夏季高温多雨的气候特点适宜农作物成长，使沂水县成为以小麦、玉米为主的粮食作物和以花生、生姜等为主的经济作物种植区。

(2) 社会经济状况

沂水县总人口113.77万人，汉族占总人口的99.5%，回族、满族、蒙古族、朝鲜族等32个少数民族人口占0.5%，人口密度为467人/km²（2011年）。其中，农业户籍人口90.41万人，城镇化率为20.53%。当前沂水县仍然是一个农业人口占主导地位的县。

长期以来，沂水县是以农业生产为主的地区，经济发展落后。1949年，全县粮食总产量9.33万t，农业总产值3164万元，工业总产值为80万元（仅占工农业总产值的2.47%）。改革开放以来，沂水县经济迅速发展，产业结构不断优化，三次产业比由1949年的97:2:1变为1978年的68:19:13和2011年的12:49:39。可见，当前沂水县已成为一个非农经济占主导的县。

传统农业社会，农业是沂水县经济的主导，农民"日出而作、日落而息"，受封建土地所有制、传统耕作方法和简易的生产工具的束缚，农业生产水平低下，长期处于落后状态。改革开放后，随着现代农业要素的投入，沂水县农业迅速发展，当前已发展为综合农业区。种植业以粮食作物种植为主，主要是小麦和玉米，获得"全国商品粮基地县"称号；经济作物种植方面，主要有花生、生姜、苹果等，获得"全国果品、油料生产百强县"。由于地貌的差异，沂水县农业结构空间分异显著：苹果、桃子等水果种植主要分布在西部山区，生姜、芋头、黄烟及花生种植主要分布在沂水西南部及西部丘陵山区，西南部的院东头镇被称为"生姜之乡"；平原区以种植粮食作物为主。在经营方式上，仍为小农经营，传统农业特征明显，仅在耕种和收获时机械化程度较高，但施肥等田间管理依然是传统农业技术。

非农生产方面，沂水县为革命老区，改革开放前相当长的时期内，经济发展落后，县内仅有纺织、粮油加工、土陶等工业，且多为传统手工业。在 1984 年被国家设立为 18 个贫困区之一，人均 GDP 不足 200 元。随着国家扶贫政策的实施和 1984 年推行土地承包责任制，以及 1985 年全面推行厂长（经理）负责制，扩大企业自主权，沂水农村经济和工业经济蓬勃发展。县内布鞋、食品和油顶（液压缸）等企业崛起，成为沂水县工业支柱产业，被誉为"中国食品城""中国布鞋城"和"中国油顶城"，形成了食品、纺织服装、机械、建材等七大主导产业。空间方面，工业生产主要分布在县城所在的沂城街道，以及四大工业园（庐山项目区、城北工业园）所在的许家湖镇、龙家圈镇，空间集聚特征明显。人均本乡劳动工资性收入反映了一个乡镇非农经济发展水平，沂水镇、龙家圈镇和许家湖镇人均本乡劳动工资性收入超过 3700 元，居全县最高水平。大致随着与沂水县城距离的拉远而降低，沂水县最北端山区的圈里乡及西南部山区的夏薇镇、崔家峪镇人均本乡劳动工资性收入低于 500 元，居全县最低水平。

由此可见，沂水县经济社会发展的空间分异显著，县城及周边乡镇，非农经济较发达，为其农户带来了大量非农就业机会；其他乡镇为传统农区，农户以外出务工和种植业为主要生计策略；其中，西部和北部山区以种植水果为主，西南部丘陵以种植生姜等经济作物为主，其他地区以粮食作物种植为主。沂水县农村居民点经济结构及农户就业结构的空间差异，为农村居民点功能空间分异研究提供了很好的样本。

有鉴于此，作者在读博期间，于 2013 年 4 月，2014 年 7~8 月、10 月及 2015 年 2 月 4 次赴山东省沂水县进行实地调研，同时沂水县作为作者的家乡，作者对该县的农村发展演变及社会经济与自然特征较为熟悉，为深入剖析农村居民点功能演变提供了很好的基础。根据沂水县地形和区位的差异，运用分层抽样与随机抽样相结合的方法，选取了 16 个具有代表性的村庄。调研方法及数据的获取与处理见本书 2.1 节。

地貌和区位等地理条件对聚落空间格局的形成有重要影响（梁进社，2009），是农村分化的基础因子。由地理条件差异导致的农户就业、农村产业及土地利用分异则是农村分化的具体体现。据此，根据地貌及区位差异将研究区农村划分为山区村等 4 个一级类，根据农业种植结构及农户就业结构差异进一步细化为山区粮食作物主导村等 8 个二级类（见表 2-2）。近郊村农户以非农就业为主，依据农户非农就业结构将近郊村分为本村非农就业村（在本村非农就业劳动力占全部非农就业劳动力比例超过 50%）和县城非农就业村（在县城非农就业劳动力占全部非农就业劳动力比例超过 50%）；其余类型村以农业生产为主，若某村粮食作物种植面积大于经济作物，则归为粮食作物主导村，反之，则归为经济作物主导村。

表2-2 调研村类型划分

一级分类	二级分类	村名	地貌及区位	农业种植结构及农户就业结构
山区村 MT	粮食作物主导村 MT_1	东土沟	分布在县域西北部的沂山山脉及西南部的崮区；到县城的可达性较差，车程（摩托车，下同）>70min	小麦/玉米+甘薯：生姜+芋头=53.49：46.51
		四旺		小麦/玉米+甘薯：花生=64.79：35.21
	经济作物主导村 MT_2	连崮峪		苹果+桃子：玉米/小麦=82.47：17.53
		郝家坪		生姜+芋头：花生+玉米/小麦=80.46：19.54
丘陵村 HT	粮食作物主导村 HT_1	李家营	地处丘陵地带，地形起伏和缓；到县城的可达性一般，车程>50min	小麦/玉米+甘薯：花生=68.71：31.29
		余粮		小麦/玉米+甘薯：花生=59.67：40.33
		核桃园		小麦/玉米+甘薯：花生=57.45：42.55
	经济作物主导村 HT_2	师家崖		生姜+芋头：玉米/小麦=75：25
平原村 PT	粮食作物主导村 PT_1	韩家曲	地处沂水中部及南部沂河、沭河冲积平原，地形平坦；到县城的可达性较好，车程<30min	小麦/玉米+甘薯：花生=57.08：42.92
		金场		小麦/玉米：花生=66.67：33.33
	经济作物主导村 PT_2	后武家庄		生姜+花生：小麦/玉米=76.56：23.44
		后城子		生姜+大蒜+芋头：小麦/玉米=62.5：37.5
近郊村 ST	本村非农就业村 ST_1	大瓮山	ST_1 与镇驻地接壤，到镇车程<5min，到县城车程<30min；ST_2 与县城接壤，车程<5min	农户以村内非农就业为主。大瓮山有木板加工点108个，高桥有商服经营点209个
		高桥		
	城镇非农就业村 ST_2	唐家庄子		农户以到县城非农就业为主，村内非农产业缺乏
		前马荒		

注：从地貌看，近郊村也属于平原村，但由于区位上邻近县城，农户以非农就业为主，因此将其从平原村区别出来；在同一块地上夏收小麦、秋收玉米（一年两熟），其他作物均为一年一熟。

2.2.2　农村居民点用地多功能空间分异：山西省长治市

在选定山东省沂水县为农村居民点用地结构与功能演变的研究区域后，需要再选择一个样本量更大的区域，作为农村居民点用地功能空间格局分析的代表。因为空间格局分异的研究需要样本量大，而沂水县 15 个样本显然过于单薄。在此，依托本书作者在做山西省长治市土地整治规划时，课题组（分 3 组，每组 2 人）运用参与式农村评估法于 2012 年 10 月对长治市 12 个区县的 122 个农村居民点用地功能表征属性的抽样调查，最后获取有效样本 112 个。

长治市地处黄土高原东部边缘，山西省东南部，位于东经 111°58′~113°44′ 和北纬 35°49′~37°08′ 之间。四周由太行山、太岳山环绕，地势四周高中间低，地形由丘陵过渡为山间盆地。2010 年全市共 333.73 万人，其中农业人口 194.11 万人，城镇化率为 41.84%，城镇居民人均可支配收入 17123 元，是农民人均纯收入（5960 元）的 2.87 倍。由于地理环境及区位条件的差异，长治市丘陵区和盆地区、边远山区和城市郊区的农村居民点在社会经济发展水平诸方面差异显著，导致农村居民点内部用地结构、农户就业结构及建筑形态等方面也存在差异。

地理学第一定律（距离衰减原理）认为空间内所有事物都是相互作用的，事物之间的关系随着它们之间的距离增大而逐渐疏远（李小建等，2012）。城镇作为区域社会经济文化中心，对农村居民点的辐射效应也会随着两者距离的不同而呈现出规律性变化。基于此，本书在调查农村居民点时，以县域为单元，根据农村居民点与县城的距离不同，将其分为城中村、近郊型、远郊型和边远型 4 类，然后对每类农村居民点进行抽样调查。

城中村是指在城镇化推进中，位于城市建成区内，在土地权属及户籍体制上仍保留农村模式的居民点；近郊型是指区位上邻近县城，且位于土地利用总体规划确定的未来主要作为城镇建设的允许建设区和有条件建设区内的农村居民点；远郊型和边远型的划分依据区域可达性，可达性作为区域间交往和联系难易程度的重要指标，可由距离法、重力模型法等量度（陈洁等，2007）。本书采用时间距离法，通过调查当地农户的感知，认为到县城的时间距离超过 2h 的农村居民点即为边远型，2h 内的为远郊型。农村居民点类型划分参照了我国现行的土地利用规划体系，主要考虑到同类规划区内的农村居民点社会经济发展水平具有一致性，且空间上连续，便于施行统一的管理措施。

远郊型和边远型识别思路如下：农村居民点到县城的距离决定了农户的出行方式。通过调研得知，电动车、公交车和摩托车是农户到县城所用的主要交通工具。距离县城较近时，农户以电动车、自行车为主，甚至步行；距离较远时电动车的动力受到限制，农户多以摩托车和公交车为主。电动车平均速度为35km/h，公交车30km/h，摩托车50km/h。通过调研确定与县城不同距离的农户到县城所选用的交通工具类型及其比例，算出其出行的平均速度，最后用农村居民点到县城的距离除以平均速度得出农户到县城的时间距离。不同类型农村居民点的农户到县城的平均速度通过加权求和公式算出：

$$F_j = \sum_{i=1}^{n} w_i q_i \qquad (2-1)$$

式中，F_j为第j个农村居民点农户到县城的平均速度；w_i为第i类交通工具的速度；q_i为第i类交通工具的比例。到县城不同距离的农户出行方式、比例及平均速度见表2-3。

表2-3　与县城不同距离的农户出行方式及其平均速度

距离/km	农户出行方式及其所占比例			平均速度/（km/h）
	电动车	公交车	摩托车	
0~1	0.9	0	0.1	36.5
1~4	0.3	0.5	0.2	35.5
>4	0	0.4	0.6	42

第3章 理论框架

3.1 概念界定

聚落（居民点），分为农村聚落和城市聚落；作为人地关系在地球上最强烈的表征和呈现形式，既是人类生活居住和进行各种社会活动的场所，也是其进行生产活动的场所（曾山山和周国华，2011）。聚落内部不仅有各种工厂企业进行工业生产和商品流通，也进行农副业生产（金其铭，1989）。传统农业社会，城乡间缺乏联系，农村以农业为主要经济活动，农村居民点的单一性、同质性显著。传统农业社会向现代工业社会转型过程中，工业化、城镇化的发展深刻影响着广大农村地区，农村居民点社会经济结构剧烈变动，向着多样化、异质性演变（龙花楼等，2011；Zhu F K et al，2014）。

不同学科对农村居民点有不同称谓，对农村居民点内涵界定的侧重点也就有所不同。土地管理部门侧重从土地权属角度称之为农村居民点，地理学侧重从空间角度称之为乡村（农村）聚落，社会学侧重从社会文化角度称之为乡村社区。本书认为，在我国快速工业化、城镇化进程中，有必要在系统分析不同学科对农村居民点定义和内涵的基础上，从城乡的区别中去认识农村居民点的属性和特征。

3.1.1 农村

农村，亦称乡村，"农"指种庄稼的人，"村"指乡下聚居的处所。那么农村的含义就是种庄稼的人居住的处所，即以农业经济为主的人口聚居地。从地理学视角，更多地指向地域性，指除城镇建成区之外的广大地域，不仅包括居民点，也包括为居民点服务的周边的耕地、林地等空间，是人文景观与自然景观的复合体（金其铭等，1990；刘滨谊，1996），具有土地利用粗放、人口密度较小等特征。从景观生态学视角，指由村落、林草、农田、水体等组成的自然—经济—社会复合生态系统（谢花林等，2003）。

3.1.2 农村居民点

不同学科对农村居民点的称谓不同，内涵也有所差异。地理学称为农村聚落，社会学称其为农村社区，土地科学称其为农村居民点。因此，探讨不同学科对农村居民点内涵的界定，形成本书对农村居民点的认识。

（1）土地科学：农村居民点

农村居民点，从称谓可知，是将其视为一个点。《全国土地利用现状分类》（全国农业区划委员会，1984）定义为"镇以下的居民点用地"，《全国土地分类》（过渡期间适用）定义为"镇以下的居民点"。

这种定义的不足在于，没有将农村居民点内部复杂的要素呈现出来。八大类和过渡时期的土地利用现状分类，均是将农村居民点作为最基础的地类"农村居民点用地"，这主要是基于传统农业社会农村非农经济不发达，土地利用和功能相对单一的背景。但是随着工业化、城镇化的加速推进，农村非农经济的迅速发展，农村居民点用地内部结构越来越多样和复杂，再将农村居民点用地作为一整个图斑的土地利用分类系统难以揭示农村居民点用地的多样性（朱晓华等，2010）。《土地利用现状分类》（GB/T 21010—2007）从土地用途角度将农村居民点细分为住宅用地、公共管理与公共服务用地、工矿仓储用地、商服用地等类型，弥补了上述不足；《土地利用现状分类》（GB/T 21010—2017）也延续了2007版对农村居民点用地的分类，为本书对农村居民点用地内部结构的识别与分类提供了借鉴。

（2）乡村地理学：农村聚落

农村聚落，是相对于城市聚落而言的一种范畴，指除城市之外的以农业生产人口为主的聚居地，包括农民住房及其相关的生产、生活设施，由各种建筑物、构筑物、绿地、道路等物质要素组成（曾山山和周国华，2011）。这是从地域空间上的划分，抓住了农村聚落是农业生产人口为主这一核心。在传统农业社会，农村非农经济不发达，这一概念具有适用性，但随着工业化的推进和城乡联系的加强，农村聚落往往是农业活动与非农活动并存，一些地区的农村聚落甚至成为以非农经济和非农生产人口为主的聚落，城乡之间的界线越来越难以确定。因此，探讨当前农村聚落功能的多样化演变特征，丰富农村聚落的内涵特征，成为当下乡村地理学研究的重要任务。

（3）农村社会学：农村社区

社区（Community）一词最早由德国社会学家 F. Tounies 于 1887 年提出：社区是基于亲族和血缘关系而组成的社会联合/集合。1926 年美国社会学家 R. E. Park 和 E. W. Burgess 提出："社"就是人群，"区"就是地区、空间、环境。根据上述定义，农村社区便是指以从事农业为主的人群所构成的区域社会。这一概念抓住了农村居民点的本质，即以农业生产人口为主的聚居地。

（4）农村居民点内涵

聚落作为人类的聚居地，其本质，或者说最重要的功能是为人类的生活和生产提供服务。作为聚落的两种形态，农村居民点内涵的探讨，需要从城乡的区别中去把握。

乡村作为一种生活单位的聚居，无论其在形式和大小上如何变化，只要乡村人口之间没有功能上的区位分化和劳动分工，就可以把它认作是村或乡村社区，而不是镇或城的中心（费孝通，2011）。这实际指出了城和乡的关键区别在其成员的劳动分化（职业差异）。费孝通进一步在《江村经济》中阐述了村和城镇的区别：城镇与农村的主要区别是，城镇居民主要从事非农就业（费孝通，2002）。"由于乡村工业的发展，苏州地区有些突出的农村已经出现农村居民职业结构的重大变化，就是主要从事工业的人口在比例上超过了主要从事农业的人口，或者说在农村里用在工业上的劳动力已超过了用在农业上的劳动力。当然，这种例子的社区还称它为农村显然不太合适了"（费孝通，2011）。

此外，关于城乡划分标准，国外通常以聚落人口规模或密度为标准。例如，美国人口局规定规模在 2500 人以上的聚居地可称作"城"。但美国人地关系与中国不同，在人口稀疏的地域，这种划分是可行的。因为美国乡村聚落一般规模小，一个家庭农场拥有上千公顷的土地，农户在其所经营的土地上生产生活。其人口密集的地方一般都是以工商业为主的城市。但在中国，由于人多地少，农户不可能拥有像美国农户一样的土地规模，农民往往聚居在一起，人口规模甚至可以超过万人。所以，以人口密度为标准划分城乡在中国并不适用。

因此，区别城市和农村的主要标志是人口的就业结构，或者从另一个角度，从聚落提供的服务，也即聚落的功能来看，农村居民点主要为农户提供农业生产为主，城市则主要为农户提供非农经济活动和服务。

3.1.3　农村居民点用地

农村居民点用地是一个内涵丰富的范畴。从土地权属看，指农村集体建设用地；从地域空间看，指城镇之外的人口聚居地；从农村居民点发挥的功能看，指为人类提供农业生产服务的人口聚居地。将农村居民点的上述内涵对应现实，却往往又是冲突的。例如，地域空间上很多城镇之外的人口聚居地，也往往是以非农生产为主的场所，反映了工业化、城镇化和城乡经济联系给农村带来的深远影响。因此，准确地指出一个聚落是农村居民点还是城镇，难度颇大。

鉴于农村居民点内涵的丰富性、动态演变性，以及农村居民点识别的困难性。本书根据城镇和农村居民点为人类提供的服务不同，从土地利用角度将农村居民点界定为处于农村地区的农村集体建设用地。它包括两层含义：处于农村地区，是相对于城市来讲，说明了在空间上农村居民点应该位于城市建成区边界之外；农村集体建设用地，从权属上和功能上，界定了农村居民点应该是农村集体经济组织成员所有的，主要承载农村人口的聚居地。

3.1.4 农村居民点用地功能

农村居民点用地功能具有丰富的内涵和表征属性。不同地域、不同历史发展阶段的农村居民点随着人类对其功能需求不同而呈现出多样性。由于气候、地貌等自然条件的不同，人类因地制宜造就了满足自身功能需求的彰显区域特色的各种类型的农村居民点。同一自然地理区域因为经济区位和风俗文化的不同，农村居民点的类型也有差异。由于经济社会的发展，农村居民点的功能也由单一的生活功能，逐步发展为生活和一、二、三产均有的多种功能，农村居民点的类型也随之发生变化。功能的多样性，使得农村居民点内部在用地结构、产业结构、建筑形式等表征属性方面错综复杂（Tang G J et al，2014）。

本书根据 2.1.2 节对农村居民点用地内部结构与农村居民点用地功能的对应关系，识别农村居民点用地功能。并尝试对农村居民点用地功能内涵做初步探讨。

（1）农村居民点用地生活功能，指农村居民点用地为农户提供日常作息、起居及交往的场所和服务，主要由农村宅基地、公共管理与公共服务用地等承载，是农村居民点首要和基础的功能。其中，农村宅基地承载着农村居民点居住功能，公共管理与公共服务用地、街巷用地承载农村居民点生活服务功能。

（2）农村居民点用地生产功能，指农户在农村居民点内部经营的种养殖及非农生产，例如在宅基地上种植蔬菜、饲养禽畜等，以及在宅基地内从事个体商服或手工业，或建设非农生产厂房从事生产等，是农户增加收入的重要途径，也是农村居民点在工业化、城市化背景下发展的重要方向。包括农业生产功能、工业生产功能和商旅服务功能。

3.2 农村居民点用地多功能演变的理论基础

3.2.1 土地利用多功能理论

多功能性（Multifunctionality）的概念最早源于农业领域的研究。1994 年，《乌拉圭回合农业协定》（Uruguay Round Agreement on Agriculture，URAA）第 20 条最早向 WTO 成员提出了多功能性的概念，即在同一时间有多种产出。2001 年，经济合作与发展组织（Organization for Economic Cooperation and Development，OECD）（2001）定义了农业多功能性（Agricultural Multifunctionality），将"多功能性"进一步解释为某些经济活动所具有的自然、客观的特点，其特征是商品和非商品的联合产出，指出农业除了食物生产功能外，还具有环境保护、景观保持、提供乡村就业、保证食物安全等功能（Barthélemy & Nieddu，2007）。

土地利用功能（Land Use Functions，LUFs）是指不同土地利用方式所提供的私人和公共的产品与服务，由欧盟第六框架项目"可持续性影响评估：欧洲多功能土地利用的环境、社会、经济效应"（Sustainability Impact Assessment：Tools for Environmental Social and Effects of Multifunctional Land Use in Europe Regions，SEN-SOR）正式提出。土地利用多功能性是指一个区域土地利用功能及其经济、社会和生态功能的状态和表现，是评价土地利用变化对其功能影响的重要概念和方法体系，通常以土地利用功能（Land Use Functions，LUFs）来表示，即不同的土地利用方式提供的产品与服务（见图 3-1）（刘超等，2016）。土地利用多功能性与土地特性和土地利用过程相联系，是土地功能多样化利用的结果，着重于刻画土地利用提供商品和服务及满足人类社会需求的程度。土地利用多功能性深刻地反映了土地利用类型之间的空间组织关系，诠释了土地系统内部各种功能的复杂交互与影响过程，体现了提高经济效益、维护社会公平性和保护生态环境的要求。

农村居民点用地同样具有多功能性，根据农户利益方式不同，以及农村居民点用地为农户提供的服务不同，可将农村居民点用地功能分为居住功能、生产功能及生活功能等。因此，土地利用多功能理论为农村居民点用地多功能性提供了理论支撑，也为农村居民点用地多功能性划分提供了依据。

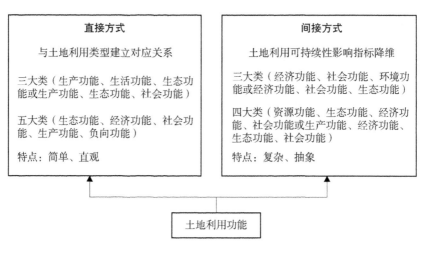

图3-1　土地利用功能分类

3.2.2　农户行为理论

驱动农村居民点功能演变的行为主体是农户，农户行为，特别是其生计行为，驱动农村居民点功能演变，突出表现在农村居民点内部土地利用的变化，包括土地利用类型的改变和土地利用程度的变化（即土地利用显性转型和隐性转型）。因此，要深入剖析农村居民点功能演变和分化，首先要明确农户的行为决策。

对微观行为主体的经济决策分析，始于古典经济学家亚当·斯密的以自利性为动机的"经济人"理性行为决策的表述（曾中秋，2004）。斯密引入的自利性，经由边际革命和一般均衡理论的推进，被认为不仅有寻求最大效用的目的，而且有完全信息下做出选择的手段，赋予理性以完全性的规定（郑贵廷和庄慧彬，2003），即完全信息（条件）、完全理性（手段）、完全自利（目的）。这一基本分析框架是否具有普适性，在相当长时期内具有分歧。现代主流经济学逐步扩展了"经济人"理性行为决策分析的边界，使它越来越具有普适性。林毅夫（1994）对此概况指出，"人的行为是理性的"这一假设不仅在现代市场经济条件下适用，在古代以及非市场经济条件下同样适用。当然，"这并非说人类行为的表现在不同的经济中没有不同，而是说人类的行为之所以表现不同，不是因为它的理性有所不同，而是制度环境和自然条件不同，造成可供他们选择的方案不同"。产权经济学更进一步阐述了影响人类行为决策的制度约束，认为人类的行为决策之所以有不同的选择，是因为不同的制度框架约束着人类的选择集（徐勇，2003）。即在交易成本为正的社会中，"经济人"仍然是追求最大化效用，只是这个最大化是基于一系列约束条件（制度约束、不完全信息等）下的最大化。

"经济人"理性行为假设提供了人类行为决策的一般分析模式，在此基础上，一些农业经济学家、社会学家将视角聚焦于农户，探讨农户行为决策。农户作为迄今最古老、最基本的集经济与社会功能于一体的单位和组织，其行为体现了当地社会、经济与自然资源环境特征。一般认为，农户经济行为研究有代表性的学派主要包括 3 个：A. V. 恰亚诺夫的小农模型、T. W. 舒尔茨的理性小农学派以及社会学家黄宗智中国农业"过密化"的小农行为理论（历史学派）。

（1）组织—生产学派（实体主义）

组织—生产学派的代表人物是俄国农业经济学家恰亚诺夫（A. V. Chayanov），其代表作为《农民经济组织》。恰亚诺夫对农民生产的整个分析建立在两个基础上，其一是来源于"生物学规律"的家庭周期说，其二是来源于边际主义的劳动—消费均衡论。该学派的中心思想可以概括为"农场工作量是由劳动艰辛程度与家庭需求满足程度形成的基本劳动—消费均衡决定的，当农民的劳动投入增加到其感受到的劳动辛苦程度与所增产品的消费满足感达到均衡时，农民的生产活动量便得以规定"；家庭农场的劳动力是决定农场工作量（经济活动量）的前提，鉴于生物学规律，"农民家庭规模与人口构成中的劳动/消费比率呈周期性变化，因而农村经济活动量也随之变化"（萧正洪，1996）。恰亚诺夫把劳动—消费均衡论视为家庭劳动经济所专有并以此区别于雇佣劳动经济，认为前者产生的是总报酬概念与"均衡"的目标，后者产生的则是净利润概念及追求净利润最大化。可见，组织—生产学派认为农户生产活动取决于自身消费满足与劳动辛苦程度之间的均衡而非成本收益间的比较，农户生产行为以追求生存最大化而非效用最大化为目标。

（2）理性小农学派

理性小农学派的代表人物是美国经济学家舒尔茨（T. W. Schultz），其代表作为《改造传统农业》。舒尔茨提出一个著名的假说，即发展中国家的农业是"贫困但有效率的"，他通过对发展中国家的大量研究，指出传统农业中的农户能对市场的变化做出迅速而正确的反应，他们经常为了多赚一个便士而斤斤计较，因此，并不愚昧。发展中国家的农民通过多年的生产实践和努力，已经使现有的生产要素的配置达到了最优化，重新配置并不会使生产增长（梁小民，1987）。波普金（S. Popkin）在《理性的小农》里也提出"农户是理性的个人或家庭福利的最大化者"的假说。学术界通常将他们的学术观点概况为"舒尔茨—波普金命题"，该学派认为只要外部条件具备，农户就会合理适应并有效配置其资源以达到追求效用最大化的目的。同时，该学派还指出，最好不要用初始条件的差异，而要用政策的差异去解释发展中国家的发展。发展中国家的贫困是因为政策的原因，而不是贫困恶性循环所致。

（3）历史学派

历史学派的代表人物是历史社会学家黄宗智，他根据对中国华北平原和长江三角洲的研究，提出中国传统农业经济过密化的论点，即"没有发展的增长"，同时，对家庭式农民的生产动机做了精辟概述：它是生产与消费合二为一的单位，而不仅仅是生产的单位，农户的生产决策，是由家庭自身消费需求及为市场生产的收益核算形成的。基于耕地资源禀赋的多寡，黄宗智将中国华北小农分为经营式农场主、富农、中农和贫农。他认为每个阶层的农户生产动机不一样。较贫困的家庭式农场，尤其不得不以应付生活的需要为主，只要边际劳动报酬保持在零以上，便值得继续投入劳力（黄宗智，1986）；对一个中农来说，"合理的"经济行为，虽然仍表现于满足家庭消费要求和工作辛劳之间的"均衡"（一如恰亚诺夫指出的"劳动—消费均衡"论），但对一个经营农场主来说，它已变为最高利润的追求（一如理性小农学派所指出）。对半无产化的小农来说，其生计决策表现为在人口与租佃和雇佣的剥削关系压力之下，最有效地维持生计（黄宗智，1986）。

（4）对本书的启示

本章将各学派理论进行了总结，见表3-1。生产者为了追求利润，在市场经济条件下，减少乃至放弃雇用劳动力，甚至完全使用家庭劳动力，也是有可能的，但我们不能说这样的家庭农场主就变成了只求"均衡"而不知净利润为何物的人，这是生产—组织学派的缺陷。但该学派揭示了农户生计资产（人力资产）的重要性，因为有充足健全劳动力的家庭有更多生计的能力，劳动力缺失或者劳动力疾病，则是导致农户贫困的根源之一；理性小农理论明确指出农户生产行为是基于效用最大化，其经济运行与资本主义经济运行并没有多少差别，其在生产要素分配上极少有明显的低效率；同时，该学派指明了一国政策对农户生产行为，进而对一国经济发展的重要影响；历史学派的观点比较具有折中性，对不同类型农户的生产决策进行了深刻的分析，认为富裕地主和富农以追求经济收益为目的，贫雇农则以追求生存为目的，均是基于耕地资源禀赋状况做出的选择。

表3-1　农户行为理论综述

代表学派	观　　点	评　　述
"经济人" 理性行为假设	追求效用最大化的理性人	自身不断完善，认为在交易成本为正的现实世界中，"经济人" 仍然是追求最大化效用，只是这个最大化是在约束条件（制度约束、不完全信息等）下的最大化
组织—生产学派	劳动—消费均衡，以追求生存最大化为目标	指出农户生计资产（人力资产）的重要性，劳动力缺失或者劳动力疾病，则是导致农户贫困的根源之一
理性小农学派	理性的个人或家庭福利的最大化者	一国政策对农户生产行为，进而对一国经济发展有重要影响
历史学派	贫农：生存需求；中农：劳动—消费均衡；富农：效用最大化	基于耕地资源禀赋状况

其实，无论农户行为决策是基于劳动—消费均衡，或是生存理性，或是效用最大化，都是农户在特定政策环境、地理环境及资源禀赋状况下的理性选择。正如舒尔茨重视对制度的作用、重视人力资本投资。黄宗智指出在耕地资本不足的情况下，拥有耕地数量不同的不同类型农户的生产行为会产生差异等。也就是 "经济人" 理性行为假设所阐述的，人的行为是理性的，以追求效用最大化为目标，不同时期、不同地区人类行为的差异不是违背了效用最大化原则，而是在不同制度、环境约束下的不同理性表现形式。

3.2.3　驱动力—状态—响应模型

"驱动力—状态—响应" 模型（Driving Force-State-Response，DSR）模型是在 PSR（Pressure-State-Response，PSR）框架模型基础上提出的，从系统论角度分析人与环境的交互作用，基本思路是：人类参与的社会经济发展等系统的 "驱动力"，对其所处的环境产生了压力，使环境的 "状态" 发生改变，对人类产生影响，人类通过运用政策、技术和法规等措施做出 "响应"（李波，2012），如图 3-2 所示。PSR 模型针对环境问题而提出，从人类活动对环境的破坏角度，用压力是可行的，但利用这个框架分析一些社会现象可能存在难度，由此，联合国可持续发展委员会（UNCSD）提出了 DSR 模型，驱动力（Driving Forces）代替压力（Pressure），是因为驱动力包含正面因素和负面因素，而不仅仅是负面的压力因素（郭旭东等，2003；钱建平和周勇，2004）。DSR 模型的优势在于提供研究问题的完整思路和框架，理顺多个方面的相互关系，全面地分析和解决问题，因而不仅在环境评价方面，而且在土地持续利用、建设用地扩展等方面也得到广泛应用（胡静，2007）。

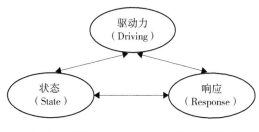

图3-2 "驱动力—状态—响应"模型框架

3.2.4 农户生计策略分析框架

可持续生计分析框架以分析农户生计资产、生计策略、生计成果及其相互作用而受到重视。英国国际发展署（Department for International Development，DFID）在《可持续生计指南》中提出的可持续生计分析框架 SL（Sustainable Livelihoods Guidance Sheets）应用较为广泛（DFID，2000）。SL 由脆弱性背景，生计资产，政策、制度和程序，生计策略及生计成果 5 部分组成，其中心思想可概括为：在脆弱性环境/背景和农户生计资产，政策、制度和程序的影响下，作为农户生计核心的生计资产的禀赋决定了农户采用的生计策略，从而促成某种生计成果（汤青，2013；何仁伟等，2013）。由于关注对影响农户生计的诸多因素及其过程的分析，SL 框架为农户生计问题的研究提供了系统化的思路（见图 3-3）（何仁伟等，2013）。

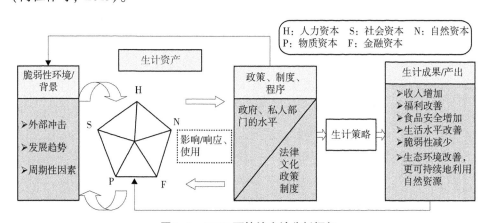

图3-3 DFID 可持续生计分析框架

随着时间的推移，农户生计策略是不断演变的，因此，之前的生计模式就持续不下去了，但对农户生存发展来说，农户生计是不断持续发展的，是在变化中寻求可持续发展。因此，本章借鉴 SL，构建影响农户生计策略的影响因素集合。

由图 3-3 可知，脆弱性环境/背景，生计资产，政策、制度和程序是影响农户生计策略的主要因素。本书结合研究区自然地理、经济社会及农户生计实际，设计了适用于研究区农户生计策略的影响因素组合：将脆弱性环境/背景修正为地理环境；政策、制度和程序修正为政策。因此，影响农户生计策略的因素包括地理环境、生计资产、政策 3 个因素。

地理环境，主要指地貌及区位等，是影响农户生计策略选择的环境背景和基础性因素。随着经济社会发展水平的提高，传统自然地理因素（地貌、农业资源等）对农户生计的影响逐渐被地理邻近性等对经济集聚具有明显影响的要素取代（李小建等，2008b）。特别是当前工业化、城镇化迅速发展时期，与城镇的可达性程度，成为影响农户生计策略选择的重要因素。

生计资产，包括人力资产、自然资产、物质资产、金融资产和社会资产，是驱动农户生计策略改变的内生性动力。人力资产、金融资产以及社会资产相对丰富的农户，往往选择非农生计活动，而物质资产和自然资产相对丰富的农户，更倾向于从事农业生产（Chambers R，1994；蒙吉军等，2013）。生计资产的状况和性质，对农户生计策略的选择影响重大（Fang Y P et al，2014）。

政策，主要指国家的农村发展政策，决定了农户生计策略的范围和方向。众多研究表明，新中国成立以来，农村发展政策的演变，是促使农户生计多样化、非农化，进而促使农村经济发展的关键因素之一（张红宇，1998；王西玉，1998；张红宇等，2002；宋洪远等，2002；党国英，2002；蔡昉，2008）。

3.3　农村居民点用地多功能演变分析框架构建

农村居民点用地并不是一个均质或者单一的图斑，而是具有内部结构与功能的复杂性，尤其是在社会经济转型发展中，农村居民点用地结构与功能多样化、分化势不可挡。然而，探讨这种差异，并试图建立一个分析框架，并针对不同区域的农村居民点，实施差异化的更新对策，就显得尤为必要而迫切。农村居民点作为一个复杂的人地系统，其主体是农户。一定经济社会发展阶段，农户有特定的生计状况，并在一系列驱动因素的影响下，通过作用于农村居民点内部土地利用，促使农村居民点功能变化，从而对农户生计做出响应。这种关系组成了完整的农村居民点功能驱动力、状态和响应关系。为了将研究规范化，本章借鉴农户行为理论、SL 和 DSR 模型，提出农村居民点功能演变的"D-S-R"分析框架，从农户生计的阶段性状态入手（S），找出其驱动力（D），并分析农村居民点功能及内部用地结构的响应结果（R）。最后，从政府制定政策这一层面入手，提出基于功能需求的农村居民点重构措施，如图 3-4 所示。

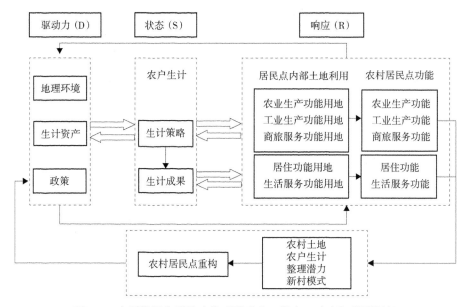

图3-4　农村居民点用地功能"驱动力—状态—响应"模型框架

该模型的核心要义是：农户作为理性"经济人"，在地理环境、农户生计资产及农村发展政策的综合影响下，通过生计策略的变迁做着追求效用最大化的努力。农户生计策略的变迁，一方面，作用于农村居民点用地内部结构，促使土地生产功能转型和农村居民点用地生产功能演变；另一方面，通过提高和丰富农户生计成果，促使土地生活功能转型和农村居民点用地生活功能演变。从政策层面，提出基于功能需求的农村居民点整治新思路，以期为农村居民点重构、农村居民点用地规划等提供科学支撑。

第4章　农村居民点用地演变分化

农村居民点用地时空格局是一定自然、经济社会发展环境下农村居民居住活动在其分布地区的反映。作为人类活动空间择优的过程，农户对居民点的选址，不仅仅是选择一个地点，更是选择与这个地点相关的周边的地理环境。随着地理环境的变化，农村居民点外在特征和空间结构也不断演化（李君和李小建，2009；梁进社，2009；龙花楼等，2011）。1949 年以前，中国农村经济以农业生产为主，农村居民点的时空格局与区域的地理环境、资源禀赋、土地开发程度等关系密切（韩茂莉，2009；张玉英等，2012）。1949 年以后，随着工业化和城镇化的发展，农村经济构成发生变化，区位、交通和非农经济要素对农村居民点选址和布局的影响越来越显著（蔡为民等，2004；Kiss E，2000）。因此，基于长时间尺度，探讨不同时期农村居民点演变分异特征及其驱动力，对于深刻认识农村居民点变化具有重要意义。

因此，本章将以山东省沂水县为例，运用历史数据和农村实地调研数据，探讨不同经济社会发展阶段农村居民点演变的特征及其驱动力。本书将沂水县农村居民点演变划分为新中国成立前农业社会和新中国成立后工业化、城镇化社会两个时期，主要基于如下原因：①根据《沂水县地名志》（沂水县地名委员会编印，1988 年 3 月）记载，沂水县农村居民点主要建村于农业社会，尤其是明清时期。新中国成立后，农村居民点数量基本稳定，农村居民点演变转化为人口的增加、经济的发展及分化。②不同社会阶段，驱动农村居民点演变的主导因素是不同的。新中国成立前，农村经济以第一产业为主，居民点周边是否有发展农业的良好资源成为农户在农村居民点选址时考虑的首要因素；新中国成立后，尤其是改革开放以来，中国进入工业化、城镇化建设时期，非农经济发展对农村居民点演变的影响渐深，农村居民点朝着多样化、非农化和分化演变。本章探讨的重点是农业社会农村居民点的产生、发展及驱动力，以及工业化、城镇化社会农村居民点的新变化。

4.1 农业社会农村居民点用地布局

不同时期，由于农村经济构成、农户主要生计来源以及农村发展所依赖的资源不同，农村居民点的格局和演变特征也就存在差异（舒帮荣等，2014；王介勇等，2010）。当前对农村居民点格局及演变的研究，多集中于工业化和城镇化转型背景下农村居民点演化过程与机理（吴文恒等，2008；房艳刚等，2009），空间演变类型与驱动形成的主要因素（邢谷锐等，2007；韩非等，2011），转型发展及其动力机制（龙花楼，2006），空心化特征、形成过程及驱动力（程连生，2001；王成新，2005；龙花楼，2009），以及史前聚落的空间格局及其与环境变化之间的关系（侯光良等，2008；韩茂莉等，2007）。中国是以农耕文明为主的国度，在1949年之前的相当长时期内，农户以农业生产为主要生计来源，与当前农村经济和农户生计的非农化驱动相比，农村居民点的时空格局及演变有其独特规律，亟须相关研究的跟进和补充完善。基于此，以山东省沂水县为例，综合历史资料、GIS与定量分析法，剖析隋朝至1949年农村居民点的时空格局变化及驱动力，探讨以农业生产为主的时期，乡村人地关系变迁、农户迁移及土地开发时序，以期丰富农村居民点演变的相关内容。

4.1.1 数据来源与研究方法

（1）数据来源及处理

《沂水县地名志》详尽记载了沂水县1983年1527个农村居民点（自然村）建村的时间、所处的地貌类型及建村时农户来源地等信息，为研究农村居民点时空格局提供了数据基础。《沂水县地名志》对农村居民点建村的时间有4种记载方式：① 精确的记载年份，如"王家山，王氏于明洪武四年（1371年）由济阳县迁此建村"。② 以建村时皇帝年号记载，如"牛家老庄，相传明永乐年间（1403—1424年）牛姓自沂水城迁此建村"。本书将①归到②中，如将王家山建村的时间定为明洪武年间（1368—1398年）。③ 元朝建村的农村居民点按朝代的初期、中期、末期记载，如"东上坪，相传元初张、车等姓居此"。④ 宋朝及其之前建村的农村居民点直接按朝代记录，如"小滑石沟，相传南宋（1127—1279年）车姓定居成村"。对于③和④，直接以《沂水县地名志》记录的方式为准。由于起源于宋朝之前的农村居民点仅6个，故将宋朝之前的朝代整合为一个时间段。《沂水县地名志》将农村居民点所处的地貌类型划分为平原、半平原半丘陵、丘陵、半丘陵半山地、山地 5 类，本书直接用此分类。同时，《沂水县地名志》对农村居民点建村时的农户来源地进行了记载，如"黑石沟，相传三世祖存孝、存智由莒县大苑庄迁来"。根据 2014 年中国行政区界线，将沂水县农村居民点建村时的农户来源地划分为省外、县外和县内 3 类。

根据《沂水县地名志》记载，沂水县 1983 年的农村居民点建村最早的为隋朝。1949—1983 年新建的 43 个农村居民点中有 39 个是由于修建跋山水库和沙沟水库引发移民搬迁形成，不予考虑。因此，本书的时间尺度为隋朝至 1949 年，研究对象为在此时间尺度内建村的 1484 个农村居民点。空间尺度以沂水县 1983 年行政区划为准，基于以下考虑：①《沂水县地名志》记载的是 1983 年沂水县行政区划范围内的农村居民点信息，以此为标准可避免历史上沂水县行政区划调整导致县域空间范围变动给研究带来的影响；② 1983 年之后沂水县行政区划的调整仅发生在县域内部，县级行政区划保持不变。由于很难获取 1983 年的县级土地利用矢量数据，因此以沂水县 2012 年土地利用矢量图为底图，框定研究区的空间范围。首先，利用 ArcGIS 平台，找出对应的 1484 个农村居民点图斑，利用 Attributes 工具，输入每个农村居民点建村的时间、所处地貌类型及建村时农户的来源地等信息。其次，从沂水县 DEM 数据提取坡度信息，并将其与沂水县 2012 年土地利用矢量图叠加配准，以呈现不同时期沂水县农村居民点所处的地貌类型信息。

（2）农村居民点相对变化率

农村居民点相对变化率借鉴相对变化率公式，计算不同地貌类型区农村居民点的相对变化率，公式为：

$$R = \frac{|K_b - K_a|}{|C_b - C_a|} \times \frac{C_a}{K_a} \tag{4-1}$$

式中：K_a 和 K_b 分别为某地貌区研究期初和研究期末的农村居民点数量；C_a 和 C_b 分别为研究区全域范围研究期初和研究期末的农村居民点数量。$R>1$ 表示某地貌区农村居民点变化幅度快于全域农村居民点变化幅度；$R<1$ 表示某地貌区农村居民点变化幅度慢于全域农村居民点变化幅度；$R=1$ 表示某地貌区农村居民点变化幅度与全域农村居民点变化幅度相同。

4.1.2 农村居民点用地布局演变

（1）农村居民点建村的时间格局

如图4-1所示，1949年沂水县的1484个农村居民点中，建村于宋朝之前的仅6个（隋朝1个、唐朝3个、五代2个），建村于宋朝的23个，从宋朝（960年）到1949年的990年中新增1478个，年均增加1.49个，说明沂水县的农村居民点多建村于宋朝之后。北宋、南宋、元朝、明朝、清朝和中华民国年均新建农村居民点依次为0.05个、0.1个、1.57个、2.57个、2.01个和1.24个，明朝是农村居民点建村最快的时期。可见，随着时间的推移，沂水县农村居民点新建速率先快后慢，呈倒U形演变趋势。进一步分析发现（见图4-1），每个朝代初期农村居民点的建村速率较快，例如元初（1271—1294年）年均新建4.58个、明洪武年间（1368—1398年）年均新建10.19个、清顺治年间（1644—1661年）年均新建3.78个；朝代的中后期，特别是末期，农村居民点的建村速率一般较慢，例如元朝中期（1295—1330年）年均新建0.19个、明隆庆年间（1567—1572年）年均新建0.83个。

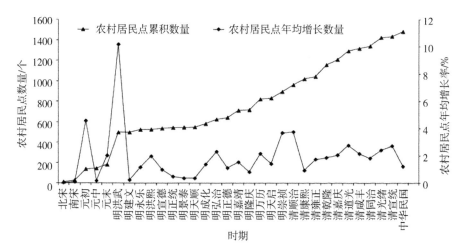

图4-1　沂水县不同时期农村居民点数量变化

（2）农村居民点建村时的农户来源地

1949年沂水县的1484个农村居民点中，有建村时农户来源地记载的共987个（见表4-1），建村时农户来源地为省外、县外和县内的农村居民点分别占19.05%、28.67%和52.28%。分朝代看，宋朝之前有农户来源地记载的农村居民点 1 个，为省外农户迁入沂水县建村形成；宋朝有农户来源地记载的农村居民点 3 个，省外占 66.67%，县外占 33.33%；元朝有农户来源地记载的农村居民点 25 个，以县外和省外为主，分别占 60% 和 32%；明朝有农户来源地记载的农村居民点 460 个，也以县外和省外为主，分别占 37.17% 和 36.74%；清朝有农户来源地记载的农村居民点 451 个，以县内为主（77.38%）；中华民国有农户来源地记载的农村居民点 47 个，也以县内为主（95.74%）。可见，随着时间的推移，沂水县农村居民点建村时的农户来源地沿着省外—县外—县内的地域格局演进。

表4-1　沂水县农村居民点建村时的农户来源地

朝代	省外	县外	县内	总计
宋朝之前	1	0	0	1
宋朝	2	1	0	3
元朝	8	15	2	25
明朝	169	171	120	460
清朝	7	95	349	451
民国	1	1	45	47
总量	188	283	516	987

注：《沂水县地名志》记载有新建村的农户来源地的农村居民点共 987 个。

（3）农村居民点建村所处的地貌类型

1949 年沂水县的 1484 个农村居民点中，地处平原、半平原半丘陵、丘陵、半丘陵半山地和山地的数量分别为 268 个、71 个、639 个、27 个、479 个（见表4-2），分别占农村居民点总量的 18.06%、4.78%、43.06%、1.82%、32.28%。

表4-2　沂水县不同地貌类型的农村居民点数量

朝代	平原	半平原半丘陵	丘陵	半丘陵半山地	山地	总计
宋朝之前	3	1	2	0	0	6
宋朝	15	1	6	0	1	23
元朝	69	16	53	1	15	154
明朝	149	45	398	9	112	713
清朝	29	8	165	15	324	541
民国	3	0	15	2	27	47
总量	268	71	639	27	479	1484

分朝代看，宋朝之前沂水县建村仅 6 个。其中，建村于平原的占 50%，半平原半丘陵占 16.67%，丘陵占 33.33%。可见宋朝之前，沂水县农村居民点主要分布在平原。从空间看（见图 4-2），分散在沂水县中部及南部平原，由沂河和沭河冲积形成，土壤肥沃，便于耕作。

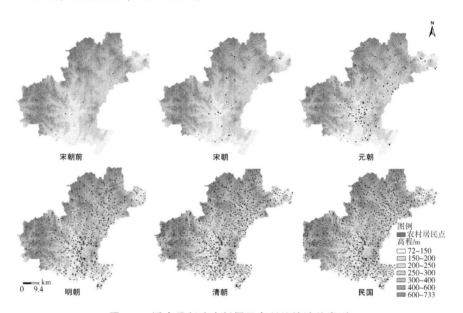

图4-2 沂水县新建农村居民点所处的地貌类型

宋朝沂水县建村 23 个，年均新建 0.07 个（960—1279 年）。其中，建村于平原的农村居民点相对变化率值 $R>1$，其他地貌区 $R<1$，山区甚至为 0（见表 4-3），表明平原农村居民点新建速率快于县域平均水平。从空间看，新建村分散在县域中部及南部的平原及丘陵间的平地处。

表4-3　沂水县不同地貌区农村居民点相对变化率 R 值

朝代	平原	半平原半丘陵	丘陵	半丘陵半山地	山地
宋朝	1.30	0.26	0.78	0.00	0.00
元朝	0.72	1.51	1.25	0.00	2.82
明朝	0.44	0.64	1.67	2.31	1.80
清朝	0.20	0.21	0.60	2.48	4.19
民国	0.35	0.00	0.73	2.45	1.83

元朝沂水县建村 154 个，年均新建 1.57 个（1271—1368 年）。其中，建村

于半平原半丘陵、丘陵和山地的农村居民点相对变化率值 $R>1$，表明这 3 种地貌区的农村居民点新建速率快于县域平均水平（宋朝仅有 1 个居民点分布在山区，到元朝增加了 15 个，所以山区 R 值偏大，但其增量的绝对值仍明显少于丘陵和平原），新建村向丘陵扩展的趋势明显。从空间看，新建村主要集中在县域中南部平原，并向西部和北部丘陵扩散。

明朝沂水县建村 713 个，年均新建 2.57 个（1368—1644 年）。其中，建村于丘陵、半丘陵半山地和山地的农村居民点相对变化率值 $R>1$，表明这 3 种地貌区的农村居民点新建速率快于县域平均水平，新建村所处的地貌以丘陵为主，向山区扩展的趋势明显。从空间看，新建村主要分布在西部及北部丘陵山地。

清朝沂水县建村 541 个，年均新建 2.02 个（1644—1911 年）。其中，建村于半丘陵半山地和山地的农村居民点相对变化率值 $R>1$，山区更是高达 4.19，表明这两种地貌区的农村居民点新建速率快于县域平均水平，新建村所处的地貌以山地为主。从空间看，新建村主要分布在县域西部及北部山地和丘陵。

中华民国沂水县建村 47 个，年均新建 1.24 个（1912—1949 年）。其中，建村于半丘陵半山地和山地的农村居民点相对变化率值 $R>1$，与清朝趋势相同。新建村以西部和北部山地丘陵区的农村居民点间的填充为主。

可见，随着时间的推移，沂水县农村居民点新建速率快于县域整体农村居民点新建速率的地貌类型依次沿着平原—丘陵—山地的地貌格局演进。

4.1.3 农村居民点用地布局演变的驱动力

（1）人地关系状况是影响农村居民点时间格局变化的主要因素

1949 年之前，农业生产是中国农民最重要的生计方式，农户以耕地为依托形成聚居地。总体来说，随着时间的推移，中国历史上人口逐渐增加、人地矛盾逐渐加剧（郭媛媛等，2013）。如图 4-3 所示，随着时间的推移，某区域内最初由于存在足够的耕地承载人口不断增加；随着人口增长，农户土地开发活动加强，促使农村居民点新建速率加快。但当人地矛盾超过某个临界值时，随着可供开垦的耕地数量和人均耕地资源减少，人口的增加和土地的开发活动受阻，农村居民点建村速率就会降低。即随着时间的推移，农村居民点建村速率先升后降，呈倒 U 形结构。从沂水县实情看，明朝是这个人地关系矛盾的临界点。据前文分析，明朝及之前，沂水县建村的农户以省外和县外为主，且对农村居民点的选址以平原丘陵为主，说明当时沂水县人地矛盾并不突出，有较多可供开发的土地吸引外来人口开垦建村，农村居民点建村速率逐渐加快；但是到清朝及中华民国时期，沂水县新建村的农户以县内为主，大部分是处于平原丘陵的农户到耕地贫瘠的山区寻求生计，说明此时沂水县人地矛盾已经较为突出，供开发的耕地减少，导致农村居民点新建速率逐渐减缓。

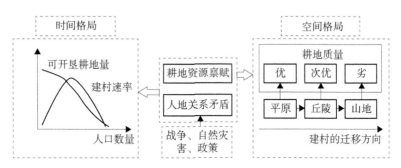

图4-3　沂水县农村居民点时空格局变化驱动机制

战争、政策及气候灾害等，通过影响人地关系矛盾，对短时间尺度内农村居民点变化产生重要影响。即朝代初期农村居民点建村速率快，朝代中后期建村速率慢。每个朝代初期，在经历了上个朝代战乱后，人口减少、耕地撂荒，大片土地亟待开垦，此时，人地关系矛盾较为缓和，加上朝代初期朝廷多出台鼓励农户迁移开垦的政策（曾早早等，2011），引导人口稠密地区的农户向人烟稀少地区搬迁开垦，因此农村居民点建村速率较快。到了朝代中后期，由于人口增加，人地关系矛盾加剧，加上战乱频繁，农村居民点建村速率减缓。根据《沂水县志》记载，元朝政府对农民的盘剥异常残酷，中原地区又接连发生"水、旱、蝗、疫"四大灾害，使得河南、山东等地"道路皆榛塞、人烟断绝"。因此，元朝中期和末期农村居民点年均新增仅为0.19个和2.01个。到了明朝初期，人地矛盾较为缓和，加上朝廷鼓励人口稠密地区（如山西）的移民搬迁，促使农村居民点新建速度加快，明洪武年间沂水县农村居民点建村速率高达每年10.19个。

（2）耕地资源禀赋是影响农村居民点空间格局变化的主要因素

中国是传统的农耕社会，耕地作为农业生产的载体，是农户最重要的生产资料，农村居民点周围必须有一定量的耕地维系农户的生计。因此，耕地资源禀赋成为影响农村居民点选址的关键。人口的增长与耕地开发及耕地产出增加一致，随着时间的推移，当居民点周边耕地的产出不足以支撑不断增加的人口时，迫于人地矛盾的压力，农户便会外迁，在新开垦耕地上聚居形成新的居民点。由于流水的冲积，平原耕作层厚，土壤肥沃，耕作便利，是耕地资源禀赋最优的区域。

随着地势的上升，由于流水侵蚀等原因导致耕作层变薄，耕作条件变差。因此，当空间内存在平原、丘陵和山地等地貌差异时，农户首先选择平原开垦聚居，随着人地矛盾的加剧，逐步向丘陵和山地转移。

　　宋朝及之前，沂水县农户多在平原开垦耕地聚居。元朝时，逐步转向开垦丘陵区的耕地，但绝对量仍以平原为多。此时，新建村的农户来源地以省外为主，表明沂水县人地关系矛盾不突出，农户优先选择耕地资源禀赋最优的平原。据《沂水县志》记载，元朝末期中原地区的兵乱与灾疫很少波及山西，"当今天下劫火燎空，洪河（黄河）南北礁类无遗，而河东一方居民丛杂，仰有所事，俯有所育"。因此，从明洪武初年至永乐十五年的 50 余年间，朝廷组织了 8 次大规模的移民活动，将山西的人口向其他地区转移。沂水县是山东省承接外来移民的 92 个县（市）之一，此时期即使是县外迁到沂水的农户，也多是先从山西迁到青州府（山东省境内）等地，再搬迁到沂水。因此，明朝沂水县新建村的农户多来自县外和省外。据前文分析，明朝沂水县新建村以丘陵居多。说明到了明朝，沂水县平原区人地矛盾加剧，大量涌入的外来人口开始开垦耕地资源禀赋次优的丘陵。清朝及中华民国，沂水县新建村以山地为主。据《沂水县志》记载，随着农业经济的发展，清朝人口急剧增加，尤其是关内，出现了山东人向东北流动，河南、山西人向西部流动的人口迁移潮。可见，此时山东的人口矛盾较为突出，沂水县平原丘陵区耕地产出难以支撑不断增加的人口，于是，大量农户从平原丘陵迁到山区，开垦耕地形成新的居民点。

4.1.4　小结

　　（1）1949 年沂水县的 1484 个农村居民点中，建村于宋朝之前的仅 6 个（隋朝 1 个、唐朝 3 个、五代 2 个），从宋朝（960 年）到 1949 年的 990 年中新建 1478 个，年均增加 1.49 个。随着时间的推移，沂水县农村居民点新建速率先快后慢，呈倒 U 形演变。短时间尺度内，每个朝代初期农村居民点建村速率较快，末期建村速率较慢。

　　（2）随着时间的推移，沂水县农村居民点建村时的农户来源地沿着省外—县外—县内的地域格局演进，宋朝及之前，新建村的农户来源地以省外为主，元明时期以县外和省外为主，清朝及中华民国以县内为主。农村居民点建村所处的地貌类型依次沿着平原—丘陵—山地的地貌格局演进，宋朝及之前，农户以在平原开垦耕地建村为主；元朝新建村向丘陵扩展的趋势明显；明朝农户以开垦丘陵耕地建村为主，并逐步向山区转移；清朝及中华民国，新建村大部分为农户开垦山区耕地并聚居形成。

（3）驱动力研究表明，人地关系状况是影响农村居民点时间格局变化的主导驱动力，战争、政策及气候灾害等，通过影响人地关系矛盾，影响着农村居民点短时间尺度的格局；耕地资源禀赋是农村居民点空间格局变化的主导驱动力，农户垦地建村首先选择耕地资源禀赋优越的平原，随着人地矛盾增加，逐步向耕地资源禀赋次优的丘陵和山地转移。

农村居民点作为农户生活和生产活动的聚居地，其时空格局直接受农户行为的影响，而生计作为农户最重要的行为活动，农户的生计方式及其依赖的资源禀赋深刻地影响着农村居民点的演变。历史上，中国是以农耕文明为主的国度，1949 年之前相当长的时期内，农户以耕地为生。农户对土地的开发历史，直接反映了农村居民点时空格局及其变化的历史。因此，耕地资源的多寡、优劣及空间分布，也就直接影响着农村居民点的数量变化及时空格局。

当然，农村居民点时空格局变化受多种因素影响，包括自然环境、战争、气候灾害及国家的移民政策等。但这些因素，均可认为是导致人地关系矛盾变化的原因或人地关系矛盾变化的结果（如历朝历代政府组织人口稠密区农户向人口稀少区的移民），从而影响着农村居民点的演变。同时，受限于历史资料的匮乏，特别是像沂水县这样的丘陵山区县，很难从历史事件、自然灾害等视角对农村居民点演变的驱动力进行系统研究。因此，从农户依赖的生计方式和资产视角，选取耕地资源禀赋及其所反映的人地关系状况，不失为研究以农业为主要生计时期的农村居民点演变的重要途径。

4.2　工业化社会农村居民点用地的发展与分化

1949 年新中国成立之前，由于封闭落后和长期战乱，工业化在中国基本没有得到发展。新中国成立后，特别是改革开放以后，中国进入工业化、城镇化建设的新时期，伴随着一系列农村发展政策的实施，对广大农区产生了深远的影响。农村由以农业经济为主，向着兼具一产、二产、三产等多经济结构演变，农户生计也逐步多样化和非农化。不同类型农村居民点，由于所处的地理环境不同，农户生计资产不同，导致农村经济和农户生计策略出现差异，农村居民点用地呈现明显的空间分化。本节即以沂水县为例，从宏观经济和县域经济发展角度探讨工业化和城镇化对农村经济及农户生计的影响，为农村居民点功能演变的微尺度研究打下基础。

4.2.1 工业化社会农村经济发展新特征

农村经济发展阶段与全国经济发展背景密不可分（廖丹清，1995；党国英，2008），基于此，结合调研的 16 个村发展的阶段性特征，将新中国成立后沂水县农村经济发展划分为 3 个时期：改革开放前农村经济停滞时期（Ⅰ阶段），改革开放后农村经济发展起步时期（Ⅱ阶段），21 世纪以来农村经济加速分化时期（Ⅲ阶段），各阶段沂水县农村经济发展特征见表 4-4。

表4-4 沂水县不同时期农村经济发展特征

时期	农村经济发展特征
Ⅰ阶段	农户以种植业和养殖业结合为主要生计策略，农村非农经济缺乏，具有明显的同质性
Ⅱ阶段	改革开放后，农业生产迅速发展；1985 年前后，沂水县农户开始成规模陆续外出务工，靠近城镇的农村居民点，如高桥和大瓮山，本村非农经济开始发展。因此，农村经济分化现象初步显现
Ⅲ阶段	农村经济非农化普遍，调研的 16 个村总人口 21539 人，非农就业劳动力高达 57.19%。同时，农村经济出现明显的空间分化，山区村、丘陵村和平原村农户以外出务工和农业生产结合为主要生计策略，本村非农经济不发展。近郊自主非农村农户就地发展非农经济，农户以本村非农就业为主要生计来源

（1）改革开放前农村经济停滞时期

1）全国经济发展背景。1949 年新中国成立到改革开放前，中国实行中央计划经济，目标虽然是建设工业强国，但由于政策的偏差，工业化、城镇化发展缓慢，农村经济基本处于停滞状态。1953 年粮食"统购统销"制度以及以 1958 年《中华人民共和国户口登记条例》出台为标志的城乡二元户籍制度，一方面使农村成为国家工业化建设的粮食和原材料供应地，另一方面限制了农村劳动力的非农就业以及跨区域流动就业，导致了严重的城乡分割（蔡昉等，2001）。1958 年人民公社化制度建立，彻底否定了家庭经营的地位和作用，农户不再拥有耕畜、农机具等生产资料。一系列农村发展政策的实施，挫伤了农户生产积极性，农村经济发展缓慢，非农经济不发达。因此，尽管各地区气候、地貌、区位、资源禀赋等存在差异，农村经济分化不明显，具有同质性。

2）沂水县农户生计和农村居民点发展特征。1949—1978 年，沂水县国内生产总值由 0.23 亿元提升到 1.86 亿元，年均增长 7.47%（见图 4-4）。三次产业结构由 97：2：1 转变为 68：19：13。农业产值比例虽逐渐降低，但始终占主导地位。可见，Ⅰ阶段，沂水县经济发展缓慢，农业经济特征较为明显。

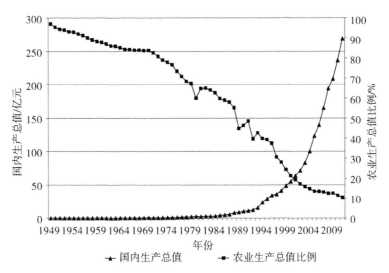

图4-4　沂水县历年国内生产总值及农业产值比例（不变价计算）

在非农经济不发达的大背景下，沂水县农户以农业生产为主要生计策略，特别是种植业（到1978年，沂水县种植业产值仍占农业产值的85.1%），主要种植小麦、玉米、花生、甘薯、高粱和荞麦等。生产队是农村的生产单位，劳动生产率和土地生产率的双重低下导致粮食生产不足，人均粮食产量仅从1949年的185.45kg提高到1970年的224.59kg，年均增长0.92%（见表4-5）。村集体在上缴粮食任务和留足来年粮种后，分配给农户的口粮仅维持在糊口水平。调研中，中老年农民介绍，由于"割资本主义尾巴"，农户除了种植和养殖，几乎没有其他收入渠道；为了维持生计，各家充分利用宅基地及房前屋后空地从事养殖和种植。虽然如此，农户收入水平和消费水平十分低下。由此看来，当时农村居民点承载着农业生产功能。

表4-5　沂水县历年粮食产量

年份	粮食产量/万 t	总人口/万人	人均粮食产量/kg	年份	粮食产量/万 t	总人口/万人	人均粮食产量/kg
1949	9.33	50.31	185.45	1984	33.58	97.44	344.62
1950	9.94	51.77	192.00	1985	35.06	99.05	353.96
1951	10.65	53.18	200.26	1986	30.07	100.38	299.56
1952	11.65	54.57	213.49	1987	34.81	101.56	342.75

续表

年份	粮食产量/万t	总人口/万人	人均粮食产量/kg	年份	粮食产量/万t	总人口/万人	人均粮食产量/kg
1953	9.97	56.28	177.15	1988	38.98	103.12	378.01
1954	12.23	58.65	208.53	1989	32.88	109.29	300.85
1955	14.47	60.09	240.81	1990	39.66	110.79	357.97
1956	14.57	62.05	234.81	1991	41.62	112.49	369.99
1957	12.18	63.62	191.45	1992	38.31	112.38	340.90
1958	17.38	64.46	269.62	1993	44.52	111.88	397.93
1959	14.26	64.81	220.03	1994	49.09	111.23	441.34
1960	13.84	62.35	221.97	1995	51.42	111.18	462.49
1961	17.08	64.87	263.30	1996	52.45	111.04	472.35
1962	14.25	67.28	211.80	1997	43.54	111.13	391.79
1963	13.36	69.11	193.32	1998	51.56	111.38	462.92
1964	17.83	70.03	254.61	1999	55.09	111.59	493.68
1965	16.25	71.18	228.29	2000	47.45	111.65	424.99
1966	17.61	73	241.23	2001	44.16	111.48	396.12
1967	19.7	74.65	263.90	2002	32.65	111.38	293.14
1968	17.11	76.49	223.69	2003	32.19	111.05	289.87
1970	18.56	82.64	224.59	2004	33.35	110.9	300.72
1975	29.48	86.44	341.05	2005	39.12	110.83	352.97
1978	27.25	90.39	301.47	2006	41.06	110.88	370.31
1979	28.7	91.18	314.76	2007	41.39	111.19	372.25
1980	30.6	92.08	332.32	2008	42.41	111.85	379.17
1981	28.05	93.7	299.36	2009	43.25	112.44	384.65
1982	37.21	95.28	390.53	2010	44.97	113.16	397.40
1983	29.2	96.28	303.28	2011	45.36	113.77	398.70

　　1949—1978 年，沂水县农民人均纯收入由 67 元增加到 110 元，30 年间仅增加了 43 元，年均增长约 1.72%（见图 4-5）。在这种情况下，农户无力对其生活居住环境进行改善，农村居民点生活功能亟须改善，农村住宅只是一个遮风避雨的陋室，村内道路没有任何硬化。

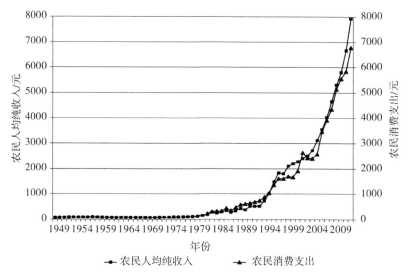

图4-5　沂水县历年农民人均纯收入及消费支出（不变价计算）

（2）改革开放后农村经济发展起步时期

1）全国经济发展背景。1978年十一届三中全会做出了《关于加快农业发展若干问题的决定》，拉开了农村改革的序幕。1983年的"一号文件"把家庭承包制称为"我国农民伟大的创造"，从根本上确立了以家庭联产承包责任制为核心的农业基本经营制度（蔡昉，1998）。农户成为决策主体，生产积极性高涨，农业发展显著。粮食单产由1978年的2527kg/hm²增加到1997年的4376kg/hm²，增长了73.17%；1978—1981年，农业行业中就业人员的比例比改革前有所增加，第一产业GDP比重由1978年的27.9%上升到1984年的31.8%（李周，2013）。从1984年开始，中央颁布一系列政策，鼓励乡镇企业（1984年前称社队企业）发展，促进农村非农经济迅速发展。到1998年，乡镇企业增加值占全国国内生产总值的27.9%，1983—1991年共吸引约8700万农村剩余劳动力。因此，Ⅱ阶段，农村经济发展开始起步，农业生产和非农生产较Ⅰ阶段均呈现明显的加速增长趋势。农村经济发展显著影响了农户生计，导致农户生计的多样化和非农兼业化。

2）沂水县农户生计和农村居民点发展特征。1978—2000年，沂水县国内生产总值由1.86亿元迅速增加到55.15亿元，年均增长达15.88%；同期三次产业结构由68∶19∶13转变为21∶44∶35，第一产业劳动力由74.7%下降到62%（见表4-6）。可见，相比较Ⅰ阶段，沂水县经济发展迅速，非农经济比例迅速提升。家庭联产承包制度刺激了农户的积极性，粮食产量迅速增加，由1978年的

27.25 万 t 增加到 2000 年的 47.45 万 t，人均粮食产量由 1978 年的 301.47kg 增加到 2000 年的 424.99kg，年均增长 1.50%。

表4-6 沂水县历年劳动力从业结构 (%)

年份	第一产业	第二产业	第三产业
1978	74.7	16.5	8.8
1980	72.9	17.1	10
1985	72.5	16.2	11.3
1990	69.9	16.6	13.5
1995	63.6	19.7	16.7
2000	62	21.5	16.5
2001	62	21.3	16.7
2002	65.6	16	18.4
2003	63.1	15.5	21.4
2004	64.2	21.3	14.5
2005	61.7	16.3	22
2006	61.2	20.5	18.3
2007	56.2	23.2	20.6
2008	56	23.3	20.7
2009	55.8	23.4	20.8
2010	55.7	23.4	20.9
2011	55.6	23.5	20.9

沂水县经济的发展，也促进了农户生计多样化。首先体现在农业生产的发展。粮食产量的提高，使得农户在上缴粮食任务及食用消费后，有剩余饲养禽畜，庭院内有专门的圈舍饲养生猪，院坝内养鸡。农户生计策略最显著的变化是非农生计的发展，但处于沂蒙山区的沂水县非农经济并不发达，农户非农就业以到县域外非农就业为主。以调研的 16 个村为例，在 20 世纪 90 年代，农户到县域外非农就业的比例占非农就业比例的 80%~100%。邻近城镇的部分农村居民点，农户就地发展非农经济（大瓮山、高桥），农村居民点内非农生产用地出现。

农户生计的多样化和非农化，使其收入迅速增加，消费支出能力增强。1978—2000 年，沂水县农民人均纯收入由 110 元增加到 2272 元，年均增长达 14.07%。同期，农民消费支出由 1981 年的 226 元增加到 2000 年的 1911 元（见表 4-7），分别占同期农民人均纯收入的 119.58% 和 84.11%。随着农户消费支出增多，其用于生活居住环境改善的投资也必然相应提高，农户生活居住环境得到逐步改善。

表4-7 沂水县历年农民消费支出结构 （单位：元/年）

年份	生产性支出	生活消费支出
1981	68	158
1982	74	228
1983	97	226
1984	107	223
1985	173	264
1986	116	235
1987	160	310
1988	209	369
1989	216	395
1990	214	427
1991	252	433
1992	269	468
1993	343	530
1994	418	617
1995	571	779
1996	605	1004
1997	572	1035
1998	721	978
1999	723	944
2000	750	1161
2001	998	1631
2002	971	1450
2003	824	1576
2004	865	1706
2005	1289	2171
2006	1600	2311
2007	1827	2520
2008	2071	3068

续表

年份	生产性支出	生活消费支出
2009	2173	3380
2010	2269	3572
2011	2808	3972

（3）21 世纪以来农村经济加速分化时期

1）全国经济发展背景。进入 21 世纪，中国工业化、城镇化进一步推进，市场经济对农区的影响也相应加强（Tang M H & Li X B, 2013; Chen R S et al, 2014）。加上农业生产效率的提升释放出大量富余劳动力，农村劳动力非农就业比例进一步提升。中国农民非农收入占总收入比重从 1978 年的 7% 左右上升到 1999 年的 40%，到 21 世纪初已占 50%；外出务工的工资性收入成为农户增收的主要渠道。根据《2012 年全国农民工监测调查报告》显示，2012 年农民工总量高达 2.63 亿人，东部地区农村户籍劳动力中农民工更是高达 54.9%。与此同时，不同地区的农村居民点，农村经济结构、农户生计结构呈现出明显的空间分化（陈秧分等，2009；牛剑平等，2010；谢勇，2010；何仁伟，2014）。

2）沂水县农户生计和农村居民点发展特征。2000—2011 年，沂水县国内生产总值由 55.15 亿元增加到 245.68 亿元，年均增长达 13.26%。同期，三次产业结构由 21∶44∶35 转变为 10∶51∶39，非农从业人员占总就业人员的比例由 38% 上升到 44.4%。非农产业发展极为迅速，已经成为沂水县经济的主导。

非农经济的迅速发展促使农户生计策略变化显著。一方面，由于非农比较收益高，农村非农劳动力比例继续增加。2011 年沂水县农民人均纯收入 7923.6 元，工资性收入占 38.98%，是占比最高的收入类型（见表 4-8）。另一方面，在农户倾向于非农就业情况下，由于庭院养殖受时间成本及规模效应限制，农户多放弃，仅从事种植业，种植业收入占农民人均纯收入的 33.84%，仅次于工资性收入。

表4-8　沂水县 2011 年农民人均纯收入构成　　（单位：元）

农民家庭经营纯收入									工资性收入	转移性、财产性纯收入	合计
种植业	牧业	林业、渔业	工业	建筑业	交通、运输、邮电业	批零贸易、餐饮业	社会服务业	其他家庭经营			
2681	497	181	359	262.4	302.8	159.3	36.4	48	3088.4	308.3	7923.6

农户非农生计在地域空间上出现分异，远离城镇的农户多选择外出务工，农村居民点非农生产用地缺乏；邻近城镇的部分农村，农户就地发展非农生产，农村居民点非农生产用地扩展。农户通常选择价格低廉、装卸方便的彩钢房作为非农生产的场所。农村居民点内部土地利用结构和农村经济分化更加明显。

农户生计的非农化促使其收入显著提高，2000—2011 年，沂水县农民人均纯收入由 2272 元增加到 7924 元，年均增长达 10.97%。同期，农民消费支出由 2000 年的 1911 元增加到 2011 年的 6780 元，占同期农民人均纯收入的 84.11% 和 85.56%。2011 年，沂水县农民人均支出结构中，居住消费支出 750.94 元，仅低于第一产业费用支出和食品消费支出，占农民人均支出的 11.08%（见表 4-9）。可见，用于改善住房的支出已经占农民支出相当大的比例，农户的生活居住环境进一步改善。由于收入的增加，农户不再依靠"庭院经济"，普遍用水泥硬化，居民点内养殖用地大量萎缩。

表4-9　沂水县 2011 年农民人均支出结构　　　　　（单位：元）

总支出		6779.28
家庭经营费用支出		2807.76
	第一产业费用支出	2413.71
	第二产业费用支出	383.59
	第三产业费用支出	10.46
生活消费支出		3972.28
	食品消费支出	1953.6
	衣着消费支出	330.21
	居住消费支出	750.94
	家庭设备、用品消费支出	155.74
	交通和通信消费支出	433.86
	文化教育、娱乐消费支出	105.7
	医疗保健消费支出	163.3
	其他商品和服务消费支出	78.93

4.2.2　工业化社会农户就业分化特征

农业社会，沂水县农村经济和农户生计均以农业为主，分化不明显。新中国成立后，特别是改革开放以来，沂水县农村经济和农户生计向多样化发展。本章基于 2013—2015 年对沂水县 16 个农村的实地调研，从农户生计视角入手，定量研究 2013 年农村非农化程度及其空间差异，以揭示工业化社会农村居民点功能分异的经济背景。

农村非农化的主体包括人口、土地及产业等（张小林，1998）。农村产业和土地的非农化，均可反映在农户就业地域空间上。若某村农户以外出务工和本村农业生产为主要生计策略，说明该村非农经济不发达，也必然缺乏相应的产业用地。因此，本研究从农户生计视角探讨农村非农化。

首先，根据农户就业地域空间的差异，将调研村农户就业划分为县域外非农就业、县域非农就业、县域非农兼业及农业生产 4 类。县域外非农就业指农户到县域之外的区域非农就业；县域非农就业指农户在县域内（包括本村）从事非农生产，与县域外非农就业的区别是昼夜往返于本村与工作地；县域非农兼业指农户农忙时从事农业生产，农闲时在县域内从事非农生产；农业生产指农户在本村从事种植、养殖等农业生产活动。

在农户就业类型划分的基础上，选取非农就业劳动力比例、人均非农就业收入比例及劳均非农就业时间比例 3 个指标量化农村非农化程度。非农就业劳动力比例，指某村劳动力中，从事非农生产的劳动力所占的份额；人均非农就业收入比例，指某村农民人均收入（不包括亲朋赠予、政府补贴等非生产性收入）中，从事非农就业的收入所占的份额；劳均非农就业时间比例，指某村劳均就业时间中，从事非农就业的时间所占的份额。

1）非农就业劳动力比例

$$NAL_r = (ONAL + INAL)/(ONAL + INAL + INACL + APL) \quad (4-2)$$

其中，NAL_r 指某村非农就业劳动力比例；$ONAL$ 指该村县域外非农就业劳动力数量；$INAL$ 指该村县域非农就业劳动力数量；$INACL$ 指该村县域非农兼业劳动力数量；APL 指该村农业生产劳动力数量。

2）人均非农就业收入比例

①人均农业生产收入

$$AGI = \sum_{i=1}^{9} (age_i - agc_i)ac_i/TP \quad (4-3)$$

其中，AGI 指某村人均农业生产收入；age_i 指该村 i 类农作物（小麦、玉米、甘薯、花生、苹果、桃子、芋头、生姜、大蒜）单产总收入；agc_i 指该村 i 类农作物单产成本；ac_i 指该村 i 类农作物的播种面积；TP 为该村总人口。

②人均非农就业收入

$$NAI = \sum_{j=1}^{3} \sum_{k=1}^{6} nae_{jk} nal_{jk} / TP \tag{4-4}$$

其中，NAI 指某村人均非农就业收入；j 指该村非农就业收入的劳动力来源，包括县域外非农就业、县域非农就业和县域非农兼业 3 类；k 指该村非农就业的行业，包括建筑、机械、电子、服装、服务、食品等 6 种；nae_{jk} 指该村 j 类劳动力第 k 种非农就业行业的年收入；nal_{jk} 指该村 j 类劳动力第 k 种非农就业方向的从业人数；TP 为该村总人口。

③人均非农就业收入比例

$$NAI_r = NAI / (AGI + NAI) \tag{4-5}$$

其中，NAI_r 指人均非农就业收入比例。

3）劳均非农就业时间比例

①劳均农业生产日数

$$AGT = \sum_{i=1}^{9} ad_i ac_i / TL \tag{4-6}$$

其中，AGT 指某村劳均农业生产日数；ad_i 指 i 类农作物单产一年需要的劳动日数；ac_i 指该村 i 类农作物的播种面积；TL 为该村劳动力总量。

②劳均非农生产日数

$$NAT = \sum_{j=1}^{3} \sum_{k=1}^{6} nad_{jk} nal_{jk} / TL \tag{4-7}$$

其中，NAT 指某村劳均非农生产日数；nad_{jk} 指该村 j 类劳动力第 k 种非农就业方向一年的劳动日数；nal_{jk} 指该村 j 类劳动力第 k 种非农就业行业的劳动量；TL 为该村劳动力总量。

③劳均非农就业时间比例

$$NAT_r = NAT / (AGT + NAT) \tag{4-8}$$

其中，NAT_r指劳均非农就业时间比例。

4）农村居民点非农化程度

$$NAL_r = (NAL_r + NAI_r + NAT_r)/3 \qquad (4-9)$$

其中，NAL_r指农村非农化程度。

调研村非农就业劳动力比例介于16.67%~76.96%，由高到低依次为：$ST_1>ST_2>PT_1>MT_1>HT_1>MT_2>HT_2>PT_2$。近郊村最高；随着与城镇的邻近，粮食作物主导村提高，经济作物主导村降低；同一地貌区内，粮食作物主导村高于经济作物主导村（见表4-10）。

表4-10 调研村劳动力结构 （%）

农村类型	非农就业劳动力比例			县域非农兼业比例	农业生产比例
	县域外非农就业比例	县域非农就业比例	合计		
MT_1	41.04	0	41.04	5.23	53.73
MT_2	33.73	0	33.73	5.9	60.37
HT_1	36.85	3.44	40.29	18.39	41.32
HT_2	28.9	4.34	33.24	8.67	58.09
PT_1	34.77	19.25	54.02	20.42	25.56
PT_2	10.65	6.02	16.67	18.52	64.81
ST_1	33.62	43.34	76.96	14.37	8.67
ST_2	5.37	69.87	75.24	15.98	8.78

非农就业劳动力结构中，除了近郊村以县域非农就业劳动力为主外，其余类型村均以县域外非农就业劳动力为主。调研村县域外非农就业劳动力占非农就业劳动力的比例介于6.98%~100%，由高到低依次为：MT_1、$MT_2>HT_2>HT_1>PT_1>PT_2>ST_1>ST_2$，随着与城镇的邻近而降低（见图4-6）。

调研村县域非农就业劳动力占非农就业劳动力比例介于0~93.02%，由高到低依次为：$ST_2>ST_1>PT_2>PT_1>HT_1>HT_2>MT_1$、$MT_2$，其空间分布趋势恰好与县域外非农就业劳动力比例相反，随着与城镇的邻近而提高。

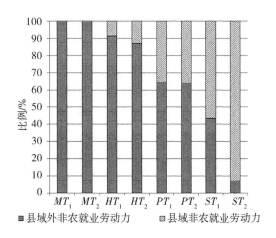

图4-6 调研村非农就业劳动力结构

调研村人均非农就业收入比例介于 25.94%~98.05%（3520.18~15404.51元），由高到低依次为：$ST_2 > ST_1 > PT_1 > HT_1 > MT_1 > MT_2 > HT_2 > PT_2$。近郊村最高；随着与城镇的邻近，粮食作物主导村提高，经济作物主导村降低；同一地貌区内，粮食作物主导村高于经济作物主导村（见表4-11）。

表4-11 调研村人均就业收入结构　　　　　　　　　　（单位：元/年）

农村类型	人均非农就业收入			农业收入	总收入	非农收入比例/%
	县域外非农就业收入	县域非农就业收入	县域非农兼业收入			
MT_1	7007.36	0	261.61	1761.7	9030.67	80.49
MT_2	5569.31	0	285.89	6805.82	12661.01	46.25
HT_1	6444.06	428.27	953.96	1134.07	8960.36	87.34
HT_2	4934.21	526.32	434.21	9244.24	15138.98	38.94
PT_1	6389.37	2377.36	1080.62	1416.03	11263.37	87.43
PT_2	1871.74	710.94	937.5	10051.51	13571.7	25.94
ST_1	7872.59	6553.94	977.98	667.46	16071.97	95.85
ST_2	1188.27	11049.38	972.22	262.25	13472.13	98.05

人均非农就业收入结构中，除了 ST_2 以县域非农就业收入为主外，其余类型村均以县域外非农就业收入为主。调研村县域外非农就业收入占非农就业收入的比例介于 9%~96.4%（1871.74~7872.59 元），由高到低依次为：$MT_1 > MT_2 > HT_2 > HT_1 > PT_1 > PT_2 > ST_1 > ST_2$，随着与城镇的邻近而降低（见图4-7）。

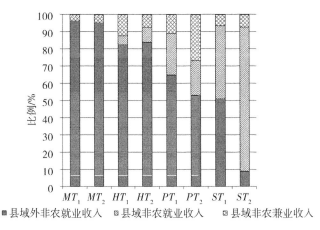

图4-7 调研村人均非农就业收入结构

调研村县域非农就业收入占非农就业收入比例介于 0~83.64% （0~11049.38元），由高到低依次为：$ST_2>ST_1>PT_1>PT_2>HT_2>HT_1>MT_2>MT_1$，其空间分布趋势恰好与县域外非农收入比例相反，随着与城镇的邻近而提高。

调研村县域非农兼业收入占非农就业收入比例介于 3.6%~26.63% （261.61~1080.62 元），由高到低依次为：$PT_2>HT_1>PT_1>HT_2>ST_2>ST_1>MT_2>MT_1$，随着与城镇的邻近先提高后降低。

调研村劳均非农就业时间比例介于 60.26%~98.67% （日数介于 93.29~259.8），由高到低依次为：$ST_2>ST_1>PT_1>HT_1>MT_1>HT_2>PT_2>MT_2$。近郊村最高；随着与城镇的邻近，粮食作物主导村提高，经济作物主导村降低；同一地貌区内，粮食作物主导村高于经济作物主导村（见表4-12）。

表4-12 调研村劳均就业时间结构 （单位：天/年）

农村类型	非农就业日数			农业生产日数	总日数	非农就业日数比例/%
	县域外非农就业日数	县域非农就业日数	县域兼业日数			
MT_1	123.13	0	10.45	22.62	156.2	85.52
MT_2	101.18	0	11.8	74.5	187.48	60.26
HT_1	110.54	8.61	38.22	18	175.37	89.74
HT_2	86.71	13.01	21.68	43.21	164.61	73.75
PT_1	104.32	48.13	51.05	22.47	225.97	90.06
PT_2	31.94	15.05	46.3	39.94	133.23	70.02

续表

农村类型	非农就业日数			农业生产日数	总日数	非农就业日数比例/%
	县域外非农就业日数	县域非农就业日数	县域兼业日数			
ST_1	101.4	130.01	35.92	9.73	277.06	96.49
ST_2	16.1	209.56	34.15	3.5	263.3	98.67

劳均非农就业时间结构中，除了 ST_1 和 ST_2 以县域非农就业日数、PT_2 以县域非农兼业日数为主外，其余类型村均以县域外非农就业日数为主。调研村县域外非农就业日数占非农就业日数的比例介于 6.2% ~ 92.18%（日数介于 16.1 ~ 123.13），由高到低依次为：$MT_1 > MT_2 > HT_2 > HT_1 > PT_1 > ST_1 > PT_2 > ST_2$，基本呈现随着与城镇的邻近而降低的趋势（见图 4-8）。

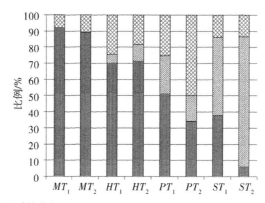

图4-8 调研村劳均非农就业时间结构

调研村县域非农就业日数占非农就业日数比例介于 0 ~ 80.66%（日数介于 0 ~ 209.56），由高到低依次为：$ST_2 > ST_1 > PT_1 > PT_2 > HT_2 > HT_1 > MT_1$、$MT_2$，其空间分布趋势恰好与县域外非农就业日数比例相反，随着与城镇的邻近而提高。

调研村县域非农兼业日数占非农就业日数的比例介于 7.82% ~ 49.63%（日数介于 10.45 ~ 51.05），由高到低依次为：$PT_2 > PT_1 > HT_1 > HT_2 > ST_1 > ST_2 > MT_2 > MT_1$，随着与城镇的邻近先提高后降低。

调研村农村非农化程度介于 37.54% ~ 90.65%（仅 4 个村非农化程度低于 50%，占 25%），由高到低依次为：$ST_2 > ST_1 > PT_1 > HT_1 > MT_1 > HT_2 > MT_2 > PT_2$（见图 4-9）。

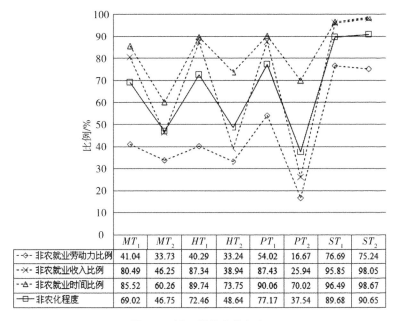

	MT₁	MT₂	HT₁	HT₂	PT₁	PT₂	ST₁	ST₂
-◇- 非农就业劳动力比例	41.04	33.73	40.29	33.24	54.02	16.67	76.69	75.24
-×- 非农就业收入比例	80.49	46.25	87.34	38.94	87.43	25.94	95.85	98.05
-△- 非农就业时间比例	85.52	60.26	89.74	73.75	90.06	70.02	96.49	98.67
-□- 非农化程度	69.02	46.75	72.46	48.64	77.17	37.54	89.68	90.65

图4-9　调研村非农化程度

县域农村非农化程度的总体分布特征为：近郊村最高；随着与城镇的邻近，粮食作物主导村提高，经济作物主导村降低；同一地貌区内，粮食作物主导村高于经济作物主导村。

4.2.3　小结

新中国成立后，中国进入工业化、城镇化发展新阶段，对农村经济发展产生了深远影响。根据全国经济发展背景和沂水县农村经济发展实际，将工业化社会沂水县农村经济发展划分为改革开放前农村经济停滞时期、改革开放后农村经济发展起步时期和21世纪以来农村经济加速分化时期3个阶段。研究统计数据和调研数据发现，沂水县农村经济和农户生计由以农业为主，逐渐向着多样化和非农化演变。由于受地理环境的影响，不同类型的农村，农村经济和农户生计出现分化。进而以调研的16个村为例，探讨农村非农化程度及其空间分异。研究发现，2013年沂水县农村非农化程度介于37.54%～90.65%，非农化普遍。同时，农村非农化呈现明显的空间分化，本村非农就业村农户就地发展非农经济实现农村非农化，其他类型农村农户通过劳动力异地非农转移实现农村非农化。

工业化、城镇化的发展，促使农户生计逐渐多样化、非农化和分化，通过作用于农村居民点内部土地利用，最终导致农村居民点内部用地及功能发生相应的变化。因此，基于农户生计和农村居民点内部土地利用视角阐述农村居民点功能的演化与空间分异，成为研究工业化社会农村居民点发展新特征的重要视角，也是本书后续章节研究的核心。其中，第 5 章从农户生计策略变迁导致农村居民点内部土地生产功能转型视角研究农村居民点生产功能演变；第 6 章从农户生计成果提升促使农村居民点内部土地生活功能转型视角研究农村居民点生活功能演变。

第 5 章　农村居民点用地生产功能演变与分化

作为农户安居乐业的场所，农村居民点用地是农户重要的生产活动空间。在不同历史发展阶段，由于农户生计策略及农村产业的不同，农村居民点用地为农户提供的生产功能存在差异。当代中国工业化、城镇化的发展对农村经济发展产生了深刻的影响，从而影响了农户生计策略变迁，也必然促使农村居民点用地生产功能发生重大变化。厘清农村居民点用地生产功能演变机制，进而合理配置农村居民点生产用地，是尊重农村经济发展规律和农户生计，进而评判农村居民点重构科学性的重要标志。当前农村居民点重构实践，出现了很多偏差，损害了农户的生计利益，在很大程度上是由于"消灭"或者不合理配置农村居民点生产功能用地。因此，在农村居民点发生深刻转型的当前，剖析不同类型农村居民点用地生产功能演变及空间分异规律，进而实施差别化的农村居民点重构模式，对于实现乡村振兴具有重要理论意义。

基于此，本章以山东省沂水县为例，选取典型调研村，运用"PRA+3S"的方法，获取农村居民点用地内部结构变化、农户生计变迁及农村社会经济发展数据，从微观层面深入剖析农村居民点用地生产功能演变及空间分异规律与机制。

5.1　农村居民点分类及典型村选取

表 2-2 所列农村居民点一级分类中的山区村、丘陵村和平原村农户生计均以种植业和县域外非农就业为主，农村居民点内部用地均承载着农户生活居住和农业生产功能，差异性不显著，因此将其合并为农业生产村；近郊村由于社会经济要素及农户生计分异明显，因此农村居民点用地生产功能空间差异显著，其中，本村非农就业村的经济分化较为明显，根据农村经济和产业主导状况，将其细分为工业生产村和商旅服务村，城镇非农就业村产业缺乏，农户到就近的城镇工作，因此单独设为一类。由此，从农户生计策略和居民点用地内部结构类型承载功能角度，将农村居民点类型再次划分为 4 类（见表 5-1）。

表5-1　基于土地功能承载和农户生计策略的农村居民点分类

居民点类型	土地功能承载	农户生计策略	对应表 2-1 一级类型
农业生产村	农业生产和生活居住功能	种植业与县域外非农就业相结合	山区村、丘陵村、平原村
工业生产村	工业生产和生活居住功能	本村工业生产与县域外非农就业相结合	近郊村
商旅服务村	商旅服务和生活居住功能	本村商旅服务与县域外非农就业相结合	近郊村
城镇非农就业村	生产功能萎缩，以生活居住功能为主	县城非农就业为主	近郊村

从调研的 16 个村中选择典型村作为农村居民点用地生产功能微尺度研究的样本村。其中，农业生产村选择核桃园，工业生产村选择大瓮山，商旅服务村选择高桥，城镇非农就业村选择唐家庄子。各村自然及社会经济状况见表 5-2。

表5-2　典型调研村 2013 年概况

农村居民点	区位	农户生计活动
农业生产村：核桃园	位于丘陵区，海拔 199～246m，高差 47m；位于 35° 56′ 47″ N，118°39′49″E	2013 年有 150 户、451 人，劳动力约 370 人，农业劳动力和外出劳动力约各占 50%。以种植小麦、玉米和花生为主，村内非农经济缺乏
工业生产村：大瓮山	位于平原区，海拔 171～180m，高差 9m；位于 35° 56′ 57″ N，118°43′48″E	2013 年有 730 户、2311 人，劳动力约 1740 人，以非农就业为主，村内发展木材加工
商旅服务村：高桥	位于平原区，海拔 175～190m，高差 15m；位于 35° 57′ 12″ N，118°42′38″E	2013 年有约 980 户、3300 人，劳动力约 2380 人，以非农就业为主，村内发展个人商服经营
城镇非农就业村：唐家庄子	位于平原区，海拔 153～160m，高差 7m；位于 35° 48′ 51″ N，118°39′27″E	2013 年约 220 户、750 人，劳动力约 600 人，其中约有 400 人在县城非农就业，昼夜往返于本村和县城之间

注：根据调研村实际，60～70 岁的老人也从事农业生产，因此，统计的劳动力以 18～70 岁为标准。

5.1.1　农业生产村

核桃园属于农业生产村，位于丘陵区，该村的高差 47m。与镇驻地和县城的时间距离分别为 20min 和 50min（摩托车，下同），通过一条乡道与外界联系，无公交车通过，因此区位条件一般，受城镇非农经济的辐射较小，村内以农业经济，尤其是种植业为主。村南为丘陵坡地，多种植花生，一年一熟；村北为山麓平原，种植小麦和玉米，一年两熟。农户以种植业和县域外非农就业相结合为主要生计策略。2013年农民人均纯收入约7800元。

2012年，核桃园土地利用以耕地为主（见表5-3），占全村总面积的75.35%，人均耕地面积0.21hm²；其次是林地（12.65%）；农村居民点占全村总面积的6.26%，人均居民点用地174.44m²。

表5-3　核桃园2012年土地利用结构

土地利用类型	面积/hm²	比例/%
耕地	94.47	75.35
林地	15.86	12.65
其他农用地	7.13	5.69
农村居民点	7.85	6.26
特殊用地	0.07	0.06
合计	125.38	100

注：借鉴《全国土地分类》（过渡时期适用），将土地利用类型合并，下同。

从图5-1可以看出，核桃园土地利用类型分布较为集中和规整，农村居民点分布在村庄中部，三条河流环绕，夹杂林地。耕地围绕居民点周边分布，运用ArcGIS测量距离工具测得农户最远耕作半径为1.33km（从居民点中心到最远耕地距离，下同）。耕地环绕居民点的空间布局及较短的耕作半径为农户耕作提供了便利。

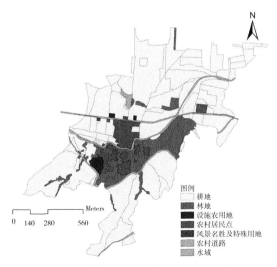

图5-1　核桃园2012年土地利用现状

5.1.2 工业生产村

大瓮山属于工业生产村，位于平原区，高差小（9m）。与镇驻地和县城的时间距离分别为 5min 和 30min，省道高潍路经过该村，使该村与镇驻地、沂水县城及潍坊市联系在一起。便利的交通和优越的区位，为该村非农经济发展创造了条件。借助优越的区位条件和沂蒙山区较为丰富的林木资源，该村自 2000 年后发展木材加工，2013 年有工业木材加工点 108 个，成为该村最主要的产业。农户以本村木材加工和县域外非农就业相结合为主要生计策略。2013 年农民人均纯收入约 11000 元。

大瓮山土地利用类型较核桃园丰富（见表 5-4），2012 年土地利用以耕地为主，占全村总面积的 56.54%，人均耕地面积 0.07hm²，远少于核桃园；其次是林地（15.98%）；农村居民点占比第三，高达 19.38%，人均居民点用地 230.64m²。可见，无论是居民点占村域土地总面积比例，还是人均居民点用地，大瓮山均高于核桃园。其中的一个重要原因是，大瓮山自 2000 年开始发展木材加工，农户在自家承包地上盖厂房，土地利用现状调查时将这些厂房调绘为农村居民点。

表5-4　大瓮山 2012 年土地利用结构

土地利用类型	面积/hm²	比例/%
耕地	155.51	56.54
园地	5.66	2.06
林地	43.96	15.98
牧草地	5.06	1.84
其他农用地	9.68	3.52
农村居民点	53.30	19.38
特殊用地	1.43	0.52
裸地	0.42	0.15
合计	275.02	100

从图 5-2 可以看出，大瓮山农村居民点分布在整个村中南部，其中南部居民点较为零散（木材加工厂棚）；园地和林地交错与农村居民点相连；耕地分布在居民点北部，最远耕作半径为 1.69km。

图5-2　大瓮山 2012 年土地利用现状图

5.1.3　商旅服务村

高桥属于商旅服务村，位于平原区，村内高差 15m。镇驻地位于该村，与县城时间距离为 20min，省道高潍路和益新路穿过该村，使该村与沂水县城、临沂市、潍坊市联系在一起，成为高桥镇交通中心。高桥经济以商旅服务为主，是高桥镇贸易中心；以农户家庭为单位，到 2013 年发展个体经营店 209 个，主要为食品店、超市、理发店、旅馆、饭店及农机具销售店等。农户以本村个体商服经营和县域外非农就业相结合为主要生计策略。2013 年农民人均纯收入约 13000 元。

高桥 2012 年土地利用以耕地为主（见表 5-5），占全村总面积的 46.69%，人均耕地面积 0.05hm²，少于大瓮山；其次是农村居民点，占比高达 25.08%，人均居民点用地 257.73m²；林地占比第三（13.66%），其他地类占比较小。

表5-5　高桥 2012 年土地利用结构

土地利用类型	面积/hm²	比例/%
耕地	158.36	46.69
园地	17.04	5.02
林地	46.32	13.66
牧草地	5.12	1.51
其他农用地	17.9	5.28

续表

土地利用类型	面积/hm²	比例/%
农村居民点	85.05	25.08
特殊用地	2.47	0.73
裸地	2.26	0.67
其他土地	4.65	1.37
合计	339.17	100

从图 5-3 可以看出，高桥居民点分布在整个村的中北部，西南一条河流经过，园地和林地交错与农村居民点相连；耕地分布在居民点东西部，最远耕地半径为 1.71km。

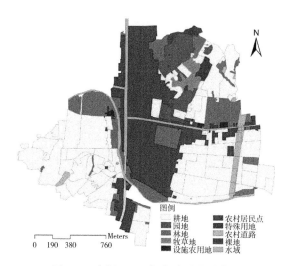

图5-3　高桥2012年土地利用现状图

5.1.4　城镇非农就业村

唐家庄子属于县城非农就业村，位于平原区，村内高差 7m，相对来说较为平坦。与县城的时间距离为 5min，极易受县城非农经济辐射的影响。因此，该村大量农户就近到县城打工。村内非农经济缺乏，只有一个外来人员创建的翻砂厂，吸纳就业仅 16 人。农业以种植小麦、玉米和苹果为主。农户以到县城非农就业为主要生计策略。2013 年农民人均纯收入约 13000 元。

唐家庄子 2012 年土地利用以耕地为主（见表 5-6），占全村总面积的 52.18%，人均耕地面积 0.06hm²；其次是林地（15.24%）；农村居民点占比第三

（13.86%），人均居民点用地 146.8m²，是 4 个村中最少的，其中一个重要原因是，2000 年以来，该村有 38.18%（84 户）的农户盖楼房居住，占地面积（171m²）小于平房住宅（224m²）。

表5-6　唐家庄子 2012 年土地利用结构

土地利用类型	面积/hm²	比例/%
耕地	41.46	52.18
园地	8.76	11.02
林地	12.11	15.24
牧草地	0.76	0.95
其他农用地	1.79	2.25
农村居民点	11.01	13.86
特殊用地	0.34	0.42
裸地	0.19	0.24
其他土地	3.04	3.83
合计	79.46	100

从图 5-4 可以看出，唐家庄子居民点分布在整个村的中间偏北；河流紧邻居民点南部；耕地分布在居民点南部和北部，最远耕地半径为 1.14km；南部有大片果园，以种植苹果为主。

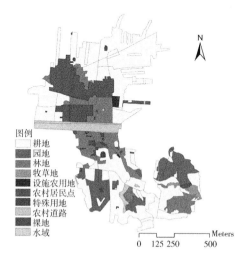

图5-4　唐家庄子 2012 年土地利用现状图

可见，不同类型农村耕地资源禀赋不同，同时，区位的差异导致农村受非农经济辐射影响的强弱不同，农村经济出现空间分化，并反映在农户生计和农村居民点内部土地利用结构差异上。例如，农业生产村（核桃园）耕地占比及人均耕地面积最大，商旅服务村（高桥）最小；商旅服务村人均居民点用地最大，城镇非农就业村（唐家庄子）最小等，均是与农户的生计需求密切相关的。

但是，农户生计需求变化导致的土地利用变化，在土地利用现状图上反映并不充分。土地利用现状调查是将农村居民点作为一整个图斑进行处理，忽视了内部土地利用及功能的多样性。这就需要将研究视角缩至居民点内部，运用参与式农村评估方法识别不同类型农村居民点内部用地类型、功能及农户生计状况。

5.2 数据获取

首先，深入农村对村主任、会计及熟悉村情的农民进行访谈，获取农村居民点内部土地利用变化、产业结构及农户变迁等信息；其次，对每个村 5 户农户进行问卷调查，以补充和完善调研数据。航天遥感影像主要核对农村土地利用结构。每个村调研时间为 2 天，村级访谈和农户问卷调查各 1 天。调研内容包括农村居民点内部土地利用演变和农户生计等演变数据。农村居民点内部用地属性是在遥感判读和实地验证后确定，主要包括：①各地类属性；②每个地块出现的时间。农户生计演变数据包括：①农村劳动力就业结构：从事非农生产、非农兼业及农业生产的劳动力数量及年龄构成，在不同非农就业领域（机械、电子、纺织、造船等）的劳动力数量等；②农村收入结构：非农就业领域的工资水平，全村每种农作物（禽畜）的单位成本—收益；③农村劳动时间结构：非农就业、兼业农民一年从事非农生产的劳动工数，单位农业需要的劳动日数等；④其他数据包括：农村住宅建筑材料的演变，宅基地面积及内部结构的演变，农村耕地面积及种植结构的变化，农村非农产业发展状况等。

5.3 农村居民点用地生产功能演变

5.3.1 农业生产村

（1）改革开放前农村经济停滞时期（Ⅰ阶段）

如表 5-7 所示，农户以种植业和养殖业相结合为主要生计策略。以粮食作物种植为主，主要种植小麦、玉米和甘薯，也有少量高粱和荞麦；经济作物主要种植花生。根据作物的需求和土地的适用性，小麦和玉米主要种植在山麓平原，甘薯和花生主要种植在丘陵坡地，高粱和荞麦种植在土层薄、养分贫瘠的耕地上。人均耕地约0.4hm²。同时，农户通过蔬菜种植和禽畜养殖（猪、鸡等），丰富农业产出以维持生计。

表5-7 调研村农户生计方式演变

时期	农业生产		非农生产
	种植业	养殖业	
I阶段	以种植小麦、玉米、甘薯、高粱和花生为主	养鸡和猪，规模小	非农经济不发达，农户非农就业缺乏
II阶段	以种植小麦、玉米、甘薯和花生为主	家庭散养家禽和圈养生猪发展迅速	核桃园农户以外出务工为主，约占劳动力的32%；大瓮山外出务工劳动力约占30%；高桥就地发展非农经济，约25%的劳动力从事个体商服经营，另有约30%的劳动力外出务工；唐家庄子约30%的农户到县城打工，20%的劳动力外出务工（1999年）
III阶段	以种植小麦、玉米、花生为主。2013年核桃园农业劳动力占48.65%，大瓮山占11.49%，高桥占7.45%，唐家庄子占16.45%	迅速萎缩	核桃园农户仍以外出务工为主，劳动力占51.35%；大瓮山约有28.72%的劳动力就地发展木材加工，37.33%的劳动力外出务工；高桥非农经济进一步发展，60.52%的劳动力在本村发展个体经营；唐家庄子70.72%的劳动力到县城从事非农生计活动（2013年）

与农户生计需求相适应，I阶段，农村居民点以农业生产功能为主，表现为农户利用房前屋后及住宅空间种植蔬菜、养殖禽畜，以及村大队在居民点内部统一经营禽畜养殖（见图5-5，1978年，一队）。农村居民点以住宅用地为主，兼具居住和农业生产功能。

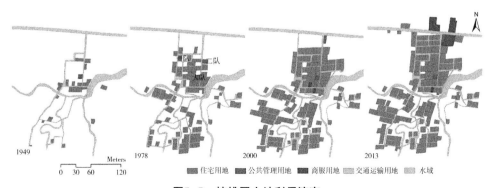

图5-5 核桃园土地利用演变

（2）改革开放后农村经济发展起步时期（Ⅱ阶段）

农户生计逐渐多样化，以种植、养殖及县域外非农就业为主要生计策略。土地产出率的提高，使得农户粮食产量增加，通过大量饲养禽畜来丰富收入渠道。种植结构中，主要种植小麦、玉米、甘薯和花生，人均耕地减少到 0.22hm²（2000 年前后）。家家户户养猪、鸡，也有部分农户饲养牛、鸭、鹅。同时，随着改革开放后工业化的发展，该村部分农户在 1985 年前后，到淄博、青岛等大城市打工，涉及建筑、纺织等行业。到 1999 年，农业生产（种植、养殖）和县域外非农就业劳动力分别约占劳动力总量的 68% 和 32%。

与农户生计需求相适应，Ⅱ阶段核桃园农村居民点以农业生产功能为主，表现为农户利用住宅空间从事禽畜养殖。由于非农经济不发达，新增农村居民点以住宅用地为主，兼具居住和农业生产功能，到 2000 年，仅新增 2 个小超市，方便农户日常生活。

（3）21 世纪以来农村经济加速分化时期（Ⅲ阶段）

农户生计进一步非农化，以种植和县域外非农就业相结合为主要生计策略。种植结构中，以种植小麦、玉米和花生为主，人均耕地 0.21hm²（2013 年）。Ⅲ阶段，农户逐步放弃养殖业，住宅内的猪圈消失，被储物间取代，庭院用水泥硬化，用来晾晒粮食。随着沂水县非农经济的发展，除了县域外非农就业外，到镇上从事非农兼业也逐步成为农户的重要生计活动。多为女性以及年过 40 的农户利用农闲时间到镇上从事制衣等轻工业。到 2013 年，核桃园县域外非农就业、粮食种植和县域非农兼业（镇驻地）劳动力分别占劳动力总量的 43.24%、48.65% 和 8.11%。

与农户生计需求相适应，Ⅲ阶段，核桃园居民点以农业生产功能为主，表现为农户利用庭院（水泥硬化）进行粮食晾晒、储存等农产品生产加工等活动。到 2013 年，新增农村居民点以住宅用地为主，兼具居住和农业生产功能；仅新增一个化肥销售点、一个日用品超市，非农生产用地缺乏。

可见，随着时间的推移，核桃园农户生计策略不断演变；由于本村非农经济缺乏，农村居民点始终以农业生产功能主导，但农业生产功能内容也随着农户的需求不断变化，由蔬菜种植、禽畜养殖演变为粮食晾晒与储存（见图 5-6）。

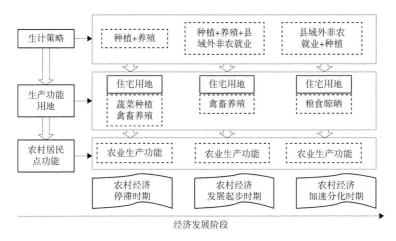

图5-6　核桃园农村居民点生产功能演变示意图

5.3.2　工业生产村

（1）改革开放前农村经济停滞时期

该村农户的生计策略为种植和养殖相结合。主要种植小麦、玉米、甘薯和花生。人均耕地约 0.25hm²。同时，农户通过经营蔬菜种植和禽畜养殖（猪、鸡等），丰富农业产出以维持生计。

与农户生计需求相适应，农村居民点以农业生产功能为主，表现为农户利用住宅及房前屋后种植蔬菜、养殖禽畜，以及村大队统一经营禽畜养殖。农村居民点主要由住宅用地构成（见图 5-7），兼具居住和农业生产功能。

图5-7　大瓮山土地利用演变

（2）改革开放后农村经济发展起步时期

农户以种植、养殖，县域外非农就业及县域非农兼业（本村）相结合为主要生计策略。种植小麦、玉米、甘薯和花生，人均耕地下降到约 0.1hm²（2000年前后），比Ⅰ阶段减少 0.15hm²。由于家庭联产承包责任制的实施，农户粮食产量大幅度提高，对储存粮食所用的瓮罐需求迅速增加，大瓮山利用当地陶土资源，顺势发展制陶业，到 1990 年有窑窖 5 个（见图 5-7 中 A、B、C、D、E），产值达 30 万元。部分农户农忙时从事农业生产，农闲时从事制陶业。到 1999年，该村农业生产、县域外非农就业和县域非农兼业劳动力分别约占劳动力的55%、30% 和 15%。

与农户生计需求相适应，农村居民点生产功能为农业生产和工业生产。农业生产功能表现为农户利用住宅空间发展禽畜养殖；工业生产即农户在居民点内发展制陶业。新增农村居民点以住宅用地为主，承载农户居住和农业生产功能。

（3）21 世纪以来农村经济加速分化时期

农户县域外非农就业和县域非农就业（本村）相结合为主要生计策略。农业生产中，农户逐步放弃禽畜养殖，以种植为主，主要种植小麦、玉米和花生，人均耕地面积减少到 0.07hm²（2013 年）。农户用尼龙袋取代瓮罐储存粮食，大瓮山制陶业也逐步萎缩，1999 年最后一个窑窖关闭。该村农户凭借便利的交通（高潍公路接通了其与外界的联系）和沂蒙山区林木资源相对丰富的特点，于1998 年成立了一家个体木材加工点，随后大量木材加工点纷纷在村南涌现。到 2013 年，全村共有木材加工点 108 个，同时，伴随出现了几家服务性的饭店，理发店等。2013 年，该村县域外非农就业、县域非农就业（本村）、县域非农兼业（本村）和种植业劳动力分别占劳动力总量的 37.33%、28.72%、22.46 和 11.49%。

与农户生计需求相适应，农村居民点以工业生产为主。表现为农户建厂棚发展木材加工。新增农村居民点以工矿仓储用地为主（53.65hm²），占农村居民点用地的 61.89%，承载着工业生产功能。

可见，随着时间的推移，大瓮山农户生计逐步非农化。其中，县域非农就业（本村）从Ⅱ阶段开始发展，非农生产用地出现，到Ⅲ阶段，工矿仓储用地占农村居民点的比例达到 61.89%。与农户生计需求相适应，农村居民点生产功能由以农业生产主导，逐渐演变为工业生产功能主导（见图 5-8）。

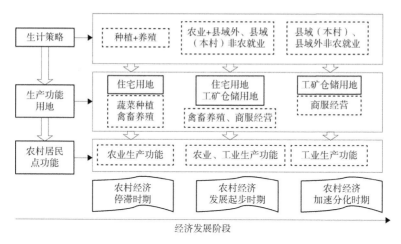

图5-8　大瓮山农村居民点生产功能演变示意图

5.3.3　商旅服务村

（1）改革开放前农村经济停滞时期

高桥农户以种植和养殖为主要生计策略。主要种植小麦、玉米、甘薯、花生和高粱。人均耕地面积约 0.13hm²。同时，农户通过经营蔬菜种植和禽畜养殖（猪、鸡等），丰富农业产出以维持生计。

与农户生计需求相适应，农村居民点以农业生产功能主导。表现为农户利用住宅及房前屋后从事蔬菜种植和禽畜养殖，村大队统一经营禽畜养殖。农村居民点主要由住宅用地构成（见图 5-9），兼具居住和农业生产功能。

（2）改革开放后农村经济发展起步时期

农户以种植、养殖，县域外非农就业和县域非农兼业（本村）相结合为主要生计策略。人均耕地约 0.06hm²（2000 年前后），比 I 阶段减少 0.07hm²。由于交通便利（益新公路和高潍公路在此相接），镇政府驻地在此，高桥逐步发展成为区域商贸中心，高桥集（见图 5-9 中 A）成为镇域内商品的集散地。同时，农户沿着沂益新路两侧新建了裁缝店、食品店、大米销售店等商铺。到 1999 年，该村农业生产、县域外非农就业、县域非农兼业（本村）劳动力分别约占劳动力总量的 45%、30% 和 25%。

图5-9 高桥土地利用演变

　　与农户生计需求相适应，农村居民点生产功能主要为农业生产和商旅服务。农业生产表现为农户利用住宅空间发展禽畜养殖；商旅服务表现在农户沿着益新公路两侧盖两层楼房，从事个体商服经营。新增农村居民点以住宅用地和商旅服务用地为主，承载着农户居住、农业生产和商旅服务功能。

　　（3）21 世纪以来农村经济加速分化时期

　　农户以县域外非农就业和县域非农就业（本村）相结合为主要生产策略。农业生产人数迅速减少，且以种植业为主（种植小麦、玉米和花生），人均耕地降低到 0.05hm² （2013 年）。随着镇域经济的发展，高桥商服产业继续发展。超市、服装店取代了之前的大米销售点、裁缝店等，此外还有饭店、理发店、机动车销售维修店等个体经营。这些非农经济部门均沿公路（益新公路和高潍公路）分布，且由Ⅱ阶段的 2 层楼房加盖到 3 层楼房。到 2013 年，共有 209 家商服企业、14 家工业企业，吸收了大量农户非农就业。2013 年，该村县域非农就业（本村）、县域外非农就业、县域非农兼业、种植业劳动力分别约占劳动力总量的 49.65%、32.27%、10.87% 和 7.21%。

与农户生计需求相适应，农村居民点生产功能以商旅服务为主。主要表现在农户沿着益新公路和高潍公路两侧盖 3 层楼房，从事个体商服经营活动。新增农村居民点以住宅用地和商服用地、工矿企业用地为主，承载着农户居住功能和非农生产功能。

可见，随着时间的推移，高桥农户生计逐步非农化。从Ⅱ阶段开始，农户就地发展商服经营，商服用地出现。与农户生计需求相适应，农村居民点生产功能由以农业生产主导，逐渐演变为商旅服务功能主导（见图 5-10）。

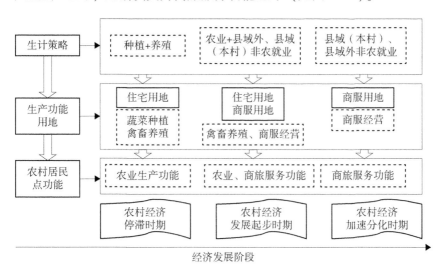

图5-10　高桥农村居民点生产功能演变示意图

5.3.4　城镇非农就业村

（1）改革开放前农村经济停滞时期

唐家庄子农户以种植、养殖相结合为主要生计策略。主要种植小麦、玉米、甘薯、花生和高粱，人均耕地约 0.14hm²。同时，农户通过经营蔬菜种植和禽畜养殖（猪、鸡等），丰富农业产出以维持生计。

与农户生计需求相适应，农村居民点以农业生产功能主导。表现为农户利用住宅及房前屋后从事蔬菜种植和禽畜养殖，村大队统一经营禽畜养殖。农村居民点主要由住宅用地构成（见图 5-11），兼具居住和农业生产功能。

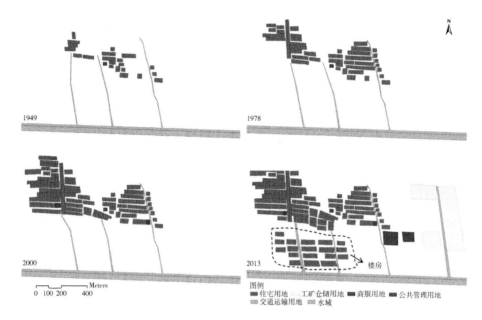

图5-11 唐家庄子土地利用演变

（2）改革开放后农村经济发展起步时期

农户以种植、养殖和县域非农兼业（县城）相结合为主要生计策略。主要种植小麦、玉米、甘薯和花生，人均耕地 0.08hm²（2000 年前后），比 I 阶段减少 0.06hm²。得益于邻近县城的区位优势，随着县城经济发展，该村农户从 1984 年前后开始到县城国营厂（肉联厂、机床厂）做临时工，1988 年开始，沂水县城私营企业开始发展，又有部分农户到私营企业上班。因此，农户县域非农兼业较为普遍。到 1999 年，该村农业生产、县域外非农就业和县域非农兼业劳动力分别约占劳动力总量的 50%、20% 和 30%。

与农户生计需求相适应，农村居民点以农业生产功能为主。表现为农户利用住宅从事禽畜养殖。新增农村居民点以住宅用地为主，承载着农户居住和农业生产功能。

（3）21 世纪以来农村经济加速分化时期

农户以县域非农就业（县城）为主要生计策略。仅有部分农户从事种植，种植小麦、玉米和苹果等，禽畜养殖萎缩，人均耕地减少到 0.06hm²。沂水县从 1996 年开始招商引资，工业企业迅速增加，青援食品厂、正航食品厂和鼎福食品厂都在这个时期陆续建厂。因此，2000 年后，沂水县城周边的农村，有相当比例的农户到县城从事非农生产。到 2013 年，该村县域非农就业（县城）、县域外非农就业、县域非农兼业和农业生产劳动力分别约占劳动力总量的 70.72%、4.93%、7.9% 和 16.45%。

Ⅲ阶段，由于收入提高和对生活环境需求的提升，有 84 户（占总户数的 38.18%）农户在村南部建造了两层楼房，住宅失去了生产功能。因此，Ⅲ阶段，农村居民点生产功能逐步萎缩，向纯生活居住功能转变。新增农村居民点以住宅用地为主，承载着农户居住功能。2008 年村东新建了一个翻砂厂，仅雇用 16 人。

可见，随着时间的推移，唐家庄子农户生计逐步非农化。从Ⅱ阶段开始，农户开始从事县域非农就业（县城），本村非农经济缺乏。随着农业生计活动逐渐减少，农村居民点生产功能由以农业生产功能为主，逐步向纯生活居住功能演变（见图 5-12）。

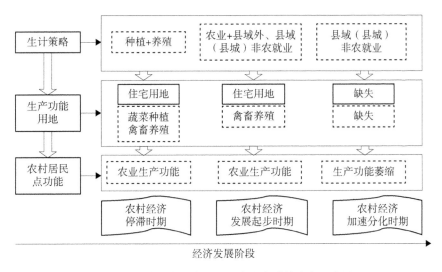

图5-12 唐家庄子农村居民点生产功能演变示意图

5.4 农村居民点用地生产功能空间分化

Ⅰ阶段，调研村农户以种植业和养殖结合为主要生计策略。农户在房前屋后和庭院内种植蔬菜、养殖禽畜。由于非农经济不发达，农户非农生计和农村居民点内部非农生产用地缺乏。与农户生计需求相适应，农村居民点以农业生产功能为主，空间分化不明显（见图5-13）。

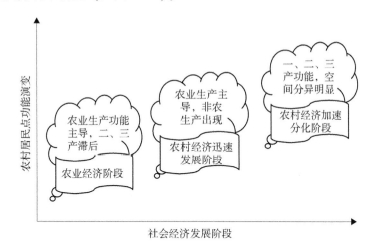

图5-13 研究区农村居民点生产功能空间分化

Ⅱ阶段，随着工业化和城镇化的推进，不同类型农村居民点的农户生计策略、农村居民点内部土地生产功能开始出现分化。核桃园和唐家庄子农户以种植、养殖和外出非农就业为主要生计活动，农村居民点内部缺乏非农生产功能用地，以住宅内部禽畜养殖为主要特征的农业生产功能是农村居民点生产功能的主导；大瓮山和高桥，农户除了种植、养殖和外出务工外，还在村内发展非农经济。因此，除了农业生产功能外，农村居民点非农生产功能出现。其中，大瓮山以工业生产功能为主，高桥以商旅服务功能为主。农村居民点生产功能空间分化初步显现。

Ⅲ阶段，农户生计进一步非农化和分化。核桃园农户以种植和县域外非农就业相结合为主，农村居民点以农业生产功能主导。大瓮山和高桥农户以县域非农就业（本村）和县域外非农就业相结合为主要生计策略，其中，高桥工矿仓储用地占农村居民点比例高达61.89%，农村居民点以工业生产功能主导；商服用地成为高桥主导的生产功能用地类型，占农村居民点比例的12.79%，农村居民点以商旅服务功能主导。唐家庄子农户以县域非农就业（县城）为主，有38.18%的农户盖楼房居住，逐步放弃了对农村居民点生产功能的需求。农村居民点生产功能呈现明显的空间分化。

5.5　农村居民点用地生产功能演变分化的驱动力

本书基于"农村居民点用地功能演变分析框架",主要从农户生计策略、农村发展政策、农村所处的地理环境以及农户生计资产 4 个方面,阐述农村居民点用地生产功能演变分化的驱动力。

5.5.1　生计策略

农户作为追求效用最大化的行为主体,通过生计策略的选择实现其逐利目标(王春超,2011),对农村居民点内部土地利用结构有着强烈的影响(叶长盛等,2009;李翠珍等,2012),直接驱动着农村居民点用地生产功能的演变。表现在,Ⅰ阶段,农户以农业生产为主要生计策略,利用房前屋后及庭院种植蔬菜、养殖禽畜,成为农村居民点生产功能的具体体现;改革开放后,工业生产村和商旅服务村的农户就地发展非农经济,导致工矿仓储用地和商服用地迅速发展,农村居民点逐步演变为非农生产功能主导村。城镇非农就业村农户放弃在本村从事生计活动,导致农村居民点内部用于生产的用地缺失。

虽然农业生产村一直以农业生产功能主导,但其功能内涵也随着农户生计策略的变迁而改变。农户的农业生计活动由种植和养殖结合,到放弃养殖,相应地,农村居民点生产功能由蔬菜种植、禽畜养殖转变到粮食的晾晒与储存等。

5.5.2　农村发展政策

农村发展政策,规定了农户生计的内容与范围,决定着农村居民点生产功能的内容。改革开放前,中央计划经济体制下的一系列农村政策,将农民束缚在农村和农业土地上。农村居民点作为农户生活居住和农业生产的场所,非农经济缺乏,具有明显的功能同质性。改革开放后,通过赋予农户多种经营,尤其是非农经营权利的政策的实施,大大激发了农户的生产积极性。除了农业生产,外出务工和本村非农就业成为农户重要的生计活动,使得农村居民点功能逐渐多样化。因此,农村发展政策决定了农村居民点由单纯的农业生产功能到非农生产和农业生产等多功能的演变方向。

5.5.3 地理环境

地理环境，尤其是区位以及与此相伴生的基础设施条件对农村经济发展产生显著影响（李小建，2008）。城镇作为区域经济中心，对农村发展产生扩展效应（施冬健和张黎，2006），城镇经济扩散效应的范围、强弱与农村到城镇的可达性紧密相关（陈洁等，2007）。调研发现，沂水县的非农就业工资约2000元/月，一个村农户普遍选择县域非农就业的时间距离不超过30min（以农户实际使用的电动车为准，韩家曲和余粮两个村分别约有33.48%和6.27%的劳动力从事县域非农就业，到县城的时间距离分别约为20min和30min）。

到城镇时间距离超过30min的农村居民点，与城镇的可达性水平较差，农户昼夜往返，从事县域非农就业的时间成本高，加之县域非农就业的工资水平普遍比县域外非农就业低（见表5-8），因此，农户倾向于选择县域外非农就业，农村居民点以农业生产功能为主（农业生产村）。

表5-8 调研村非农就业工资　　　　　　　　（单位：元/月）

就业行业	县域外非农就业	县域非农就业
建筑	3500~4000	2800~3500
机械	3500~4000	2500~2800
电子	3000~3500	1800~2200
服装	3000~3500	1500~2000
服务	2500~3000	1500~1800
食品	1800~2500	1200~1500

到城镇时间距离少于30min的农村居民点，与城镇的可达性水平较高。一方面，农户就近到城镇工作（唐家庄子到县城的时间距离<5min），并逐步放弃农业生产，导致农村居民点生产功能萎缩（城镇非农就业村）；另一方面，受城镇经济辐射作用明显，农户就地发展非农经济，农村居民点以非农生产功能主导（工业生产村和商旅服务村）。

5.5.4 生计资产

自然资产（耕地）不足是迫使农户寻求非农生计的原因，而人力资产的差异导致了农户非农生计活动的地域差异，进而导致农村居民点生产功能空间分化。

　　耕地是研究区农户最重要的自然资产。调研村人均耕地面积介于 0.01hm² （前马荒）到 0.21hm²（核桃园）之间，很难完全吸纳农村劳动力及满足农户生计需求。图 5-14 是根据实地调研，计算出的 16 个调研村不同作物的单产纯收益和劳动日数。本章研究的 4 个村的农业生产均以种植粮食作物（小麦、玉米）为主，根据各村的人均耕地面积可计算出人均种植业收入和劳动日数，核桃园为 3307.63 元和 39.73 天，大瓮山为 1102.54 元和 13.21 天，高桥为 787.53 元和 9.47 天，唐家庄子为 945.04 元和 13.25 天。可见，调研村人均农业收入以及在耕地上劳作的日数均偏少。因此，农户既有压力，也有时间从事非农生计活动。

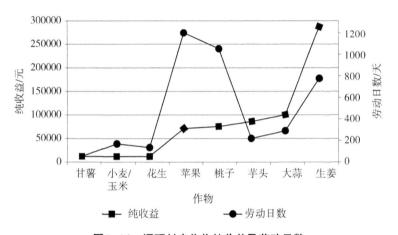

图5-14　调研村农作物纯收益及劳动日数

　　地理环境，尤其是区位（与城镇的可达性）对农村居民点生产功能的分化有所影响。也正是地理环境的差异，形成了应对市场经济的不同人力资本。大瓮山和高桥接近市场，农户从改革开放初期就有利用良好的区位发展非农经济的意识，因此，农户就地发展非农生产的人力资本逐步积累。以大瓮山为例，虽然到 2000 年前后，由于农户用尼龙袋取代瓮罐来储存粮食，因此该村的瓮罐烧制逐步萎缩至消失，但由于积累了发展非农经济的人力资本，农户很快找到了替代产业，大力发展木材加工，促使农村居民点非农生产功能迅速发展。核桃园远离市场，农户非农就业以外出务工为主，没有形成发展就地非农生产的人力资本。因此，以地理环境为外因导致的发展非农经济的人力资本差异，成为农村居民点生产功能分异的内生动力。

5.6 小结

将调研村分为农业生产村、工业生产村、商旅服务村和城镇非农就业村，选取典型村研究发现，改革开放前农村经济停滞时期，农户的非农生计活动受到严格限制，农户以种植、养殖相结合为主要生计策略，与农户生计需求相适应，农村居民点以农业生产功能为主，体现在利用住宅养殖禽畜、种植蔬菜，具有明显的同质性。

改革开放后的农村经济发展起步时期，国家通过赋予农户多种经营，尤其是非农生计权利的种种政策的实施，促使农户生产积极性高涨。由于二、三产业的比较收益高于农业，农户作为追求效用最大化的理性经济人，总是有非农就业的动力。由于与城镇的邻近性不同，农户生计策略出现分异，导致农村居民点生产功能沿不同路径演变。农业生产村由于远离城镇，农户以农业生产和县域外非农就业为主要生计策略，农村居民点以农业生产功能主导；工业生产村和商旅服务村邻近城镇，靠近市场，除了农业生产和县域外非农就业外，农户还就地发展非农经济，农村居民点非农生产功能出现；城镇非农就业村与县城接壤，农户就近到县城打工便利，农村居民点也以农业生产功能主导。农村居民点生产功能空间分化初步显现。

21世纪以来农村经济加速分化时期，由于非农经济的进一步发展，农村劳动力非农就业比例进一步提升。农业生产村的农户缺乏发展非农经济的人力资本，大量农户选择县域外非农就业，农村居民点仍以农业生产功能主导；工业生产村和商旅服务村农户逐渐积累了发展非农经济的人力资本，农户以县域（本村）非农就业为主，并逐步放弃农业生产活动，农村居民点以非农生产功能主导；城镇非农就业村的农户以县域（县城）非农就业为主，农村居民点生产功能逐步萎缩。农业生产、工业生产、商旅服务和生产功能缺失等不同生产功能主导的农村居民点并存，呈现出明显的空间异质性。

第6章　农村居民点用地生活功能演变与分化

农村居民点生活功能包括居住功能和生活服务功能。居住功能是农村居民点的最基本也是最重要的功能，体现在农村宅基地结构及住房结构与质量，生活服务功能主要指农村居民点内部的基础设施和公共服务设施为农户生活所提供的便利程度。在乡村振兴战略背景下，农村居民点的生活服务功能质量成为衡量农村发展程度的重要标志。农村居民点用地生活功能与生存功能息息相关，生产功能的优化提升促使农户生计的改善，农户生计改善促使其改善生活居住环境的能力得到提高，从而促进农村居民点用地生活功能的优化。因此，本章从农户生计成果提升促使农村居民点用地生活功能用地转型视角研究农村居民点生活功能演变与空间分异。

6.1　农村居民点用地生活功能演变

农村居民点功能由土地利用承载，而土地承载的功能与土地利用并非完全的一一对应关系。因此，通过实地调查，以宅基地为基础，从住宅建筑材料质量提升、居住空间扩展、翻新、闲置和废弃4方面来阐述农村居民点居住功能演变与空间分异；以公共管理与公共服务用地及交通运输用地（街巷用地）为基础，从农村基本公共服务设施完善度阐述农村居民点生活服务功能演变与空间分异。

本章中的住宅指供农户生活居住和从事家庭副业生产所需的房屋及场所，所占地即为宅基地，包括住房用地、附房用地及庭院等（龙花楼，2006；宋伟等，2008；冯应斌和杨庆媛，2015）。住房指农户住宅中用于日常休息、起居和接待用的房屋，主要指客厅和卧室，也包括一些农村住宅中与客厅、卧室连为一体的附属房（一般具有多功能性，既可当作卧室，又可当作储物间），不包括与农户客厅、卧室分离的，建造在庭院内部的厨房和厕所等辅助房屋（见图6-1）。

图6-1 核桃园住宅内部结构

本章对农村基本公共服务设施调查的标准为：是否有卫生室、是否有排水系统、是否有自来水、是否有商店、街巷是否硬化、垃圾是否集中处理等6项指标，反映了农户生活服务质量与完善程度。农村基本公共服务设施完善度公式为：

$$P = p/6 \times 100\% \tag{6-1}$$

式中，P 为农村基本公共服务设施完善度；p 为某村具有的基本公共服务设施指标。若某村只满足其中的一项指标，即"有/是"，则农村基本公共服务完善度 P 为 16.67%。

6.1.1 农业生产村

（1）住宅建筑材料优化

Ⅰ阶段，核桃园住宅为土坯结构，墙体由泥土和麦秆混合压制而成的土坯砖堆砌而成（图6-2Ⅰ），坚实度和安全性均较差，屋顶为麦秆铺设（图6-2Ⅰ屋顶的红瓦为2000年后新覆盖的），易引发火灾等安全隐患，也易受雨水侵蚀。

Ⅰ土坯房（1960s）　　　　Ⅱ红砖房（1990s）　　　　Ⅲ砖混房（2000s）

图6-2 核桃园住宅建筑材料演变

Ⅱ阶段，新增住宅的建筑材料较Ⅰ阶段有了较大的优化。农户采用浆砌青石或红砖作为住宅墙体建筑材料（见图 6-2Ⅱ），外部涂抹石灰，屋顶多覆盖青瓦。建筑材料的更新增强了住宅对火灾、雨水侵蚀等灾害的抵抗力，使用寿命延长。

Ⅲ阶段，新增住宅为砖混结构，农户采用红砖作为墙体，但墙体有混凝土圈梁，外部涂抹水泥，屋顶覆盖红瓦（见图 6-2Ⅲ）。安全性较之前阶段大幅度提升。

（2）住宅居住空间扩展

Ⅰ阶段，核桃园农户住宅占地面积 180m²，其中住房（东西各一间卧室，中部为两间打通的客厅，见图 6-3Ⅰ）面积 48m²，占住宅占地面积的 26.67%（见表 6-1）。

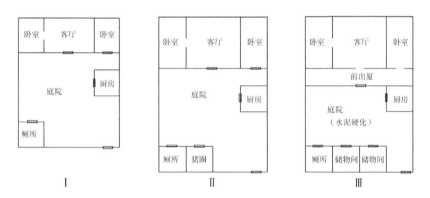

图6-3　核桃园农村住宅（平房）内部结构演变图

表6-1　核桃园农户住宅内部结构及面积

阶段	住宅		住房		住房用地比重/%
	长/m×宽/m	面积/m²	长/m×宽/m	面积/m²	
Ⅰ	15×12	180	4×12	48	26.67
Ⅱ	18×12.8	230.4	6×12.8	76.8	33.33
Ⅲ	18×12.8	230.4	8×12.8	102.4	44.44

Ⅱ阶段，农户通过扩大住宅和住房面积来改善居住环境。新增住宅占地面积和住房（东西各一间卧室，中部为两间打通的客厅）面积分别扩大到 230.4m² 和 76.8m²，分别比Ⅰ阶段扩大了 50.4m² 和 28.8m²。住房面积占住宅占地面积的比重由Ⅰ阶段的 26.67% 提升到 33.33%。

Ⅲ阶段，农村住宅政策限定了宅基地面积。于是农户通过扩大住房面积来改善居住环境：在住房的南墙向南延伸建造了2m宽的"前出厦"（见图6-3Ⅲ），用玻璃作为墙体，增强了住房冬暖夏凉效果。住房面积扩大到102.4m²，比Ⅱ阶段扩大了25.6m²，占住宅占地面积比重由Ⅱ阶段的33.33%提高到44.44%。

（3）住宅翻新

Ⅲ阶段，农户除了优化建筑材料和拓展居住空间外，还通过对旧住宅的翻新改造来改善其居住质量。到2013年，核桃园共翻新住宅18处（多为20世纪七八十年代的旧住宅），占住宅总量的8.29%（全村宅基地217处），进一步优化了农村居民点的居住功能（见图6-4）。

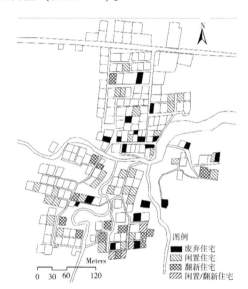

图6-4　2013年核桃园闲置、废弃和翻新住宅空间布局

（4）住宅闲置和废弃

住宅的闲置和废弃在Ⅲ阶段变得显著。到2013年，核桃园废弃住宅21处、闲置住宅36处（包括季节性闲置和常年闲置），分别占全村住宅的9.68%和16.59%。废弃住宅的住户或早已定居城市或去世，全部为改革开放之前的土坯房；闲置住宅中，20处为20世纪80年代后所建，住户多外出务工，逢年过节回家，16处为20世纪80年代之前所建，户主或外出务工，或暂时搬到外出务工的儿子的新房（给儿子看家）。

（5）农村基本公共服务设施完善度

核桃园基本公共服务设施极为匮乏，在Ⅰ阶段，仅有商店（供销社）；Ⅱ阶段增加了一所私人诊所、两个小商店（供销社关闭）；到Ⅲ阶段，卫生室关闭，仅剩商店（见表6-2）。

表6-2　核桃园基本公共服务设施完善度

时期	街巷硬化	卫生室	商店	自来水	排水系统	垃圾集中处理	完善度/%
Ⅰ							16.67
Ⅱ							33.33
Ⅲ							16.67

注：白色代表有/是，灰色代表无/否，下同。

6.1.2　工业生产村

（1）住宅建筑材料优化

Ⅰ阶段，大瓮山住宅为土坯结构，墙体由泥土和麦秆混合压制而成的土坯砖堆砌而成，坚实度和安全性均较差，屋顶为麦秆铺设，易引发火灾等安全隐患，也易受雨水侵蚀。

Ⅱ阶段，新增住宅的建筑材料较Ⅰ阶段有了较大的优化。农户采用浆砌青石或红砖作为住宅墙体建筑材料，外部涂抹石灰，屋顶多覆盖青瓦。建筑材料的更新增强了住宅对火灾、雨水侵蚀等灾害的抵抗力，使用寿命延长。

Ⅲ阶段，新增住宅为砖混结构，农户采用红砖作为墙体，但墙体有混凝土圈梁，外部涂抹水泥，屋顶覆盖红瓦。安全性较之前阶段大幅度提升。

（2）住宅居住空间扩展

Ⅰ阶段，大瓮山住宅占地面积204.8m²，其中住房（东西各一间卧室，中部为两间打通的客厅，见图6-5Ⅰ）面积57.6m²，占住宅占地面积的28.13%（见表6-3）。

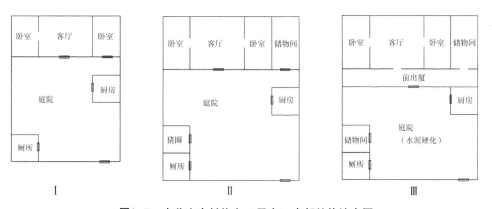

图6-5　大瓮山农村住宅（平房）内部结构演变图

表6-3　大瓮山农户住宅内部结构及面积

阶段	住宅		住房		住房用地比重/%	备注
	长/m×宽/m	面积/m²	长/m×宽/m	面积/m²		
Ⅰ	16×12.8	204.8	4.5×12.8	57.6	28.13	平房
Ⅱ	18×16	288	5.8×16	92.8	32.22	平房
Ⅲ	18×16	288	7.8×16	124.8	43.33	平房
	17.3×17.9	309.67	12×17.9	210.6	68.01	楼房

注：住宅面积统计的为占地面积，下同；Ⅲ阶段的楼房，住房面积（统计的为建筑面积，即包括一楼和二楼）为266.4m²，其中有55.8m²空间用于商服经营，因此用于生活居住的面积为210.6m²。

　　Ⅱ阶段，农户通过扩大住宅和住房面积来改善生活居住环境。新增住宅占地面积扩大到288m²，比Ⅰ阶段扩大了83.2m²。住房增加了一间（自西向东依次为一间卧室，两间打通的客厅、一间卧室、一间储物间，见图6-5Ⅱ），面积扩大到92.8m²，比Ⅰ阶段扩大了35.2m²。住房面积占住宅占地面积的比重由Ⅰ阶段的28.13%提升到32.22%。

　　Ⅲ阶段，新增住宅出现分化。一方面，对于建平房的农户来说，通过扩大住房面积来改善居住环境：在住房的南墙向南延伸建造了2m宽的"前出厦"（见图6-5Ⅲ），用玻璃作为墙体，增强了住房冬暖夏凉效果。农户住房面积增加到124.8m²，比Ⅱ阶段扩大了32m²，占住宅占地面积比重由Ⅱ阶段的32.22%提高到43.33%。另一方面，有38户沿高滩路盖楼房，用来生活居住和商服经营。一楼中间两间打通的空间（55.8m²）用来从事个体商服经营，其余部分和二楼的住房用于生活居住（见图6-6）。住宅占地面积309.67m²，住房面积266.4m²（建筑面积），除去用于商服经营的55.8m²，用于生活居住的面积为210.6m²，占住宅占地面积的68.01%，高于平房住房占住宅占地面积的比例。

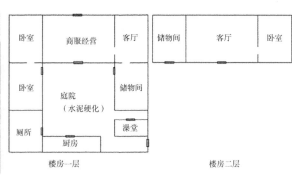

图6-6　大瓮山沿路的楼房及其内部结构

此外，有约 108 户在自家承包地上发展木材加工，一户占地 0.2~0.4hm²。其中绝大部分空间用来生产，只盖两间房屋用来生活居住。以该村谭某的木材加工点为例（访问时间为 2015 年 2 月），占地约 3335m²（见图 6-7），其中用于生活居住的仅有 75m²，其余空间均用来从事木材加工，生活居住面积仅占 2.2%。

图6-7　大瓮山木材加工场地内部结构

（3）住宅翻新

Ⅲ阶段，大瓮山翻新的住宅有 32 处（见图 6-8），仅占宅基地总量的 3.27%（全村宅基地 979 处），主要原因是，农户到村南建房发展木材，不需要翻新住宅。翻新的住宅一般是改革开放后的住宅，多为外出务工的农户，有资金积累。

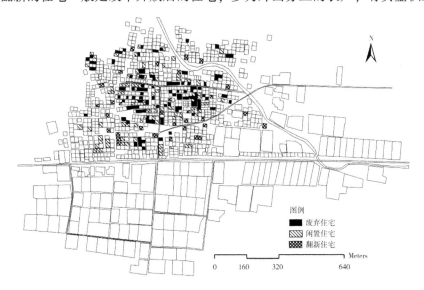

图6-8　2013 年大瓮山闲置、废弃和翻新住宅空间布局

（4）住宅闲置和废弃

在居民点的中心地带，出现了连片的废弃（126处）和较大面积的闲置（91处），分别占宅基地总量的12.87%和9.3%。废弃的多为新中国成立前和改革开放前的住宅；闲置的分为两部分，一部分是户主已经去世，无人居住（多为新中国成立前的老房子），另一部分为户主搬迁（搬迁到城镇，多为改革开放前后的住宅）。

（5）农村基本公共服务设施完善度

大瓮山村基本公共服务设施的演变路径和核桃园相同，Ⅰ阶段仅有商店（供销社），Ⅱ阶段出现了个人诊所和个体经营超市（3个），Ⅲ阶段诊所关闭，超市数量增加到16个。街巷为土路，没有统一自来水，缺乏统一的排水系统和垃圾集中处理设备（见表6-4）。

表6-4　大瓮山基本公共服务设施完善度

时期	街巷硬化	卫生室	商店	自来水	排水系统	垃圾集中处理	完善度/%
Ⅰ							16.67
Ⅱ							33.33
Ⅲ							16.67

6.1.3　商旅服务村

（1）住宅建筑材料优化

Ⅰ阶段，高桥住宅为土坯结构，墙体由泥土和麦秆混合压制而成的土坯砖堆砌而成，坚实度和安全性均较差，屋顶为麦秆铺设，易引发火灾等安全隐患，也易受雨水侵蚀。

Ⅱ阶段，新增住宅的建筑材料较Ⅰ阶段有了较大的优化。农户采用浆砌青石或红砖作为住宅墙体建筑材料，外部涂抹石灰，屋顶多覆盖青瓦。建筑材料的更新增强了住宅对火灾、雨水侵蚀等灾害的抵抗力，使用寿命延长。

Ⅲ阶段，新增住宅为砖混结构，农户采用红砖作为墙体，但墙体有混凝土圈梁，外部涂抹水泥，屋顶覆盖红瓦。安全性较之前阶段大幅度提升。

（2）住宅居住空间扩展

Ⅰ阶段，农户住宅占地面积244.8m²，其中住房（东西各一间卧室，中间为两间打通的客厅，见图6-9Ⅰ）面积61.2m²，占住宅占地面积的25%（见表6-5）。

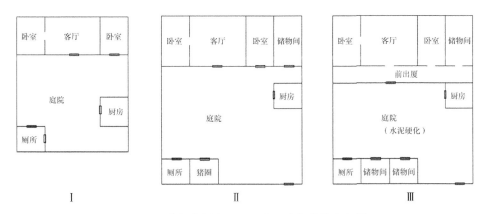

图6-9　高桥农村住宅（平房）内部结构演变图

表6-5　高桥农户住宅内部结构及面积

阶段	住宅		住房		住房用地比重/%	备注
	长/m×宽/m	面积/m²	长/m×宽/m	面积/m²		
Ⅰ	18×13.6	244.8	4.5×13.6	61.2	25	平房
Ⅱ	20×17	340	6×17	102	30	平房
	16×12	192	6×12	108	56.25	楼房
Ⅲ	20×17	340	8×17	136	40	平房
	16×12	192	8×12	72	37.5	楼房

注：Ⅱ阶段楼房，住房建筑面积为144m²，其中一楼有36m²用于商服经营，因此用于生活居住的面积为108m²；Ⅲ阶段住宅建筑面积为240m²，其中一楼和二楼全部用于商服经营，因此用于生活居住的面积仅为72m²。

Ⅱ阶段，高桥村住宅出现分化，沿益新公路的农户盖楼房，一层部分用于商服经营，其余住房用于居住，村内其他地方的住宅为平房。一方面，平房住宅占地面积扩大到340m²，比Ⅰ阶段扩大了95.2m²。住房增加了一间（自西向东依次为一间卧室、两间打通的客厅、一间卧室、一间储物间，见图6-9Ⅱ），面积扩大到102m²，比Ⅰ阶段扩大了40.8m²。住房面积占住宅占地面积的比例由Ⅰ阶段的25%提升到30%。沿着益新公路两侧的农户，借助有利的区位，发展商服生产，其住宅结构也跟生计需求相适应：沿街盖两层楼房，住宅占地面积192m²。其中，一楼中间两间打通的空间（36m²）用于个体商服经营，其余房屋和二楼住房用于居住（108m²）。住房面积（居住空间）占住宅占地面积的56.25%（见图6-10）。

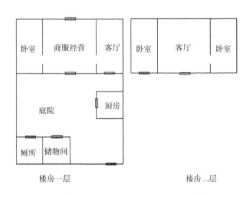

图6-10 高桥Ⅱ阶段住宅（楼房）内部结构

Ⅲ阶段，对于建平房的农户，通过扩大住房面积来改善生活环境：在住房的南墙向南延伸建造了2m宽的"前出厦"（见图6-9Ⅲ），用玻璃作为墙体。农户住房面积增加到136m²，占住宅面积比重由Ⅱ阶段的30%提高到40%；沿街的楼房普遍加高到三层，住宅占地面积仍为192m²，一、二层的162m²全部用于个体商服经营，三楼住房用于居住（72m²）。住房面积（居住空间）占住宅占地面积的37.5%（见图6-11）。

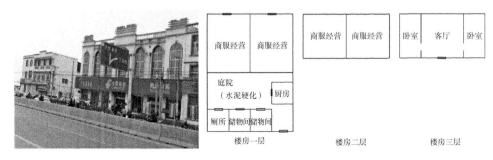

图6-11 高桥Ⅲ阶段住宅（楼房）内部结构

（3）住宅翻新

翻新住宅主要沿着沂新路两侧，由1990年的2层翻新到3层，共72处（见图6-12），占宅基地总量的6.62%（全村宅基地1087处）。主要原因是，随着非农经济发展，农户非农生计需求强烈，为了满足生计需求而扩大经营空间。

（4）住宅闲置和废弃

在居民点起源较早地区，出现了大片的废弃（94处）和一定比例的闲置（43处），分别占宅基地总量的8.65%和3.96%。废弃的多为新中国成立前和改革开放前的住宅；闲置的分为两部分，一部分是户主已经去世，无人居住（多为新中国成立前的老房子），另一部分为户主搬迁（搬迁到城镇，多为改革开放前后的住宅；搬迁到沿路边做生意）。

图6-12　2013年高桥闲置、废弃和翻新住宅空间布局

（5）农村基本公共服务设施完善度

Ⅰ阶段，高桥基本公共服务设施完善度为33.33%（卫生室和商店），一直维持到Ⅱ阶段；到Ⅲ阶段，作为镇域经济、商服和交通中心的地位，促使该村基本公共服务迅速发展，村内的主街道硬化，并统一了自来水，基本公共服务设施完善度达到66%。但仍缺乏排水系统及垃圾集中处理设施（见表6-6）。

表6-6　高桥基本公共服务设施完善度

时期	街巷硬化	卫生室	商店	自来水	排水系统	垃圾集中处理	完善度/%
Ⅰ							33.33
Ⅱ							33.33
Ⅲ							66.67

6.1.4 城镇非农就业村

（1）住宅建筑材料优化

Ⅰ阶段，唐家庄子住宅为土坯结构，墙体由泥土和麦秆混合压制而成的土坯砖堆砌而成，坚实度和安全性均较差，屋顶为麦秆铺设，易引发火灾等安全隐患，也易受雨水侵蚀。

Ⅱ阶段，新增住宅的建筑材料较Ⅰ阶段有了较大的优化。农户采用浆砌青石或红砖作为住宅墙体建筑材料，外部涂抹石灰，屋顶多覆盖青瓦。建筑材料的更新增强了住宅对火灾、雨水侵蚀等灾害的抵抗力，使用寿命延长。

Ⅲ阶段，新增住宅为砖混结构，农户采用红砖作为墙体，但墙体有混凝土圈梁，外部涂抹水泥，屋顶覆盖红瓦。安全性较之前阶段大幅度提升。

（2）住宅居住空间扩展

Ⅰ阶段，农户住宅占地面积 210m²，其中住房面积（西部为两间打通的客厅，东部为两个卧室，见图 6-13 Ⅰ）49m²，占住宅占地面积的 23.33%（见表6-7）。

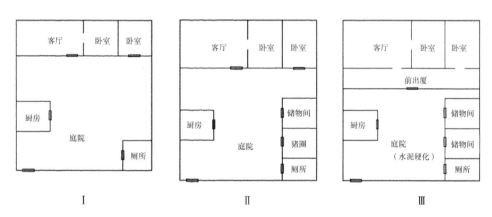

图6-13　唐家庄子农村住宅（平房）内部结构演变图

表6-7　唐家庄子农户住宅内部结构及面积

阶段	住宅		住房		住房用地比重/%	备注
	长/m×宽/m	面积/m²	长/m×宽/m	面积/m²		
Ⅰ	15×14	210	3.5×14	49	23.33	平房

续表

阶段	住宅		住房		住房用地比重/%	备注
	长/m×宽/m	面积/m²	长/m×宽/m	面积/m²		
Ⅱ	16×14	224	4.8×14	67.2	30	平房
Ⅲ	16×14	224	6.8×14	95.2	42.5	平房
	19×9	171	9×9	162	94.74	楼房

注：Ⅲ阶段楼房中住房面积占地81m²，但住房为双层，所以生活居住面积为162m²。

Ⅱ阶段，农户通过扩大住宅和住房面积来改善生活居住环境。新增住宅占地面积和住房面积分别扩大到224m²和67.2m²，分别比Ⅰ阶段扩大了14m²和18.2m²，住房面积占住宅占地面积的比重由Ⅰ阶段的23.33%提升到30%。

Ⅲ阶段，由于农户普遍到县城从事非农就业，逐渐放弃农业生产，农村居民点向纯居住功能演变，为了改善居住环境，农户到村南靠近公路地带建造楼房。因此，此阶段唐家庄子新增住宅出现分化：一方面，新增平房，农户通过扩大住房面积来改善生活环境：在住房的南墙向南延伸建造了2m宽的"前出厦"（见图6-13Ⅲ），用玻璃作为墙体，增强了住房冬暖夏凉效果。农户住房面积增加到95.2m²，占住宅占地面积比例由Ⅱ阶段的30%提高到42.5%。另一方面，村南靠近公路的楼房共18栋、84户，多为青年结婚新建，占该村总户数的38.18%。每户楼房占地面积171m²，为前房后院结构，前为农户两层住房，占地面积81m²，后为院落，内有厨房、厕所和储物间等覆盖物。住房面积162m²，占住宅占地面积的94.74%，远高于平房住房占住宅面积的比例（见图6-14）。

图6-14　唐家庄子Ⅲ阶段住宅（楼房）内部结构

（3）住宅翻新

Ⅲ阶段，随着储蓄的增加，一些农户开始对其住宅进行翻新改造，到2013

年，全村共翻新住宅43处（多为20世纪七八十年代的旧住宅），占全部住宅的16.48%（全村宅基地261处，不包括村南的18栋楼房），进一步优化了农村居民点的生活功能（见图6-15）。

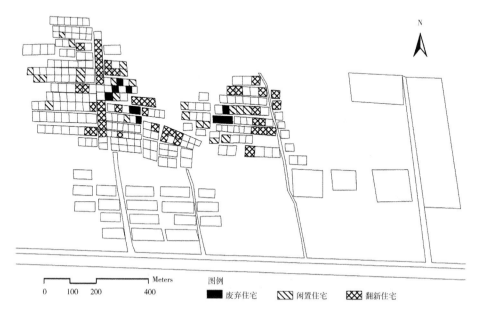

图6-15 2013年唐家庄子村闲置、废弃和翻新住宅空间布局

（4）住宅闲置和废弃

到2013年，唐家庄子废弃住宅11处，占全村住宅的4.21%，主要是Ⅰ阶段的住宅，空间上主要分布在中北部的老村附近；闲置住宅23处，占全村住宅的8.81%，沿着废弃住宅的外围，一部分是户主已经去世，无人居住（多为新中国成立前的老房子），另一部分为户主搬迁（搬迁到沂水县城，或者该村南部的楼房）。

（5）农村基本公共服务设施完善度

唐家庄子基本公共服务较为缺乏，Ⅰ阶段，只有商店（供销社）；到Ⅱ阶段，增加了卫生室；Ⅲ阶段，村基本公共服务设施改善较为明显，2013年政府出钱，村集体在山上打井，统一供给自来水。每25户统一配备了一个垃圾桶。村主街道硬化。生活污水直接倒在院子里或街上，楼房的污水汇在街上，流到一个简易的水泥做的水沟，排到村南的河里（见表6-8）。

表6-8　唐家庄子基本公共服务设施完善度

时期	街巷硬化	卫生室	商店	自来水	排水系统	垃圾集中处理	完善度/%
Ⅰ							16. 67
Ⅱ							33. 33
Ⅲ							66. 67

6.2　农村居民点用地生活功能空间分化

6.2.1　居住功能空间分化

　　农户住宅建筑材料的演变路径基本一致，即由Ⅰ阶段的土坯房到Ⅱ阶段的浆砌青石或红砖房，再到Ⅲ阶段砖混房，空间分化不明显。只是在Ⅰ阶段，由于农户无力对住宅进行过多的投资，只能简单地就地取材，因此在山区石料丰富的农村，农户普遍选择石头作为住宅墙体的建筑材料（见图6-16）。

图6-16　连崮峪村石屋（Ⅰ阶段）

　　农户居住空间逐渐扩展。从Ⅰ阶段到Ⅱ阶段，住宅占地面积和住房面积均不断扩大；到Ⅲ阶段，住宅占地面积不变，住房面积继续扩大。同时，不同类型农村居民点，住宅结构出现分异。农业生产村住宅均为"平房+庭院"结构，兼具居住功能和农业生产功能。工业生产村、商旅服务村与城镇非农就业村住宅为"平房+庭院"和楼房。工业生产村和商旅服务村楼房兼具居住和非农生产功能；城镇非农就业村楼房适应农户非农生计转型需求，为单纯的居住功能。可见，农户住宅结构是与农户生计需求息息相关的。

Ⅲ阶段，农村住宅翻新比例、闲置和废弃比例呈现一定的空间分异特征（核桃园和大瓮山距离镇驻地车程分别约为 20min 和 5min，高桥与镇驻地接壤，唐家庄子与县城接壤。因此，沿着农业生产村—工业生产村—商旅服务村—城镇非农就业村，农村居民点与城镇逐渐邻近）。越邻近城镇，农村住宅翻新比例越高（见图6-17）。核桃园（农业生产村）翻新住宅比例高是由于从 2013 年开始，山东省财政厅专项资金用于支持贫困村危旧住房改造（核桃园村是试点村之一），凡是农户翻新住宅的，均可得到省财政厅一宅一万元的补助，激励了农户对住房的翻新改造；随着与城镇的邻近，农户住宅闲置、废弃比例明显降低。

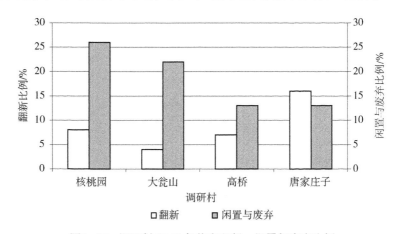

图6-17　调研村 2013 年住宅翻新、闲置与废弃比例

6.2.2　生活服务功能空间分化

Ⅰ阶段和Ⅱ阶段，农村居民点生活服务功能空间分化不明显，Ⅲ阶段分化初步显现。Ⅰ阶段，各村只有商店（供销社），到Ⅱ阶段，出现了卫生室（私人诊所）。Ⅲ阶段，高桥和唐家庄子基本公共服务完善度为 66.67%，高于核桃园和高桥的 16.67%。因此，Ⅲ阶段，随着与城镇的邻近，农村基本公共服务设施完善度大体呈上升趋势。但总体来说，农村居民点生活服务功能不足，表现在，街巷硬化率低（高桥和唐家庄子也只是主街道硬化，其他街道仍为土路），导致雨天道路泥泞，农户出行不方便；卫生室缺乏，自来水普及率不高；缺乏排水系统及垃圾处理设备等。

6.3 农村居民点用地生活功能演变分化的驱动力

6.3.1 生计成果

研究表明，农户对住宅的投入仅次于食品（叶长盛等，2009）。沂水县农户住宅消费在农户消费支出中排第三，说明农户改善居住环境的意愿强烈。低收入水平下，农户的生计成果仅够维持基本生存需求，难以进行其他的消费和投资。随着农户生计策略的多样化和非农化，农户生计成果提升到满足生存需求之上时，必然转向对居住环境投资，体现在对住宅建筑材料的优化、居住空间的扩展及住宅翻新等（见表6-9）。

表6-9 研究区农村居民点居住功能优化

阶段	生计策略	生计结果	建筑材料和居住空间
I	种植	糊口	土坯结构（泥土和麦秆），生计成果不足以支撑农户优化住宅，只能就地取材
II	种植、养殖和非农生产	自给而略有剩余	砖混结构（浆砌青石/红砖、石灰和青瓦/红瓦），扩展住宅及住房空间
III	非农生产和种植	收入和储蓄增多	砖混结构（红砖、水泥和红瓦），扩展住房空间，翻新住宅

I阶段，农户以种植业为主，由于生产效率低下，不足以生产经济剩余，农户无力对其住宅进行改造，只能简单地就地取材修建住宅；II阶段，农户生计的多样化促使其收入和储蓄增加，开始向住宅投资，优化建筑材料、扩展居住空间，以改善其生活居住环境；III阶段，随着非农生计带来的收入增长和储蓄的增加，农户改善居住环境的能力增强，除了优化建筑材料、扩展居住空间外，还对旧住宅进行翻新。

6.3.2 非农生计地域差异

农户非农就业的地域差异，导致住宅闲置废弃呈现出明显的空间分异。农业生产村远离城镇，大量农户，尤其是青壮年劳动力到县域外非农就业，住宅闲置和废弃比例较高。随着与城镇的邻近，农户非农就业地域逐渐转向本村和县城，县域外非农就业比例逐渐下降。工业生产村和商旅服务村，大量农户在本村从事非农就业，住宅利用相对充分，住宅闲置废弃比例低于农业生产村。城镇非农就业村，由于与县城接壤，农户以到县城非农就业为主，既可获得较高的非农收入，又不与家庭分离，其县域外非农就业比例不超过 10%，住宅的利用最为充分，因此，其住宅闲置废弃比例最低。

6.3.3 家庭为决策单位

农户追求效用最大化是以家庭为目标的。因此，农户生计成果的提升，改善的是自身居住环境，如优化建筑材料、扩展居住空间、翻新住宅等。由于村基本公共服务设施（道路修缮和硬化、供排水等）的服务对象是全村农户，因此，农户对村基本公共服务的投入缺乏激励。由于研究区村集体经济不发达，也无力对基本公共服务进行投资。这是调研村基本公共服务设施不足的主要原因。邻近城镇的农村居民点，较方便地接受了城镇基本公共服务的延伸服务，远离城镇的农村居民点，接受不到城镇基本公共服务设施的辐射，从而导致Ⅲ阶段农村居民点生活服务功能出现空间分异。

6.4 小结

农户生计策略的演变，一方面，促使农村居民点生产功能发生变化，表现在农村居民点内用于生产的用地类型发生变化；另一方面，促进农户收入提高、生计资产增多。生计成果的提升，必然会刺激农户对生活居住环境进行投资，以改善生活居住环境，例如修缮房屋、建造更好的住宅、扩展居住空间等，最终导致农村居民点内用于生活的用地类型也发生变化。

随着时间的推移，农村居民点生活功能不断优化。居住功能方面：住宅建筑材料从土坯墙体、麦秆屋顶演变到浆砌青石墙体、青瓦（黑瓦）屋顶，再演变到红砖墙体、红瓦屋顶，住宅质量得到改善；居住空间不断扩展，住房用地占住宅占地面积比例不断提高的同时，住宅结构出现分化。农业生产村的住宅为"平房+庭院"结构。其余类型村的住宅以"平房+庭院"结构和楼房相结合，其中，工业生产村和商旅服务村的楼房兼具居住功能和非农生产功能。城镇非农就业村的楼房为纯居住功能。住宅翻新、闲置与废弃也在 21 世纪以来农村经济加速分化时期迅速发展。随着与城镇的邻近，农村住宅翻新比例上升，闲置与废弃比例下降。生活服务功能方面：与城镇接壤的商旅服务村和城镇非农就业村的基本公共服务设施完善度由 16.67% 提高到 66.67%；农业生产村和工业生产村的基本功能服务设施完善度由 16.67% 提高到 33.33% 后又降低为 16.67%。

生计成果的丰富，促使农户通过优化住宅建筑材料、扩展居住空间和翻新住宅的方式来优化农村居民点居住功能。农户以家庭生计为决策单元导致其对农村基本公共服务设施投入不足，不同区位的农村居民点受到城镇基本公共服务延伸影响的强弱不同，导致农村居民点生活服务功能出现空间分化。

第7章　农村居民点用地多功能空间分化

不同区域由于区位条件、资源禀赋及社会经济发展水平不同，农村居民点在用地结构、农户就业结构、住宅建筑形态等功能表征属性方面也呈现出多样性。当前，处在社会经济加速转型期的中国，经济发达地区的农村居民点非农经济发展迅速，农户就业非农化与农村居民点内部非农生产用地扩展并行发展（Long et al，2010）；边远山区大量农户外出务工，除生活功能外，农村居民点还承载着农户农业生产（禽畜养殖）活动（信桂新等，2012）。同一区域内农村居民点用地功能也呈现出多样性，工业村、商品性农业村、外出务工村和资源依赖型村庄并存。作为与农户生存发展密切相关的多功能复合体，对农村居民点用地多功能进行研究，了解不同类型农村居民点多功能及其表征属性的分异，可为因地制宜实施农村居民点整理实践提供依据。本章以山西省长治市的 112 个农村居民点为例，在构建农村居民点用地功能表征指标的基础上，运用区位熵模型，测算农村居民点用地多功能优势度，剖析农村居民点用地多功能空间分异特征。在此基础上，以山区和都市郊区两类农村土地变化最为剧烈的地区为例，探讨农村土地利用变化特征，进一步深化工业化、城镇化快速推进中我国农村居民点用地多功能的空间分异特征。

7.1　农村居民点用地多功能区位分化特征

7.1.1　研究方法与数据获取

（1）数据获取

课题组分 3 组（每组 2 人），运用参与式农村评估法（Participatory Rural Appraisal，PRA）于 2012 年 10 月对长治市 12 个区县的农村居民点进行了抽样调查。通过与村支书、会计以及熟悉村情况的老人访谈获取农村居民点社会经济数据，并结合 Google Earth 高清影像，深入农村居民点内部实地核实土地利用结构及房屋性质，共获取问卷 122 份，有效问卷 112 份，有效率达 91.8%。用长治市土地利用现状图（2009 年）和各区县土地利用总体规划图（2006—2020 年）辅助辨识农村居民点类型。其中，城中村 12 个、近郊型 23 个、远郊型 52 个、边远型 25 个，不同类型农村划分方法见第 2 章。问卷主要内容包括：①农村居民点内部用地结构，包括农村居民点内部各地类及其比例关系，以及农户宅基地内部结构；②农户就业结构和收入结构；③农户住宅建筑形态，包括住宅建造年代、建筑材料等；④其他，包括太阳能及液化气使用户数、街巷硬化率、供水排水等基础设施及基本公共服务水平，以及农户到县城的通行距离和选用的交通工具。

（2）农村居民点用地多功能表征指标构建

从农村居民点内部用地结构、基础设施及公共服务设施水平、农户就业结构和住宅建筑形态等方面构建农村居民点多功能表征属性指标体系，以反映不同类型农村居民点多功能表征属性。

1）生活功能表征属性指标。反映农户居住和日常生活状况的指标。本章选取住房改造比例、砖混结构房屋比例、基础设施完善度和公共服务设施完善度 4 个指标。

住宅改造比例指农村居民点 2000 年以后新建或翻新住宅占农村住宅总量的比例，反映了农户改善居住条件的程度。砖混结构房屋比例反映了农户房屋质量状况，根据实地调研结果将研究区农户房屋建筑材料分为土坯、砖木和砖混，砖混结构房屋比例越高，意味着农户住宅的质量越高。基础设施完善度用街巷硬化率表示，反映农户日常出行方便度。公共服务设施完善度指农村居民点具有的为农户提供的各种公共服务，包括供排水系统、垃圾处理设备及健身场所等，是反映农户生活服务水平的重要指标。

2）农业生产功能表征属性指标。反映农村居民点为农户提供农业生计来源能力的指标。农户通常利用其住宅空间进行禽畜养殖和蔬菜种植等农业生产，从而使农村居民点具有农业生产功能。农村居民点周围的农用地，尤其是耕地构成了农村居民点发展的物质基础，粮食产量越高，往往要求农户宅基地内晾晒、储存粮食的空间越大，农户饲养禽畜的物质来源也就越丰富。因此，本章将农户在农村居民点周边农作的相关指标纳入农村居民点农业生产功能表征范畴，选取人均耕地面积、农业就业比例和农业收入比例 3 个指标。

人均耕地面积越大，往往要求农户住宅内有更多的与粮食储存、加工等相关的农业生产空间；农业就业比例指从事农业活动的劳动力占劳动力总量的比例；农业收入比例指农业生产收入占农户总收入的比例。

3）非农生产功能表征属性指标。反映农村居民点为农户提供非农生计来源能力的指标。本章选取非农生产用地比例、本村非农兼业比例和本村非农收入比例3个指标。

非农生产用地比例反映了农村居民点内部用于非农生产活动的空间，指工矿仓储用地、商服用地等地类的面积占农村居民点总面积比例，比例越高意味着农村居民点非农生产功能越突出。本村非农兼业比例反映了农村居民点吸纳非农就业的能力，指农村居民点吸纳的本村非农劳动力（包括个体工商经营、个体加工等）占总劳动力比例。本村非农收入比例反映了农村居民点为农户提供非农收入的能力，指农户本村非农收入占其总收入的比例。

（3）农村居民点用地多功能优势度测算

在农村居民点多功能表征属性指标标准化和量化基础上测算农村居民点多功能的优势度，以揭示不同类型农村居民点优势功能的差异。

农村居民点多功能表征属性指标标准化及量化参考李小云等（2007）对农户生计资产量化的思想和方法，见表7-1。

表7-1　农村居民点多功能量化指标及公式

农村居民点功能	农村居民点功能表征属性指标标准化值	农村居民点功能表征属性指标标准化处理	计算公式
生活功能 DP	住宅改造比例标准化值 DP_1	$DP_1=dp_1/48\%$。指标最大值（48%）根据实地调查结果确定	$DP=(DP_1+DP_2+DP_3+DP_4)/4$
	砖混结构房屋比例标准化值 DP_2	$DP_2=dp_2/1$。指标最大值（1）根据实地调查结果确定	
	基础设施完善度标准化值 DP_3	$dp_3\geqslant80\%$赋值为0.8，$50\%\leqslant dp_3<80\%$赋值为0.6；$dp_3<50\%$赋值为0.4	
	公共服务设施完善度标准化值 DP_4	$DP_4=dp_4/7$。7指7种公共服务设施，包括供水系统、排水系统、垃圾处理设备、卫生室、学校、文化站、健身场所	
农业生产功能 AP	人均耕地面积标准化值 AP_1	$AP_1=ap_1/0.31$。指标最大值（0.31）根据实地调查结果确定（单位：hm^2）	$AP=(AP_1+AP_2+AP_3)/3$
	农业就业比例标准化值 AP_2	$AP_2=ap_2/69\%$。指标最大值（69%）根据实地调查结果确定	
	农业收入比例标准化值 AP_3	$AP_3=ap_3/79\%$。指标最大值（79%）根据实地调查结果确定	

农村居民点功能	农村居民点功能表征属性指标标准化值	农村居民点功能表征属性指标标准化处理	计算公式
非农生产功能 NAP	非农生产用地比例标准化值 NAP_1	$NAP_1 = nap_1/47\%$。指标最大值（47%）根据实地调查结果确定	$NAP = (NAP_1 + NAP_2 + NAP_3)/3$
	本村非农兼业比例标准化值 NAP_2	$NAP_2 = nap_2/72\%$。指标最大值（72%）根据实地调查结果确定	
	本村非农收入比例标准化值 NAP_3	$NAP_3 = nap_3/78\%$。指标最大值（78%）根据实地调查结果确定	

运用区位熵公式测算农村居民点功能优势度（夏飞和袁洁，2012），若县域内有 m 类农村居民点（j），每类居民点有 n 种功能（i），则计算公式如下：

$$I_i = q_{ij}/\sum_{i=1}^{n} q_{ij} \tag{7-1}$$

$$P_i = \sum_{j=1}^{m} q_{ij}/\sum_{j=1}^{m}\sum_{i=1}^{n} q_{ij} \tag{7-2}$$

$$\beta_i = I_i/P_i \tag{7-3}$$

式中：$m=4$，$n=3$；q_{ij} 为 j 农村居民点 i 功能；I_i 为 j 农村居民点 i 功能占该居民点所有功能的份额；P_i 为所有农村居民点 i 功能占所有居民点所有功能的份额；β_i 为 j 农村居民点 i 功能的区位熵。若 $\beta_i = 1$，表明 j 农村居民点 i 功能达到所有区域平均水平；$\beta_i < 1$ 表明未达到平均水平；$\beta_i > 1$ 表明超过平均水平，其中若 $\beta_i > 1.5$，则表明 j 农村居民点 i 功能在所有区域中具有显著比较优势。

7.1.2　农村居民点用地多功能表征属性区位分异特征

（1）生活功能表征属性

如表 7-2 所示，随着与县城的邻近，农村居民点住房改造越频繁，农户房屋质量越高。城中村住宅改造比例和砖混结构房屋比例均最高，分别为近郊型、远郊型和边远型的 1.41 倍、1.74 倍、1.96 倍和 1.03 倍、1.20 倍、1.29 倍；农村居民点生活服务设施同样随着与县城的邻近而完善，城中村基础设施完善度和公共服务设施完善度分别为近郊型、远郊型、边远型的 1.12 倍、1.69 倍、2.04 倍和 1.10 倍、1.22 倍、1.41 倍。

表7-2 农村居民点多功能表征属性

农村居民点功能	农村居民点功能表征属性指标/%	城中村	近郊型	远郊型	边远型
生活功能	住宅改造比例 dp_1	37.62	26.73	21.66	19.17
	砖混结构房屋比例 dp_2	90.23	87.42	75.29	69.72
	基础设施完善度 dp_3	78.26	69.79	46.39	38.41
	公共服务设施完善度 dp_4	64.29	58.57	52.86	45.71
农业生产功能	人均耕地面积 ap_1/hm²	0.01	0.08	0.19	0.21
	农业就业比例 ap_2	10.28	38.39	45.29	49.24
	农业收入比例 ap_3	8.35	32.25	49.27	54.29
非农生产功能	非农生产用地比例 nap_1	25.38	17.15	8.72	2.29
	本村非农兼业比例 nap_2	63.25	37.28	10.37	6.92
	本村非农收入比例 nap_3	65.38	25.59	8.76	5.25

（2）农业生产功能表征属性

随着与县城的邻近，农户人均耕地面积显著减少，边远型农户人均耕地面积分别是远郊型、近郊型和城中村的 1.11 倍、2.63 倍和 21 倍；农业生产对农户生计的贡献也随着与县城的邻近而降低，边远型农户就业比例和农业收入比例分别为远郊型、近郊型和城中村的 1.09 倍、1.28 倍、4.79 倍和 1.10 倍、1.68 倍、6.50 倍，说明受城市化和工业化的影响，随着与县城的邻近，农户对农业生产的需求逐渐减弱。

（3）非农生产功能表征属性

随着与县城的邻近，农村居民点内部非农生产空间比例逐步提高，城中村非农生产用地比例依次为近郊型、远郊型和边远型的 1.48 倍、2.91 倍和 11.08 倍；非农生产对农户生计的贡献随着与县城的邻近而提升，城中村本村非农兼业比例和本村非农收入比例分别为近郊型、远郊型和边远型的 1.70 倍、6.10 倍、9.14 倍和 2.55 倍、7.46 倍、12.45 倍，可见，随着与县城的邻近，农户收入结构和就业结构逐渐非农化。

7.1.3 农村居民点用地多功能优势度区位分异特征

在农村居民点多功能量化结果（见表7-3）的基础上，运用区位熵公式测算得到农村居民点多功能优势度（见表7-4）。不同类型农村居民点优势功能分异明显：城中村和近郊型优势功能为生活功能和非农生产功能，远郊型和边远型优势功能为农业生产功能。从区位熵值来看，与生活功能相比，农村居民点农业生产功能和非农生产功能分异更明显。

表7-3　农村居民点多功能量化结果

农村居民点功能及其表征属性指标量化	城中村	近郊型	远郊型	边远型
住宅改造比例标准化值 DP_1	0.78	0.56	0.45	0.40
砖混结构房屋比例标准化值 DP_2	0.90	0.87	0.75	0.70
基础设施完善度标准化值 DP_3	0.78	0.70	0.46	0.38
公共服务设施完善度标准化值 DP_4	0.64	0.59	0.53	0.46
生活功能 DP	0.78	0.68	0.55	0.49
人均耕地面积标准化值 AP_1	0.03	0.26	0.61	0.68
农业就业比例标准化值 AP_2	0.15	0.56	0.66	0.71
农业收入比例标准化值 AP_3	0.11	0.41	0.62	0.69
农业生产功能 AP	0.10	0.41	0.63	0.69
非农生产用地比例标准化值 NAP_1	0.54	0.36	0.19	0.05
本村非农兼业比例标准化值 NAP_2	0.88	0.38	0.14	0.10
本村非农收入比例标准化值 NAP_3	0.84	0.33	0.11	0.07
非农生产功能 NAP	0.75	0.40	0.15	0.07

表7-4　农村居民点多功能区位熵

农村居民点类型	生活功能	农业生产功能	非农生产功能
城中村	1.09	0.19	1.92
近郊型	1.04	0.86	1.11
远郊型	0.95	1.47	0.46
边远型	0.89	1.72	0.24

城中村和近郊型分布在县城及其周边，是长治市交通便利、经济发达的区域。相比于远郊型和边远型，其人均耕地资源相对较少，但受城市化和工业化的影响较为明显，发展非农产业的优势较为明显。农户在农村居民点内发展非农经济，农村居民点非农生产空间的扩展与农户就业的非农化并行发展。因此，城中村和近郊型非农生产功能优势突出，非农生产功能区位熵分别达到 1.92 和 1.11，明显高于远郊型 0.46 和边远型 0.24。农村居民点非农经济的发展，促进农户收入水平的提高及农村集体经济组织经济实力的增强，相应地必然开始注重生活居

住环境的改善，表现在改造住房和完善村基础设施及公共服务设施，促进了农村居民点生活功能比较优势的提升。城中村和近郊型生活功能区位熵略高于县域内农村居民点的平均水平，分别为 1.09 和 1.04，具有比较优势。

远郊型和边远型远离县城，其中，远郊型多分布在长治市中部上党盆地和山区的谷地，边远型多分布在太行山和太岳山地势较高、交通不便的沁源县、武乡县、黎城县和平顺县等地（位于上党盆地的城区、郊区、潞城市等区县由于地势平坦、交通便利，极少有边远型农村居民点）。与城中村和近郊型相比，这两类农村居民点受工业化和城市化的影响相对较少，发展非农经济的禀赋较差，农村居民点非农经济不发达，但耕地资源相对丰富，为了获取最大的收益，农户多选择外出务工和农业生产相结合的生计策略。由于农业生产仍然是农户的重要生计活动，因此，农村居民点成为农户农业生产的重要空间。边远型和远郊型农业生产功能优势突出，其区位熵分别达到 1.72 和 1.47，远高于城中村的 0.19 和近郊型的 0.86。

7.1.4 小结

（1）本研究以山西省长治市为例，进行农村居民点多功能空间分异的探讨。随着与县城的邻近，农村居民点多功能表征属性呈规律性变化。生活功能表征属性方面，农户翻新、改造住房越频繁，农村居民点内部生活服务设施愈加完善；农业生产功能表征属性方面，人均耕地面积、农业生产对农户生计的贡献逐步降低，农户对农业生产功能的需求逐步减弱；非农生产功能表征属性方面，农村居民点非农生产空间逐渐扩大，维系农户就业和收入的非农产业活动对农户生计的贡献度逐步提高。农村居民点多功能表征属性揭示了随着到县城可达性的不同，农村居民点在内部用地结构、农户就业结构、住宅建筑形态及基础设施和公共服务设施方面的差异，为深入认识农村居民点及其功能分异提供了新的切入点和视角。

（2）不同类型农村居民点优势功能分异明显。边远型和远郊型优势功能是农业生产功能，随着与县城的邻近，近郊型和城中村优势功能逐渐转变为非农生产功能和生活功能。农村居民点生产功能比较优势的形成是经济要素空间择优的过程，应成为农村居民点整理的重要依据。城中村和近郊型非农生产功能优势明显，作为未来城镇扩展的重要区域，应通过农村居民点整理创造良好的非农生产空间，吸引非农经济要素进一步集聚；远郊型和边远型农业生产功能优势突出，对维持农户生计意义重大，农村居民点整理应充分尊重农村居民点现有的用地结构，引导其农业生产功能合理发展。同时，远郊型和边远型生活功能优势度较低，对其整理的重点应该是完善基础设施和公共服务设施、修缮农户危旧住房，进而改善农户的生活居住环境，建设和谐的人居空间。

7.2　山区农村土地利用转型解析

传统农业社会，"地里刨食"的生计特征体现了土地资源禀赋对农户生产和生活的极端重要性。农户首先开垦肥沃的平原，平原耕地产出不足以养活膨胀的人口时，才会到丘陵山区开垦相对贫瘠的土地（增早早等，2011；张佰林等，2016）。而山区农村土地过度开发会引发水土流失等资源环境问题（韩茂莉等，2008；王晗，2010）。当前中国正处于由农业社会向工业社会和城市社会转型的过程，为农户生计的多样化和非农化提供了历史性机遇（李翠珍等，2012；阎建忠等，2009）。山区农村土地资源禀赋差、生态脆弱、区位边远，是集中连片贫困区域（刘彦随和李进涛，2017），农户依靠土地资源只能解决温饱，无法实现小康。为了寻求更好的生计来源，山区大量农村劳动力转移到城镇非农经济部门（王利平等，2012；张佰林等，2015）。山区农村劳动力转移减轻了土地的人为扰动（田玉军等，2010），驱动土地利用发生显著转型，并引发一系列社会经济和生态效应（李秀彬，2008）。可见，山区农村作为中国经济发展的薄弱地带，其土地利用/覆盖变化极具特殊性。

作为土地利用/覆盖变化综合研究的新途径，土地利用转型因引入了土地利用形态的概念，关注土地利用形态在长期变化过程中的趋势性转折，并对社会和环境变化的时间尺度和历史背景进行整合而受到重视（龙花楼和李秀彬，2002；龙花楼，2012；宋小青，2017）。城市郊区和山区是工业化、城镇化进程中农村土地利用/覆盖变化强烈的区域（曲福田等，2005；吴次芳和杨志荣，2008；张安录，1999；张凤荣等，2005；李升发等，2017；李秀彬和赵宇鸾，2011）。与城市郊区农地非农化不同的是，山区农村劳动力转移引发的是耕地撂荒和边际化（Shao J A et al，2015；Hao H G et al，2015）、宅基地闲置废弃（刘彦随等，2009）以及林地扩张和自然植被恢复（李秀彬和赵宇鸾，2011）等。因此，理清中国山区农村土地利用转型的复杂性及其规律，是推进山区农村可持续发展、响应国家生态文明建设的必然要求。

基于此，在剖析山区农村土地利用转型科学内涵的基础上，从土地利用转型特征、驱动力及效应3方面系统剖析中国山区农村土地利用转型的规律，据此审视当前山区农村土地整治工程并提出改进方向。理论上深化对山区农村土地利用转型规律的认识，实践中为山区农村发展和土地政策制定提供科学依据。

7.2.1 山区农村土地利用转型内涵

土地利用转型（Land Use Transition）研究兴起于20世纪90年代，由Grainger在研究以林业为主的国家土地利用时提出（Grainger A，1995a，1995b）。龙花楼研究员将这一学术前沿引入国内并对其内涵进行了丰富和完善（龙花楼，2015），指出土地利用转型是在经济社会变化和革新的驱动下，一段时期内与经济和社会发展阶段转型相对应的区域土地利用由一种形态转变为另一种形态的过程。土地利用形态是土地利用转型的核心研究内容（曲艺和龙花楼，2017），以表征土地利用数量和空间结构属性的显性形态和表征质量、经营方式、投入—产出等属性的隐性形态构成。土地利用显性形态和隐性形态相互影响、相互耦合，共同表达土地利用转型的多维复杂特点和综合性特征。本章从经济社会变化和革新驱动土地利用形态变化视角，辨识山区农村土地利用转型的科学内涵（见图7-1）。

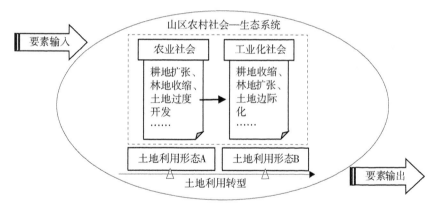

图7-1 山区农村土地利用转型理论分析框架

山区是一个开放的、内部各要素相互作用和联系的社会—生态系统，具有脆弱性和复杂性等特征。我国山区农业的发展源于农业社会在平原失去土地的农民向山区的迁移垦荒（韩茂莉和张暐伟，2009）。传统农业时代，随着时间的推移和人口的增长，农户开发利用土地遵循着平原—丘陵—山地的地貌格局。相同的投入水平下，山区土地产出远不及平原，扩大耕地面积成为山区农户维系生计的重要手段，因此，山区林地逐渐被垦荒为农田。但是，山区气候、水文、土壤、地形等自然条件有其脆弱性和限制性，过度垦殖引发了植被破坏和水土流失等负生态效应。因此，山区农村土地开发及其造成的资源环境问题，是农业社会人地矛盾逐渐加剧的体现。

在快速工业化、城镇化发展的驱动下，向山区要粮吃饭的时代已经过去。山区农村社会—生态系统要素发生剧烈变化，体现在劳动力转移，教育、医疗资源流失，产业空心化以及经济凹陷等。在工业化、城镇化革新的外部环境变化和山区农村社会—生态系统要素变化的共同驱动下，山区农村土地的人为扰动得以减轻，引发土地利用形态发生显著变化，由农业社会的土地过度开垦和林地收缩演变为耕地撂荒及边际化、林地扩张和自然植被恢复等。上述土地利用形态的变化，即构成了山区农村土地利用转型。土地利用转型是土地利用系统对经济社会发展与生态系统综合作用的响应，符合经济社会发展和生态系统演化的总体趋势，因而，其转型的结果/影响是决定性的。正是由于这种决定性，可以在准确把握山区农村土地利用转型特征、机制及效应的基础上，借助土地政策来助推山区农村经济社会发展和生态系统优化。

7.2.2 山区农村土地利用转型特征

土地利用转型即土地利用形态的变化，通过对山区农村土地利用显性形态和隐性形态趋势性转折的解析，以及对土地利用转型表征指标和测度方法的探索，梳理山区农村土地利用由农业社会向工业化、城镇化社会演进过程中的转型特征与规律（见表7-5）。

表7-5　山区农村土地利用转型特征

土地利用转型	表征属性	表征指标	内涵诊断
土地利用显性形态转型	数量结构变化/用途转换	地类面积及其占比、耕地撂荒率、林草覆盖度等	耕地由持续开垦演变为撂荒，林地由持续收缩转为恢复性增长
	空间布局变化	耕地撂荒的地形梯度、林草覆盖的地形梯度、土地利用的景观形态学特征等	耕地撂荒与自然植被恢复首先发生在坡度大、土层薄的劣质土地
土地利用隐性形态转型	土地利用强度变化	投入—产出指标、劳均实际耕作面积、地均劳动投入等	土地压力指数降低，发生了土地的边际化
	土地功能变化	生物性产品生产能力、生产性用地比例、生态产品供给能力、生态用地比例等	土地生态功能由退化转为恢复，土地生产功能重要性相对降低

（1）山区土地利用显性形态转型

耕地撂荒（李升发和李秀彬，2016；Mac D D et al，2000；Zhang Y et al，2014）、宅基地闲置废弃及其带来的森林和自然生态空间的持续扩张是工业化、城镇化进程中山区农村最为显著的土地利用显性形态变化（Yamada S et al，2007）。山区耕地撂荒是在我国土地利用转型大背景下出现的人地关系的新变化。诸多国家和地区的实证已经表明在丘陵山区发生了显著的弃耕和撂荒现象（Clay D C et al，1998；Holden S et al，2004；张佰林等，2011），日本农业部调查数据显示，日本山地农业区耕地撂荒率为平原农业区的3倍左右。我国山区农村耕地撂荒也很普遍，尤其是在西南和西北山区（见表7-6）。调研发现，重庆山区4个村2012年的耕地撂荒率高达90.71%（陈心佩等，2016）。山区坡耕地和旱地首先被撂荒，重庆石柱山区2002—2011年旱地撂荒占耕地撂荒的83.99%（邵景安等，2014）。农村宅基地和耕地是土地利用转型的重要源头（龙花楼和李婷婷，2012），当前山区农村由于劳动力转移造成"人走屋空"，存在大量宅基地闲置和废弃现象（冯健和杜瑀，2016；杨忍等，2012），与平原区和丘岗区相比，我国山区农村宅基地空心化率最高。林地的恢复性增长是和农户迁徙山区开荒定居导致的土地过度开发，转向劳动力转移引发的耕地撂荒、宅基地闲置废弃这一趋势性转折相伴而生的过程，均为山区农村土地利用显性形态转型的重要特征（王金亮等，2015）。耕地撂荒的终极形态为土地退出农业生产，半自然人工生态系统随时间逐渐演替为自然系统，恢复到接近山区自然条件的植被覆盖状况，即"森林转型"，表现为退化林地恢复为次生林、次生林生态完整性进一步提高、退化原始林恢复为原始林、耕地边际化为次生林等（邵景安等，2014）。

当前研究从生态退化倒逼造林政策，或是劳动力转移引发自然植被恢复等角度，阐述山区林地面积由持续萎缩转为恢复性增长，发生趋势性转折这一现象来揭示山区土地利用转型的规律性特征。但是，"森林转型"无法涵盖山区这一地理连续统一体，基于森林面积变化的研究和测度思路虽然可以直观表达山区土地利用/覆盖变化特点，却无法全面体现山区农村土地利用转型的科学内涵和整体转型规律。山区耕地收缩、森林扩张等显性形态转型背后隐藏着土地投入和开发强度降低，土地生态功能恢复等更为复杂的土地利用隐性形态转型。

表7-6 中国山区农村土地利用转型特征

转型内容	区域	转型特征
耕地撂荒	重庆山区	2011 年重庆武隆县耕地撂荒率为 12.8%，中高山区乡镇撂荒比例高，达 20%（张英等，2014）
		2011 年重庆石柱、巫山和酉阳 3 县耕地撂荒率分别为 14%、19.9% 和 19.2%，平均撂荒率为 18%，旱地撂荒率（20.4%）大于水田撂荒率（11.5%）（史铁丑和徐晓红，2016）
	宁夏南部山区	2008—2009 年，耕地撂荒率为 37.5%，尤其以坡耕地和旱地撂荒最为严重，水浇地撂荒较轻（田玉军等，2010）
	陕西山区	2014 年米脂县撂荒地块占 32.54%，主要分布在山的阳面和坡度较大区域，山阳面耕地撂荒可能性大于山阴面（宋世雄等，2016）
	全国	2011 年和 2013 年对全国 29 个省、262 个县市调查发现，分别有 13.5% 和 15% 的农用地处于闲置状态（李升发和李秀彬，2016）
宅基地闲置废弃	全国典型村庄	2010 年中国典型调研村平均空心化率为 10.15%，山地区村庄宅基地的空心化率（12.24%）高于平原区（9.91%）和丘岗区（5.86%）（宋伟等，2013）
林地扩张	重庆	重庆市森林覆盖率由 2000 年的 23.1% 提高到 2012 年的 42.1%，其中荒山荒地退耕面积贡献比重为 40%，退耕地造林为 28%（何威风，2016）
	三峡库区	1992—2012 年三峡库区森林面积占比由 54.66% 提高到 55.05%（邵景安，2014）
	全国	中国林地由持续减少转为恢复性增长发生在 1980—1990 年，退耕还林及封山育林发挥了重要作用（李秀彬和赵宇鸾，2011）

（2）山区农村土地利用隐性形态转型特征

山区农村土地利用隐性形态转型可归纳为土地边际化及其生态功能恢复等。土地边际化是山区农村发展较快的土地利用形态变化，是耕地利用的净收益由多到少的过程，其呈现形式是劳动力投入减少和集约度下降（刘成武和李秀彬，2006）。山区质量差、位置偏远、地块破碎的耕地最容易被边际化（田玉军等，2010）。随着中国工业化和城镇化进程的继续深入推进，山区坡耕地被边际化的可能性越来越高。除此之外，土地功能转型也是山区农村土地利用隐性形态转型的突出特征，表现在土地生产功能的弱化和生态功能的提升。在传统农业社会，农户对土地生产功能需求强烈，持续垦殖山区耕地并加大对土地的投入，导致原本脆弱的山区土地生态系统进一步退化；随着工业化、城镇化进程加快，山区农户有了新的生计来源，对土地生产功能需求降低，人地矛盾得到缓解，促使耕地撂荒和自然植被恢复，土地生态功能得以恢复。

当前研究多关注山区农村土地利用显性形态及其转型，尤其是耕地撂荒问题持续成为关注的焦点，这与当前我国土地资源管理关注的重点领域——耕地保护有关。山区农村土地利用隐性形态及其转型不易被察觉，但更能反映山区土地利用/覆盖变化深层次的问题，因此是未来山区农村土地利用转型研究的重点。通过管控山区农村土地利用隐性形态转型来创新山区农村土地资源管理手段，是增强山区农村土地资源管理决策科学性的重要基础。

7.2.3 山区土地利用转型的驱动力

土地利用转型驱动力研究多集成社会经济和自然因素（陈龙等，2015），认为当前发生的土地利用转型，社会经济因素的驱动更大，而经济因素往往是首要驱动力（李秀彬，2002）。山区农村土地利用转型的强烈程度取决于人类活动的强度，在工业化和城镇化快速推进背景下，山区大量农村劳动力转移到城镇非农经济部门。劳动力转移减轻了土地的人为扰动，缓解了人地矛盾，是山区农村土地利用转型最直接的驱动力（李仕冀等，2015）（见图7-2）。山区农村劳动力转移一方面导致农户对土地投入减少，表现为以较低的租金转租或赠送土地、粗放利用土地，使耕地进入"被边际化"的过程；另一方面致使农户无暇顾及所有土地，农户重新配置劳动力资源，质量差、耕作成本较高、耕作半径较远的劣质耕地被撂荒，耕地撂荒面积与劳动力外出数量和外出时间呈正相关。

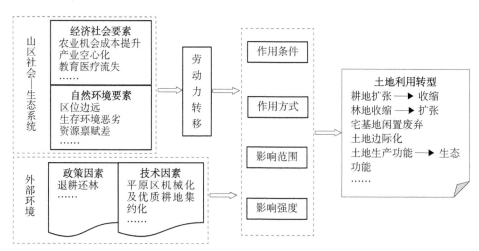

图7-2 山区土地利用转型驱动机理

引发山区劳动力转移的因素，如农业机会成本上升、恶劣的生存环境等则是山区农村土地利用转型更为根本的驱动力。近些年我国农村劳动力务农机会成本持续上升，1986—2006 年普通劳动者工资的增长幅度是粮食价格上涨幅度的 3 倍以上（辛良杰等，2011），促使农村劳动力大量转移。2004 年中国出现全国性的劳动力短缺，迎来了"刘易斯拐点"，即劳动力需求增长速度超过供给增长速度的转折点，意味着经济各部门特别是低端劳动力密集部门，将面临劳动力成本的较快上升。在此背景下，山区耕地边际化和撂荒将会持续加剧。山区农村土地利用转型与其恶劣的生产生活环境也密切相关，为应对劳动力减少或务农成本攀升带来的利润减损，平原区农民会利用省工性机械替代日益昂贵的农业劳动力，但是在山区，以坡耕地为代表的劳动力密集型农地利用方式，由于地块破碎、坡度大、耕作半径大及生态脆弱等自然条件限制难以实现机械化，劳动生产率与平原区农业的差距将越来越大，被"边际化"的可能性越来越高。此外，山区由于地势较高、交通不便、水源缺乏、地质灾害等影响，农户选择迁至交通等条件较好的地区或在城里定居，导致原居民点闲置废弃及其附近的耕地被撂荒（史铁丑和李秀彬，2013）。未来应加强对迫使/促进劳动力转移的山区自然和社会经济驱动因子的剖析，例如，恶劣的生存环境和边远的区位导致山区农村成为区域经济发展的凹地，由于撤校并点、医疗集中等措施导致山区农村基本公共服务资源流失，均引发劳动力转移进而驱动了山区农村土地利用转型，未来要按照"自然、社会经济驱动因子—劳动力转移—土地利用转型"的思路，对驱动山区农村土地利用转型的独特的自然和社会经济因子加以识别和定量化。

除了上述社会经济和自然因素之外，在我国山区农村土地利用转型的初期，政策起到了重要的促进作用（刘婷和邵景安，2016），其驱动力即为生态退化倒逼的造林政策的"森林稀缺路径"。这是由于我国山区生态脆弱，为保护和恢复生态，20 世纪 80 年代国家实行退耕还林政策。根据全国森林资源调查数据，过去 30 年森林面积的增加，来自人工造林的贡献接近 50%（国家林业局，2009）。农业技术推广促使优质土地集约利用，使得较少的土地上产出更多的食物，致使劣质耕地边际化，即平原优质土地集约度的持续提高对山区劣质土地有挤出效应，也为山区农村土地利用转型提供了驱动力。

7.2.4 山区农村土地利用转型效应

（1）山区农村土地利用转型的生态效应

山区农村土地利用转型有利于环境的保护和自然恢复，促使山区生态恢复到与区域水热条件相适应的格局，20 世纪 80 年代我国出现的土地利用形态转型（即代表自然生态空间的森林面积降至低谷后反转向上）即是生态状况从整体恶化向整体改善转变的最直接原因。大量研究从实验观测角度证实，作为农地利用集约化的逆过程，山区农村土地利用粗放化/边际化和弃耕提高了地表的植被覆盖度，将增加土壤入渗率，减少地表水流和增加土壤田间持水量（La B，2004），有效减轻土壤侵蚀和水土流失，提高土壤肥力（Molinillo M et al，1997）；也有研究从山区整体层面探讨了土地边际化和撂荒，特别是生态脆弱的耕地撂荒避免了对山区土地生态系统的进一步破坏，土地和生态的压力得到缓解（李承桧等，2016；阎建忠等，2005），有助于生态环境建设，并定量证实西南丘陵山区耕地向林地的转换对生态环境的改善贡献率最大（李承桧等，2016）。

山区农村土地利用转型生态效应研究应提升到区域土地生态系统安全层面。脆弱性和生态安全屏障是山区土地利用系统的重要特征。人类活动和土地利用会导致山区土地生态系统脆弱性体现出来，这是土地生态系统外界物质和能量的输入所致；而山区土地生态系统的屏障作用反映的是其物质和能量的输出，降低了土地生态系统的脆弱性，因而成为区域生态安全的保障。工业化、城镇化进程中伴随着农村劳动力的转移，山区土地生态系统的物质和能量的输入输出均发生了显著变化，提升了山区土地生态系统的屏障功能并降低了其脆弱性。应重视对山区农村土地利用转型带来的生物多样化指数、水土保存、水源涵养、土壤环境及碳源/汇效应进行综合集成，并剖析土地生态系统物质和能量输入及输出的变化，准确把握山区农村土地生态系统安全的演化规律。

（2）山区农村土地利用转型的社会经济效应

作为山区农村土地利用转型的重要特征，耕地边际化和撂荒影响农作物播种面积，因此理论上，宏观层面可能影响到国家粮食安全，区域和微观层面可能影响到山区农村发展及农户生计安全。但有研究认为，探讨粮食安全问题的意义更多在于国家尺度，我国大规模以坡耕地为主的退耕还林工程造成的全国粮食减产程度有限（Xu Z G et al，2006），总体影响程度估计只有 2%~3%（Feng Z M et al，2005），这既是因为山区土地质量差，单位土地生产率低，也是由于平原优质耕地的集约化利用带来的土地生产率的提高会抵消山区劣质耕地撂荒带来的粮食减产（Zhao Y L, 2016），并在西欧和美国已经得到了证实。

　　山区农村土地利用转型对农村发展的影响方面，耕地撂荒和宅基地闲置废弃意味着农村经济的衰落，这对山区农村可持续发展而言可能是消极的，但若将其置于更大的区域层面来看，山区农村经济的衰落却是社会新陈代谢的必经过程，因为工业化和城镇化带来的土地单产的提高和集聚经济的发展，使得耕地肥沃、区位优越地区的人口承载力得以提高，为山区人地矛盾的缓解提供了可能。因此，山区农村经济衰落意味着区域整体土地利用格局和社会经济发展布局的优化。山区农村土地利用转型对农户生计安全影响方面，关注的焦点在于撂荒和边际化后农业收入减少对农户生计的影响程度，研究认为由于劳动力转移带来的非农收益增加可能会弥补务农收益的减少，因为劳动力转移是农民作为"理性经济人"的自发追求，促进了农户收入增加和可持续生计能力的提升（石智雷和杨云彦，2011）。但是，山区农村土地利用转型社会经济效应利弊的确定亟须实证和定量化研究予以支撑（Lambin E F et al, 2010），并加强与土地利用转型生态效应的集成研究，以探究山区农村土地利用转型的规律，更精准地助推生态文明建设和山区农村发展管理。

7.2.5　对山区土地整治工程的启示

（1）对当前山区土地整治工程的审视

　　不分地域地实施农村土地整治和城乡建设用地增减挂钩，"大干快上"地搞新农村建设，加速农民"退地上楼"，给农业生产和农民生活带来诸多负面影响。"耕地占补平衡"政策旨在保护耕地和国家粮食安全，却与山区劳动力流失、耕地撂荒严重的实际情况相矛盾，土地复垦整理后利用率低下。以重庆市武陵山区为例（冉逸萧，2017），由于整体海拔差大，高山居民多，基础设施条件差，引导地区配合高山移民等扶贫济困工作实施农村综合整治，效果不理想。例如，以"土地占补平衡"政策为切入点，开发整理荒地、复垦撂荒地，结合高山移民和退耕还林政策，逐步将散居在偏远高山和受地质灾害威胁地区的人民群众移民集中居住。2000—2010 年，重庆武陵山区共实施 281 个农村土地整治项目，实施规模达到 $4.89 \times 10^4 \mathrm{hm}^2$，总投资达到 10.06 亿元（陈晓军，2012）。重庆巫山县 2013 年某农村建设用地复垦项目复垦规模 $6.65 \times 10^4 \mathrm{m}^2$，地块面积为 $46 \sim 1809 \mathrm{m}^2$，平均面积 $450 \mathrm{m}^2$，这样不到一亩的耕种单位难以实现规模种植。将城乡建设用地空间置换以获取"地票"指标，耕地总量虽然数值上没减少，但缺乏有效利用。在西南山区，高山移民等扶贫项目过分强调集约，改变已经习惯单家独院的山区农村生活，农户耕作半径变大导致生产成本增加，这与山区传统农民的生活居住理念产生强烈的矛盾；另外，政府移民搬迁仅暂时解决了农民的居住问题，忽视了提升农民的生存路径和思想观念水平的重要性。

（2）山区土地利用转型规律对土地整治工程的启示

土地利用转型研究可为土地整治提供理论指导，土地整治则可助推土地利用转型进程（龙花楼和李秀彬，2006）。当前，国土资源管理部门在山区实施以耕地占补平衡和城乡建设用地增减挂钩为主要内容的土地整治工程，是由于我国平原区耕地后备资源已基本开垦殆尽，不得不在山区开垦补充耕地（张凤荣，2003；周建等，2014），在近郊区实施城乡建设用地增减挂钩，拆迁补偿成本太高，于是转向拆迁复垦边远山区的农村居民点换取城市周边的建设用地指标。

但是，一方面，山区农村土地资源禀赋差、生态脆弱，无论是耕地后备资源开发，还是农村居民点复垦，新增耕地在质量和利用条件上，均无法与近郊区和平原区相比（朱凤凯等，2013；朱泰峰等，2013）。另一方面，由于山区地形陡峭、地块畸零狭小、机械化耕作困难，因此耕地无法实现规模经营，大量生态脆弱和经济上边际的耕地被撂荒。因此，无论是开发耕地后备资源还是拆并农村居民点，新增的耕地都鲜有人耕种。以日本为例，20世纪70年代在基本完成工业化、城镇化后，政府开始对山区农村实施振兴和再生计划，通过农地整备、城市基础设施下乡等措施，以求恢复山区农村经济、解决人口过疏问题（陈育宁，2003；史艳玲，2008）。但是，人口回流和经济恢复的山区农村鲜有，人口萎缩、耕地荒芜仍是主要趋势（牛山敬二，2012；饶传坤，2007）。

山区劳动力转移、耕地撂荒与边际化以及自然植被恢复，是工业化、城镇化进程中山区自然生态优化的良性过程，有着经济社会发展的必然规律。在此背景下，山区土地整治如果再注重新增耕地目标而开发生态脆弱的边际土地，可能被农户主动撂荒而造成"过程性"浪费，也极易造成山区生态的再度破坏（张正峰，2012），与党和国家确立的生态文明战略相悖。与此同时，山区（含丘陵）约占我国国土总面积的70%，居住着全国约45%的人口，其社会经济福祉的提升关系全面建成小康社会大局。土地整治等人为恢复工程措施有助于山区居民福祉的提升和生态的优化（见图7-3）。因此，山区农村土地整治应摒弃以补充耕地为主导的目标，顺应山区农村土地利用转型规律，转向生态环境保护和农户福祉的提升（孙鸿烈等，2012；陈国阶，2007）。具体而言，一是要明确土地利用性质和开发强度阈值，给予山区土地整治更多的生态安全考量（俞孔坚等，2009），避免开发带来的生态破坏，使山区土地生态安全屏障功能充分发挥；二是要测算土地整治前后山区农村土地生态系统服务价值的变化，并将生态系统服务提升作为评估山区土地整治工程的重要标准，通过财政支付转移，将生态系统服务价值补偿作为提升农户经济福祉的重要手段，最终实现区域生态环境质量和社会经济福祉协同提升。

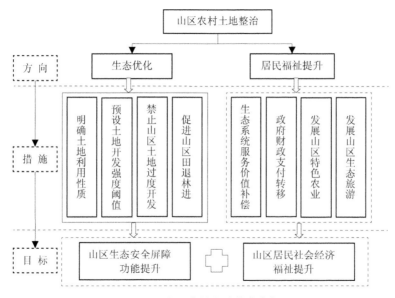

图7-3 山区农村土地整治方向

7.2.6 小结

　　未来研究不能仅围绕着现行土地政策开展论证性或演绎性研究，更要根据土地生态系统和社会经济系统的运行规律，准确把握中国山区农村土地利用形态及其变化特征，理清土地利用转型的驱动机理和效应，多角度全面系统剖析山区农村土地利用转型规律，并将其作为评估和改进现行山区农村土地政策的依据。另外，本章探讨的是区位边远、经济发展落后的山区农村，都市山区农村土地利用转型的特征虽然也是林地扩张和植被恢复，但驱动力不是劳动力转移和要素外流，而是伴随着都市经济发展和社会转型，市民对休闲旅游需求的增加驱动都市山区农户生计和土地利用决策发生变化，未来应加强都市山区农村土地利用转型驱动力及其与边远山区的对比研究。

以天津蓟州区为例，蓟州区位于天津市最北部，是北京、天津、唐山、承德4个城市的腹心，优越的区位条件为蓟州区的经济发展创造了条件。蓟州区作为大都市山区，得益于都市市民休闲旅游对山区特有的自然与人文资源需求，大力发展农家乐，经营果品、花卉、有机蔬菜及采摘等，形成了富有活力的观光旅游与民宿产业（见图7-4）。

图7-4　都市山区农家乐和水果采摘园（蓟州区大峪村）

蓟州区作为都市山区，其农村土地利用呈现与边远山区不同的特征（见表7-7）。首先，得益于民宿旅游的兴起与发展，农户对宅基地的期望资产提升，宅基地闲置废弃的情况极少，像马伸桥镇大峪村，仅有一处宅基地闲置，大部分村不但没有闲置和废弃宅基地，而且由于年轻人结婚分户对新增宅基地有需求，再加上农民经营民宿的需求，导致蓟州山区农村建设用地供不应求。同时，山区的植被以林果业为主，但却不是耕地撂荒后自然植被的恢复，而是农民根据都市市民需求，将土地种植林果及花卉，供市民游览、参观和采摘。因此，都市山区农村的经济结构和土地利用变化特征及驱动力，与传统农区呈现显著的差异。在实施乡村振兴背景下，应该根据不同山区的区位、产业结构及土地利用特征，实施差异化的农村发展与管理措施。做到对症下药，提高政策实施的效果。

表7-7　都市山区（天津蓟州）典型村土地利用状况

村	农村区位、经济及土地利用概况
团山子村	位于蓟州区北部山区，距北京中心城区 90km。马营公路、津围北二线两条公路穿村而过，对外交通便利；2014 年，有 192 户，总人口 602 人，年人均纯收入达到 15921 元，村内经济收入主要来源为林果业与旅游业收入。主要产业为"农家院"自行经营与梨园观光旅游业。梨园景区年接待游客 10 万余人次。现有农家院 32 户，可提供约 900 个床位，年接待游客约 3.2 万人次。此外，村内有土特产户 5 户，根雕户 4 户；全村共有耕地 26.60hm²，人均耕地约 0.72 亩，果园 98.89hm²，人均园地为 2.66 亩。团山子村人均耕地面积小，种植业发展以林果业为主。果木类种植主要以核桃、栗子、柿子、梨树等为主，农作物种植以玉米、大豆为主。全村宅基地共 177 宗，面积在 300m² 以上的有 90 宗，用地相对粗放，一户多宅情况共有 8 户，村内无闲散地，根据实地调研，尚需宅基地 20 户
小穿芳峪村	位于蓟州区东北部的穿芳峪镇的低山丘陵，南距天津市 120km，西距北京市区 80km，周边有盘山风景区、清东陵、九龙山森林公园等众多风景名胜区。邦喜公路和马平公路在境内交汇；2014 年，小穿芳峪村拥有人口 268 人，共 82 户。2014 年人均年收入 16100 元，产业以苗木种植业和旅游服务业为主。共有农家四合院 4 座，床位 63 张，年收入 90 万元；耕地面积 19.25hm²，占全村土地总面积的 48.00%；园地面积 11.68hm²，均为果园，占全村土地总面积的 29.11%。宅基地 83 宗，其中一户一宅的 67 宗，一户两宅的 12 宗，两户一宅的 2 宗，户均宅基地面积 0.63 亩。小穿芳峪村迫切需要宅基地腾退节约的建设用地指标发展生态旅游业，因此资产价值较高
程家庄村	位于上苍镇，该村据蓟州区约 15km，距天津市约 100km。津蓟高速穿过该村西侧，并与位于该村南侧的仓桑公路交汇，该村有多条水泥路均与仓桑公路相连，对外交通较为便利；2014 年，程家庄村拥有人口 1485 人，共 465 户。村庄总体收入 2130 万元，人均年收入 14570 元。村民收入来源主要为特色种植、本村产业及旅游等几种形式。程家庄村现有产业主要以工业为主；并逐步依托"燕子李三"的传奇故事，发展旅游业。将形成旅游服务业为主、种植业为辅的产业格局，呈现出以第三产业带动第一产业发展的产业特点。耕地面积 78.67hm²，占全村土地总面积的 44.38%（均为水浇地），人均耕地 0.79 亩。园地面积 0.64hm²，占全村土地总面积的 0.36%（均为果园）。林地面积 39.79hm²，占全村土地总面积的 22.45%（均为有林地）。全村共有宅基地 450 户，其中，一户一宅的 202 宗；一户多宅的 142 宗（含一户二宅的 112 宗，一户三宅的 30 宗）；一宅两户的 70 宗，一宅三户的 10 宗。户均宅基地面积 312m²
西太河村	位于下仓镇。距蓟州区约 30km，距北京、天津、唐山三大城市都是 75km。西太河村西北侧和东侧水泥路均与北侧玉杨线相连，对外交通较为便利；2014 年，总人口 753 人，共 210 户，其中农业人口 739 人。人均年收入 16500 元。以特色种植为主；全村共有耕地 134.56hm²，人均耕地 2.73 亩。其中 60hm² 用于村集体成立的太河美果蔬农业专业合作社，主要种植朝天椒和西瓜。其余 74.56hm² 耕地种植农作物小麦和玉米。宅基地 262 宗，一户一宅的 159 宗、一户两宅的 92 宗、两户一宅 11 宗，户均宅基地使用面积为 500m²，人均宅基地 173.97m²，利用较为粗放。根据调研，近年有 21 户宅基地需求

7.3　经济发达地区农村居民点产住空间权衡关系解析

农村居民点用地是我国城乡建设用地的重要组成部分，作为农户居住和生产等活动的产住空间载体，是农区人地系统交互耦合的核心（金其铭，1988；李小建和杨慧敏，2017）。农村居民点产住空间作为其用地功能的空间表达，由农村居民点用地所承载的物质和非物质要素交互耦合产生，具有多样性和复合性，以及范围的动态性等特征（姜广辉等，2007）。社会经济转型发展进程中，传统农区的农村居民点用地规模虽不断扩大，但由于用地功能废弃及空心化（刘彦随等，2009），其产住空间不断萎缩；经济发达地区（都市郊区及沿海工业化地区等）受非农要素辐射和带动强烈，城乡界限趋于模糊，农村居民点产住空间由单一到多样，由多样到复合，成为兼具居住、工业、商服等多功能空间的复合体（Zhu F K et al，2014），这其中隐含着社会经济发展的必然规律。

经济发达地区的农户对多样化空间需求强烈，农村居民点用地的稀缺性决定了农户对不同类型空间进行权衡取舍，因此，农村居民点产住空间多样化演变中，最突出的特征是呈现此消彼长的权衡关系。由于农村土地管理滞后，尤其是乡村空间规划缺位，这种权衡也引发了农村居民点用地内部结构无序和人居环境混乱等问题（李裕瑞等，2013；席建超等，2011）。实践中，以村内集约和迁村并点为主的农村居民点重构实践，将农村居民点视为单一和均质的空间（张凤荣等，2016；龙花楼和屠爽爽，2017），建造标准化的居住小区，与经济发达地区农户实际需求相差甚远；而研究多将农村居民点视为一个整体（张佰林等，2016；马雯秋等，2018），或基于耕地保护导向，探究传统农区村庄空心化及其整治潜力（龙花楼等，2019），少有从微观层面对经济发达地区农村居民点产住空间多样性的系统解析。

基于此，本书引入生态系统服务权衡的思路，将研究聚焦经济发达地区，尝试提出农村居民点产住空间权衡概念，并以"权衡类型—驱动力—效应"为主线，系统解析农村居民点产住空间权衡关系，结合对当前农村居民点重构实践的反思，提出农村居民点产住空间演变由权衡转向协同的思路。在理论上扩充农村居民点转型研究的框架与方法，在实践中为乡村空间规划及乡村振兴提供理论依据。

7.3.1　农村居民点产住空间权衡概念

权衡（Trade-off）—协同（Synergy）作为生态系统服务的重要概念（李双成等，2013；Barnett A et al，2016），指由于生态系统服务的多样性、空间分布的不均衡性以及人类使用的选择性，在人为活动和自然因素作用下，服务之间的关系出现了此消彼长的权衡、相互增益的协同变化（傅伯杰和于丹丹，2016；戴尔阜等，2016）。实际上，不仅生态系统服务之间，土地利用多功能之间也存在权衡和协同的关系，一些学者将生态系统服务权衡—协同思路与方法引入土地利用多功能研究之中（胡伟艳等，2017；王成等，2018）。因此，生态系统服务权衡—协同概念可为农村居民点用地多功能及其承载空间的演变及优化研究提供新的思路。

作为人类生产和生活的场所，农村居民点的居住和产业空间是相伴而生的产物，"作"与"息"作为人类生存活动的天性，是推动农村居民点产住二元在空间上"分""合""替""进"的源动力（朱晓青等，2010）。随着人类生产力的发展和社会进步，从原始社会避风遮雨的原始巢穴，到生活又生产、房屋加院落的"周时村社"，再到充满现代气息的社会主义新村（张小林，1998），农村居民点在历史变迁中经历了若干重大的转折（王勇和李广斌，2011），其产住空间不断发生阶段性的变化，正处于由单一走向复杂、由复杂走向分化、由分化走向多元的转型过程（李红波等，2015；Zhang B L et al，2017）。

工业化、城镇化的快速推进，促进农村居民点相对均质化的空间走向高度分化和多元演变的过程，其中，经济发达地区，传统农业生产功能日渐衰退，农村居民点转为集居住、工业、旅游和商服等多元活动的空间复合体（陈诚和金志丰，2015；Wang Y et al，2016），这种产住空间多样化演变中，最突出的特征是呈现此消彼长的权衡关系。一方面，农村居民点用地多功能性决定了其空间开发可用于不同目的，农户根据需求对不同类型空间进行选择；另一方面，农户生产与生活需求随经济发展而变化且不断增加，但农村居民点用地稀缺，引发农村居民点居住空间、工业和商服等产业空间呈现此消彼长权衡并不断加剧。因此，农村居民点产住空间权衡，是发生在经济发达地区的乡村，由于农户生计多样化和农村非农产业的发展，农户对居住、生活、工业和商业等空间产生了需求，并根据自身及村庄经济发展对各种功能空间进行选择与取舍，导致农村居民点产住多元空间呈现此消彼长的权衡变化（见图7-5）。

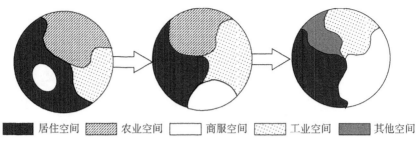

| ■ 居住空间 | ▨ 农业空间 | □ 商服空间 | ▦ 工业空间 | ■ 其他空间 |

图7-5 农村居民点产住空间权衡概念模型

7.3.2 农村居民点产住空间权衡类型

根据当前经济发达地区农村居民点产住空间多样化及其组合模式，将农村居民点产住空间权衡分为4种类型（居住—工业空间权衡型，居住—商业空间权衡型，居住—出租空间权衡型，多空间权衡型）。

（1）居住—工业空间权衡型

承载农户居住和生产的需求是农村居民点的首要功能（张强，2007）。从事工业生产活动，是农户接受城市非农经济并获取收益最大化的最佳方式。在农村居民点内部，除了生活居住空间外，农户经营并扩大工业生产空间进行非农生产活动。一方面，农村居民点用地内部经营性建设用地大量出现，如苏南地区的乡镇企业用地（Song W & Liu M L，2014）；另一方面，农户宅基地内部产生各种家庭作坊式的经营性生产空间（Jiang G H et al，2016）。在土地资源稀缺的背景下，尤其是耕地保护政策的强力约束，农村居民点用地扩张受到严格限制，农户扩大工业生产空间，必定会挤占生活居住空间。因此，在农村居民点内部，产生了居住空间与工业空间权衡的现象，随着经济发展，农村居民点工业生产空间不断扩张，生活居住空间相应缩减。

农村居民点居住—工业空间权衡在我国东部沿海工业化地区的村庄普遍存在，尤是以乡镇企业为代表的苏南、以来料加工为主的"珠三角"以及大都市郊区为典型。例如，2009年北京顺义农村居民点居住空间和工业空间占比分别为60.66%和18.12%（李灿等，2013）；无锡市惠山区2013年农村居民点工业空间占比已达48%，几乎与居住空间（48.5%）并重（张佰林，2015）；山东一个工业化村庄（蔡为民等，2017），农户以从事木材加工为主要生计方式，2015年农村居民点工业空间已达61.89%，远高于居住空间的32.6%。

（2）居住—商业空间权衡型

在农村居民点内部从事经营性商业活动，成为农户适应人口集聚和非农经济发展的重要生计方式，结果产生了商业空间与居住空间的权衡，主要包括两种模式：一种是以批发零售、餐饮等为主的商业空间与居住空间的权衡；另一种是借助城市郊区观光和体验农业的发展，产生了旅游接待等商业空间与居住空间的权衡（席建超等，2016）。随着经济发展，农村居民点的部分居住空间逐渐被商业空间占据，形成居住—商业空间权衡。

农村居民点居住—商业空间权衡在都市郊区和交通便利的区域中心更为明显。例如，位于"珠三角"城市群的广东佛山南海滘中村，2010 年农村居民点商业空间和居住空间分别为 36.1% 和 13.8%（魏开等，2012）；在北方乡村旅游区，承接旅游接待的农村居民点由单一的村民居住型功能逐步向住宿、购物、餐饮、娱乐等复合型功能转变；位于山东一个乡镇交通枢纽的高桥村（蔡为民等，2017），自 2000 年后，沿主要交通线的农户将平房改建为三层楼房，一、二层全部用于批发零售及餐饮等商业空间，仅将三楼住房用于生活居住。

（3）居住—出租空间权衡型

在城镇化的浪潮中，农村人口不断涌入城市从事非农生计活动，由于城市中心住房价格昂贵，于是在城中村和城市郊区催生了大量以出租为主的农村住房。在这些地区，建设用地紧缺，为了满足不断增长的居住和出租收益的需求，农户通过加盖楼层的形式，尽可能多地增加出租空间（Ma W Q et al，2018），这就进一步加剧了农村居民的居住—出租空间的权衡。

农村居民点居住—出租空间权衡在都市郊区的农村普遍存在。例如，在北京城乡接合部的下辛堡村（朱凤凯，2014），2014 年流动人口已经占到常住人口总数的 2/3 以上，农村居民点内部有 90% 的宅基地已经被改建、扩建并出租给外来人口居住。农户会尽可能地考虑建设成本，因此，价格低廉、装卸方便的彩钢房成为农户加盖房屋的首选。随着地铁、轻轨的延伸和交通条件的改善，将有越来越多的人选择在城市工作，在郊区居住，农村居民点居住—出租空间权衡将愈加明显（汪明峰等，2012）。

（4）多空间权衡型

在城市郊区和沿海工业化地区等经济发达区域的乡村，农村居民点内部往往不是简单的居住—工业或居住—商业空间权衡类型，而是呈现居住、工业、商服等多空间综合权衡的特征（Wu Q Y et al，2016），权衡的结果是农村居民点成为集居住、生产、收益等多空间的功能复合体。在经济发展的不同阶段，以及不同经济发展水平区域，农村居民点各种空间权衡的特征与结果各不相同。

农村居民点多空间综合权衡，是农户满足自身多样化需求而对农村居民点能动改造的结果。研究已经证实在经济发达地区存在农村居民点产住空间多样化权衡的事实（Ma W Q et al, 2018; 曹子剑等, 2008）（见图7-6），导致农村居民点空间向提供包括居住和工业、商服、休闲娱乐等多种功能的多功能空间转变。在北京市郊，农村居民点生产功能呈现明显的非农化特征，如接待游客的农家乐、工业厂房、住宅改造成出租屋等，除了居住空间之外，农村居民点内部出现多样化的生产空间（李灿等, 2013）。需要说明的是，本章中农村居民点产住空间比例是通过土地利用结构与功能测度的，但由于土地利用的多功能性，同一地块可能承载多种功能（郑红玉等, 2018），从这个角度讲，农村居民点产住空间多样化权衡的特征可能更为显著。

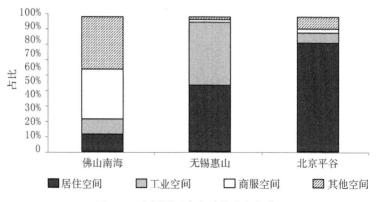

图7-6　农村居民点多功能空间权衡

7.3.3　农村居民点产住空间权衡驱动机理

农村居民点产住空间权衡是多因素综合作用的结果，土地利用多功能性、工业化和城镇化对农村经济发展的影响、农户生产生活需求的类型及强度、政府的土地利用控制及乡村规划缺位等，都在不同程度或以不同方式影响着农村居民点产住空间权衡关系（见图7-7）。

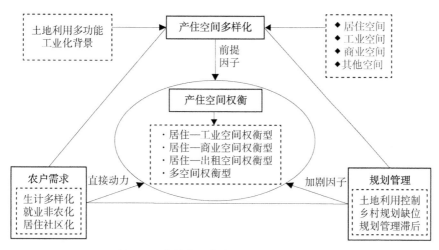

图7-7 农村居民点产住空间权衡机理图

（1）基本前提：土地利用多功能性及工业化、城镇化引发的空间多样化

农村居民点用地多功能性决定了其空间开发可用于不同目的，承载着工业、商服等经济活动的生产空间，以及生活、起居活动的居住空间（Qu Yanbo et al，2017）；同时，土地利用多功能性导致混合和复合多样性空间的产生，农村居民点产住空间多样性又体现在多功能空间的复合（Zhu Fengkai et al，2018）。只有多样化的空间才会面临被选择与权衡的可能，因此，空间的多样性成为农村居民点产住空间权衡的前提。经济发展的快速推进促使土地多功能利用，引发农村居民点产住空间的多样化，成为农村居民点产住空间权衡的基础和前提，在经济发达地区表现尤为显著。

在农业社会，农村的经济以传统的小农户生产为主，农村居民点产住空间单一，除了生活居住外，还存在服务于农业和家庭手工业的生产空间（张佰林等，2015），但农村的生产空间主要存在于耕地上，农户对农村居民点生产空间需求并不强烈，此阶段，农村居民点产住空间权衡关系不显著。包括当前受工业化直接辐射较小的传统农区和边远地区，农村劳动力大量转移，农村居民点产住空间逐渐废弃和空心化，也不存在权衡关系。但是，都市郊区和东部沿海工业化地区农村经济中非农经济发展迅速，催生大量非农产业，农村居民点除了作为农户生活居住的空间外，还承载着诸如工业和商服等多样化的生产空间，且随着与都市距离的邻近，农村居民点空间类型的多样化指数提高，为农村居民点产住空间权衡创造了基本前提。

（2）直接决定因素：农户对土地利用多功能性的取舍

多样化和非农化是社会经济转型期农户生计的主要特征，对农村居民点产住空间的重塑产生了深远的影响。由于农村居民点空间是农村居民点用地功能的空间表达，因此，农村居民点产住空间权衡是农户对农村居民点用地多功能有选择使用的结果。

在经济发达地区，一方面，农户根据资源禀赋及外界非农经济辐射，就地发展非农产业或者承接城市功能发展服务业，势必会扩展农村居民点非农生产用地（任国平等，2017），造成居住空间的相对缩减，引发诸如居住—工业空间、居住—商业空间等农村居民点产住空间权衡类型；另一方面，农户的各类生产与生活需求随经济发展而变化，使得农户对其居住用地、工业用地和商业用地等的选择不断发生改变，农村居民点产住空间权衡类型也会改变，如由工业化早期的居住—工业空间权衡转向都市服务经济下的居住—商业空间权衡；最后，随着经济的发展，农户各类需求也将不断增加，从而引发农村居民点产住空间权衡强度的提升，加强各类空间此消彼长的程度。因此，农户对农村居民点用地多功能需求类型及强度直接导致了农村居民点产住空间权衡类型及其强度。

（3）加剧因子：土地利用控制及乡村空间规划缺位

如果农户对农村居民点用地资源的需求不受限制，农村居民点产住空间权衡也不会发生。但是，当前我国建设用地指标采用"层层划拨"的方式，指标优先用于城市和大型基础设施建设，广大农村地区的新增建设用地指标受到严格控制（Li Y H et al，2015）。然而，随着农村非农经济发展，发达地区的农户对建设用地需求却不断增加，在土地利用控制的前提下，农户只有通过对农村居民点多功能空间的取舍，以满足生产发展的需求，引发工业和商业等空间争夺居住空间，加剧了农村居民点产住空间权衡过程。

农户家庭作为生产决策的基本单元，将最大限度地利用自己有限的土地（使用权）获取最大化收益，而不会考虑外部成本，因此无法协调其产住空间与其他农户空间及公共空间的矛盾。乡村空间规划等土地规划措施可以弥补因个人行为而导致的外部成本，规范私人空间与他人空间及公共空间的关系。因此，乡村空间规划可以规避或降低农村居民点产住空间权衡带来的一系列问题（空间混乱、人居环境恶化）。但是，当前我国乡村空间规划滞后，将农村居民点视为单一和均质空间的管理思路忽视了其内部土地利用功能及空间的多样性，也就无法对其内部用地结构进行有效的调整。可见，政府对农村居民点用地的控制及乡村空间规划的缺位，加剧了农村居民点产住空间权衡过程。

7.3.4　农村居民点产住空间权衡的效应

农村居民点多样化空间此消彼长的权衡，提升了农户可持续生计能力及农村发展活力，也造成了产住空间混乱、人居环境恶化等问题（见图 7-8）。正确认识农村居民点产住空间权衡的效应，对于调整农村居民点用地内部结构、重构乡村产住空间具有重要意义。

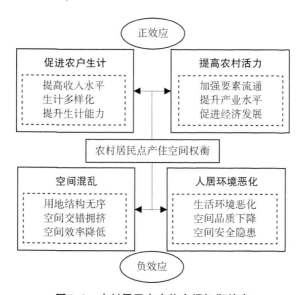

图 7-8　农村居民点产住空间权衡效应

（1）提升农户生计水平、促进农村发展活力

农村居民点产住空间权衡，是农户基于理性"经济人"，对工业化和城镇化进程中非农经济发展做出的主动应对，尤其是生产空间与居住空间权衡，为农户生计提供了更为充足的场所，促使农户生计的多样化和非农化，避免单一生计活动给农户带来的风险，最终提高了农户可持续生计能力及收入水平。

农村居民点产住空间权衡，也增强了农村发展活力。"无农不稳、无工不富、无商不活"说明了工业和商业活动在激发农村经济活力方面发挥的巨大作用（费孝通，2001）。由于有了非农产业的强力支撑，使得经济发达地区的乡村能够留得住人，成为富有发展活力的地区，不至于传统农区因人口转移而导致空心化和衰败。尤其以乡镇企业为代表的"苏南"模式，以"家庭工坊"为代表的"温州"模式和"义乌现象"，以及以来料加工为代表的"珠三角"模式所代表的东部经济发达地区，非农产业空间已经成为农村居民点空间的主要组成部分，并发展成为我国乡村经济最具活力的地区（林永新，2015）。

（2）导致农村产住空间混乱、人居环境恶化

农村居民点产住空间权衡，导致农村居民点用地结构无序，引发居住空间和工业、商服等生产空间混杂。一方面，农户在庭院内私搭乱建，导致居住空间被挤压，降低了农户居住生活品质；另一方面，农户基于利益最大化改造和争夺空间，对公共空间缺乏有效的维护，引发私人空间挤占公共空间，减少了农村公共活动空间场所。同时，在严格土地管理的背景下，由于农村居民点用地有限，部分地区农户甚至违规将承包地转为建设用地，扩大非农生产空间，浪费了宝贵的耕地资源，由于乡村工业化引发的破碎的土地景观基质（刘樱等，2018），形成各类空间交错混乱的局面。

农村居民点产住空间权衡，也引发生产效率与人居环境品质双重下降的局面。产业空间与居住空间的权衡往往以居住空间被挤压为代价，严重影响了农户的居住质量，产业空间的粗放扩张也影响了农村经济的持续发展。同时，由于农户私人空间挤压公共空间，导致农村生活环境质量下降，引发公共空间安全隐患，最终引发农村人居环境的恶化（范凌云，2015）。

7.3.5 农村居民点产住空间优化

农村居民点产住空间权衡是农户应对非农生计需求与建设用地紧缺的措施，引发了诸多负效应，并非农村居民点产住空间的最优状态。当前全国各地纷纷开展了中心村建设、旧村改造、村庄环境整治等农村居民点重构活动，旨在优化村庄用地结构、加强人居环境建设，此类重构活动多关注空心化和衰落农村，在新村建设上遵循"减量化"的思维，出发点是节约耕地，建造功能空间单一的生活小区。把农村居民点视为一个"点"和均质空间的重构实践，缺乏对经济发达地区农村居民点多样化空间权衡的理论认识，与农户需求形成严重错位，无法有效解决农村居民点产住空间权衡演变引发的系列问题。世界上成功的都市郊区农村居民点重构模式，如荷兰阿姆斯特丹郊区的庇基莫米尔（Bijlmermeer），均主张多功能用地的混合（住宅、商业、工业等），而不是纯粹的居住小区，后者忽视了农户多样化的需求（道格·桑德斯，2012）。

因此，对经济发达地区农村居民点的重构，既要尊重农村居民点产住空间多样化的演变趋势，也要规避产住空间权衡带来的负效应，目标是各类空间由此消

彼长的权衡转向共同增益的协同。农村居民点产住空间既要满足农户居住和生产功能及其不断变化的需求，还不能打破自然本底功能而使乡村地域系统受损而难以持续（曲衍波等，2017）。需要对农村居民点产住空间现状功能与农户需求及资源禀赋匹配协调度进行分析，明确农村居民点产住空间协同的最佳范围。因此，农村居民点产住空间协同，是现状功能指数、农户需求指数和资源禀赋指数三者博弈和平衡的结果，破坏了任何一部分，某个值不合适或突破了协调度，就破坏了协同的基础。

在农村居民点用地紧缺的前提下，倡导土地利用多功能复合及功能优化提升，成为农村居民点产住空间由权衡转向协同目标的实施路径。一方面，土地利用多功能复合，意味着土地利用强度提高，任何一类土地功能空间的不足，都会导致农村居民点整体空间的不协调；另一方面，土地利用多功能优化提升，意味着功能空间效率的提高，任何一类土地功能空间品质的下降，都会导致农村居民点产住空间整体不协同，例如，有污染性的工业用地会破坏当地环境，是对资源禀赋指数的一种突破。因此，只有实现农村居民点用地多功能复合及各类功能品质的提升，才能实现农村居民点产住空间的协同演变。

7.3.6　小结

（1）借鉴生态系统服务权衡—协同思路，根据当前经济发达地区农村居民点产住空间多样化且呈现此消彼长变化的事实，提出了农村居民点产住空间权衡概念，探讨了农村居民点产住空间权衡的类型、驱动力和效应，并提出了农村居民点产住空间由权衡转向协同的思路，为经济发达地区农村居民点/乡村聚落演变研究提供了新的视角，解释了显著区别于农村居民点空心化的多样化演变现象，扩充了农村居民点转型与重构研究的框架与方法，为优化农村居民点用地内部结构和改善农村人居环境，推动形成科学合理的乡村空间规划提供了理论依据。此外，诸多学者从土地利用功能视角研究空间问题，如对"三生"空间（刘继来等，2017；王成和唐宁，2018）、农村居民点空间优化（刘鹏等，2017；李红波等，2018）及土地利用空间冲突（贺艳华等，2014；徐建春等，2015）的研究，本章也不例外。但是，难点在于土地利用多功能是复合的，由此将产生复合空间，如果以地块的单一功能进行空间界定将显得较为粗糙，因此，对农村居民点用地功能及功能空间的复合研究更为重要。最后，本章仅从理论上阐述了农村居民点权衡关系，未来应集成 GIS、遥感、PRA 及社会经济数据等多维数据对农村居民点产住空间权衡进行定量化表达。

（2）乡村衰败和空心化是城镇化进程中世界各国农村发展的普遍趋势（李玉恒等，2018；杨忍和陈燕纯，2018），在中国，学者聚焦传统农区及边远地区，对村庄空心化及其整治做了大量切实有效的研究，为国家耕地保护政策提供了基本依据。但不可否认的是，由于中国地域广大，农村社会经济发展的空间分异显著，在都市郊区和东部沿海工业化地区，农村居民点用地不断扩张，农村居民点产住空间逐渐多样化，居住空间与非农生产空间相互竞争，呈现独特的演变规律，该区农村发展同样面临诸多问题，尤其是产住空间混杂、人居环境混乱、土地规划管理滞后等，对传统的"减量化"和同质性视角的农村居民点重构实践提出了挑战（信桂新等，2012）。因此，在乡村振兴背景下，农村居民点重构需要遵循农村发展与演替的多元规律，在发达地区，应基于农村居民点产住空间权衡的现实，以发挥多功能空间最大效益为思路，促使农村居民点产住空间由权衡转向协同。

农村居民点是承载农村居民生活和一定生产的空间，可见农村居民点的利用主体是本村居民，因此农村居民点重构的目的应是改善农村居民的生活环境，提升村民的生活品质，创造一个更宜居、可持续发展的生产生活空间。农村居民点结构与功能演化既是一个动态过程，又是人类利用环境、适应发展阶段而更新的结果，是人类、农村土地利用系统与外部环境共同作用下的产物。所以，若想达到农村居民点更新的目的，必须对农村居民点的用地结构、功能演化及农户生计有充分的认识和了解，并依据结构与功能进行农村居民点的更新与重构。接下来的章节将根据农村居民点承载的功能差异及其规律，提出不同的重构方向与思路。

第8章　基于功能更新的农村居民点重构

原国土部门推行的农村居民点整治是当前我国具有代表性的一类农村居民点重构工程，对改善农村生产生活环境，推动城乡一体化发展具有重要意义（刘彦随，2011）。农村居民点整治工程有两个核心的过程，一个是旧村复垦，另一个是新村建设。旧村复垦的一个核心目标是获取新增耕地指标，当前学者围绕农村居民点用地整治潜力进行了大量研究，包括整治潜力测算方法、步骤、潜力等级等，但是这些研究很少考虑农村居民点用地的功能承载状况，尤其是那些季节性闲置的用地，到底应不应该归为整治潜力的范畴？同时，各地纷纷开展新农村建设，在取得改善农户住居条件和优化农村公服务资源配置等一系列成效的同时，也出现了一些问题，包括缺乏科学规划指导，农村居民点改造任意性、随机性过大，部分地区形式化，忽视农户主体地位，不顾农村居民点特殊性，机械套用统一化、标准化的"城市社区"模式，造成广大农村呈现出单一化、均质化的农村居民点空间格局；或以新农村建设为由，通过集中高楼和村企联建方式获取广阔的建筑空间，但由于缺少农户参与，建成新居与农户需求脱节，导致农民生产和生活不便。上述新村建设实践没有考虑到农村居民点用地功能的多样性及更新的需求，没有根据农户对农村居民点用地的多功能需求，合理地配置农村居民点用地内部结构。

科学研究的目的，除认识事物本身发展规律外，就是服务现实需求。深入探讨农村居民点用地功能特征及其演化和更新规律，对于全面把握农村发展的关键要素及其作用关系、深刻认识农村发展基本规律，进而适当通过来自外部的制度安排与政策引导推动农村发展具有重要价值。因此，本章首先从理论上分析不同类型农村居民点用地功能定位及更新方向，在此基础上提出基于功能更新的农村居民点重构思路；以山东省沂水县为例，基于农村居民点用地功能状态辨析农村居民点用地整治潜力，并基于农户对农村居民点用地功能更新需求，辨析已经实施的农村居民点重构模式的合理性，为农村居民点整治与重构政策改进提供科学支撑，引导农村居民点健康发展，助力乡村振兴战略。

8.1 农村居民点用地多功能更新及重构方向

我国对乡村的发展管理，从新农村建设，到美丽乡村建设，再到乡村振兴，体现了国家对农村工作的高度重视。然而，中国地域广阔，不同区位、不同自然和社会经济条件下，农村居民点分异显著，任何政策都不可能是一刀切式的。这就要求对不同类型农村居民点用地内部结构及功能态势有清晰的了解，这也是精准实施农村居民点分类调控的科学前提。因此，需要通过对农村居民点用地功能历史和现状分析，结合农村居民点的区位、外部环境等对其功能更新方向做出清晰的判断，并将其作为农村居民点重构的依据。农村居民点的分类，依照本书第 5、6 章，分为农业生产村、非农生产村（工业生产村、商旅服务村）和城镇非农就业村。

8.1.1 农村居民点用地生产功能更新及其重构思路

（1）农业生产村

1）农村居民点用地生产功能特征。此类农村居民点的农户以农业种植和外出务工相结合为生计策略，由于农业生产对农户来说并不是可有可无的产业，因此，农村居民点用地承载农户农业生产功能，主要表现在禽畜养殖以及粮食的晾晒、储存等。这些生产功能一方面为农户的生产提供了便利，另一方面方便了农户生活、降低了农户的生活成本。

2）农村居民点用地功能更新方向。该类农村居民点发展条件一般，非农产业基础薄弱，且基础设施和公共服务设施较差，村内非农产业用地缺乏，农村劳动力外出就业现象普遍，并且呈现出一定的空心化趋势，此类农村居民点在沂水县分布最广。受城镇非农经济扩散效应影响较弱，农户就地发展非农经济的禀赋不足，农村居民点以农业生产功能为主导。长期内，农业生产和县域外非农就业结合将是农户主要的生计策略。因此，农村居民点农业生产功能在未来一段时期内将继续对农户的生计发挥支撑作用。

3）基于生产功能更新的农村居民点重构方向。农户利用住宅从事粮食晾晒、储存，农机具存放等农业生产加工和服务等过程，是与农户生计需求相适应的。至少在当前，农业生产村"平房+庭院"式住宅结构不但承载了农户的居住功能，也是其生产的重要空间。因此，在进行农村居民点整治时，应该审慎推行"房改居"工程。虽然楼房比"平房+庭院"式住宅更节约土地，可以节省更多建设用地指标，但是，楼房的结构和功能设计是针对非农生计，以生活居住功能为主。在农业生产依然是农户重要生计活动的事实下，楼房显然不适合作为此类农户的住宅形态。当然，若采取更为现代化的农业生产方式，比如代耕代播代收的专业化生产和有更为先进的粮食晾晒储存设备，不再需要农户住宅空间发挥生产功能，即不需要单户储存农机具、生产资料和晾晒农产品，便可用纯生活居住功能为标准来设计农户的住宅结构和形态。

（2）非农生产村

1）农村居民点用地生产功能特征。包括工业生产村和商旅服务村，靠近城镇，交通便利，与市场联系较为密切。农户就地发展非农经济，县域非农就业（本村）逐步成为农户重要的生计活动。农户在居民点内部建厂房发展工业生产，或沿交通要道盖楼房发展个体商服经营。由于发展非农经济的资源禀赋优越，加上农户作为理性经济人，总是倾向于选择非农就业。

2）农村居民点用地生产功能更新方向。由于接近城镇，发展非农经济的条件较好，而且由于比较收益存在差异，农户往往更倾向于选择非农产业经营，势必会对农村经济和农村居民点用地产生深远影响。鉴于我国工业化、城镇化的进一步发展，此类农村的经济将进一步非农化，农村居民点用地内部的工商业用地需求将进一步增加。在农村建设用地受到严格限制的情况下，通过优化建设用地结构满足农户非农生产的需求，是此类农村居民点重构与建设亟待解决的问题。此类农村居民点将长期以非农生产功能为主，由于农村经济的多元化和非农化，对周边农村和地区的吸引力进一步扩大，农村居民点用地功能将向小城镇功能方向进一步演化。

3）基于生产功能更新的农村居民点重构方向。作为理性经济人，农户也有发展非农经济的建设用地需求。但当前我国建设用地配置实行"控制总量、限制增量、挖潜存量"的方针，在实际规划中往往只能保证城市、工矿及基础设施等的用地需求，造成农村经济发展缺乏用地支撑。农村建设用地指标缺乏，不等于农户没有建设用地的功能需求。以研究区的大瓮山村为例，由于缺乏新增建设用地指标，农户各自为政，违法违规在自家的承包地上建造厂棚，发展木材加工。由于缺乏标准和规划，单个厂棚占地达 $0.2\sim0.4\text{hm}^2$，造成耕地的浪费和空间上的破碎。因此，对此类农村居民点的重构，应将整治后的新增建设用地指标优先用于本村非农经济发展，而不是拿到城镇。例如，对大瓮山村内废弃的宅基地整理，新增的建设用地指标用于搞木材加工业，就可以将非法占用耕地建设的工厂置换到此，既可发展农村经济，满足农户非农生计需求，又可防治农户乱建，保护耕地，避免耕地的破碎化。

（3）城镇非农就业村

1）农村居民点用地生产功能特征。此类农村居民点与县城接壤，村内大部分耕地资源被城市发展占用。这类农村由于离城镇中心区较近，区位条件良好，居民点内部交通等基础设施相对完善。受惠于县城非农经济的发展，村内大部分劳动力均不再从事农业，主要依靠早出晚归的就近务工获得工资性收入维持生计，也有部分老年人仍然兼业从事农业生产。针对此种类型的农村，应当考虑推动耕地流转，以提高耕地资源的利用效率。

2）农村居民点用地生产功能更新方向。随着时间的推进，县城作为区域经济中心的地位将不会改变，农户就近到县城需求非农生计的趋势也将长期存在。因此，此类农村居民点用地生产功能将逐渐萎缩，向纯生活居住空间演变。唐家庄子村的演变即验证了这个趋势，农户自己在村南建造楼房，放弃了农村居民点用地的生产功能，将其视为一个生活居住的空间。

3）基于生产功能更新的农村居民点重构方向。农村居民点用地生产功能逐渐萎缩。以研究区的唐家庄子村为例，2000年后，有高达38.18%的农户盖楼房居住。同时，此类农村居民点地处平原，耕地肥沃，由于城镇非农辐射村的农村居民点内部基础设施条件一般较好，因此，在对这类农村进行整治时应考虑采取"城乡融合发展模式"。首先，合理地进行村庄规划，考虑按照城市建设标准进一步完善农村基础配套设施的建设，推行"房改居"的住宅模式；其次，控制农村建设用地规模的混乱、无序扩张，严格保护耕地；最后，适应农户生计非农转型的需求，推动承包经营的农地流转，促进耕地的集中连片，为农业规模经营创造条件。

8.1.2 农村居民点用地生活功能更新及重构思路

由于农户是以家庭为单位的行为决策主体，因此，对农村基本公共服务投入缺乏激励，而将投资主要用于改善自身居住环境。实际上，农村居民点用地生活服务功能和居住功能演变是由不同的行为主体影响的。因此，本章将由农户推动的农村居民点用地居住功能演变与政府推动的农村居民点用地生活服务功能演变分开探讨。

（1）**农村居民点用地居住功能更新及重构思路**

1）农村居民点用地居住功能特征。不同类型农村居民点在住宅建筑材料优化、居住空间扩展及住房翻新等方面的演变方向是一致的。农户生计成果的提升，必定刺激其对住宅进行投资，以改善居住环境。农户住宅形态及功能是与农户生计需求相适应的，因此，调研村农户住宅结构的分化，实际上体现了农户生计需求的分化。在农村居民点用地居住功能优化的同时，由于农户外出务工等原因造成了农村居民点内部住宅的闲置和废弃，在一定程度上影响了农村居民点用地生活功能的更新过程。

2）基于居住功能更新的农村居民点重构方向。农村住宅形态和功能与农户生计需求密切相关，工业生产村和商旅服务村农户的居住空间和非农生产空间相互交织，方便了农户的生产和生活。因此，农村居民点重构时，应该尊重农户生计需求，不能通过规划的形式人为地将农户生产空间消除或者将农户的居住空间和生产空间分割得太远。

中国的工业化、城镇化将是一个长期的历史发展过程，伴随这一过程，农户向城镇迁移也是不可阻挡的趋势，农村住宅的闲置和废弃将是一个长期的现象。因此，在农村居民点重构时，应该注重对闲置和废弃住宅的复垦，在优化农村居民点生活功能的同时，保护耕地资源。另外，农村居民点中有一定比例的季节性闲置住宅，是因农户举家外出务工造成的，由于大部分并没有在城镇购房定居，因此其农村住宅仍在发挥生活功能。在农户完全放弃对其农村住宅的功能需求之前，应该谨慎复垦其季节性闲置的住宅。

（2）**农村居民点用地生活服务功能更新及重构思路**

1）农村居民点用地生活服务功能特征。一方面，由于农户追求效用最大化是以家庭为目标的，因此对农村基本公共服务设施的投入缺乏激励；另一方面，由于沂水县农村普遍缺乏集体产业，村集体经济组织经济实力有限，很难对基本公共服务设施进行改善。因此，调研村基本公共服务设施水平普遍较差，不同类型农村居民点，其基本公共服务设施没有明显的差别。只是与城镇接壤的农村居民点受城镇基本公共服务的延伸服务，其生活服务功能要优于远离城镇的农村居民点。

2）基于生活服务功能更新的农村居民点重构方向。调研村内部的街巷仍没有硬化（一些硬化的村也只是硬化了主街道），缺乏排水系统、垃圾处理设备，甚至自来水等基本的公共服务。这与新农村建设和乡村振兴战略的目标相去甚远。尤其是在新型城镇化背景和城乡发展一体化的要求下，加大农村基础设施建设力度、提升农村公共服务水平，将其建成宜居的人居空间，成为实施乡村振兴战略的必然要求，也是优化农村居民点用地生活功能、改善民生质量的必要举措。这就需要政府出面干预，通过自上而下的形式，加大对农村居民点基础设施和公共服务设施的投入力度；在进行农村居民点用地规划与重构时，合理配置基础设施用地，优化农村居民点用地生活服务功能。

8.2　基于功能更新的农村居民点重构实践

就当前的农村居民点重构实践来说，农村居民点用地结构与功能演化内在规律的研究是当前农村居民点研究所应加强的，其演化实质上是居民点及农村居民点体系内部自发生成力与外在社会经济等环境因素（包括人为主动干预）共同运作下的复合表现，是一种内外因素"组合作用"的结果（高阳，2017）。如果人为设计的外在制度不能适应内在规律的要求，则外在制度的效率会下降。因此，在经济社会转型的新时期，面向乡村振兴战略目标，立足农村、联动城乡，开展农村居民点重构研究恰逢其时，对于建立科学规范的乡村空间规划、指导农村居民点布局优化与内部改造、助力"三农"问题的破解具有重要的理论与实践意义。从研究上来说，由于农村居民点用地功能的承载状况直接影响到了农户的生产和生活，因此，在计算农村居民点用地整治潜力时，必须搞清楚用地功能的承载情况，以此作为整治工程的基本前提。在此基础上，根据农村居民点用地功能演化规律，配置农村居民点用地结构，是充分尊重农户生计选择，维护农户生产生活的重要举措，也是创新农村居民点重构、新村建设的重要视角，可以避免基于"城市偏向"思维，认为新村建设得越像城市就越现代化，因此往往出现"赶农民上楼"的现象，避免造成广大农村居民点单一化、均质化的空间格局。基于上述思路，本书以山东省沂水县为例，在细致的实地调研基础上，基于用地功能承载状况，探讨农村居民点用地整治潜力新思路，并以该县实施的城乡建设用地增减挂钩中新村建设为例，以农村居民点用地功能更新为依据，探讨其建设模式对农村居民点用地内部结构及功能的适应性，以及对农户生产和生活的保障性。

8.2.1　农村居民点用地整治潜力辨析

研究表明，在农村人口不断减少的同时，农村居民点用地总量仍在增加（李裕瑞等，2010；Song W & Liu M L，2014），大量农村宅基地闲置废弃，导致农村空心化现象普遍（刘彦随等，2009；龙花楼等，2009b），农村居民点用地整治潜力巨大（杨忍等，2012；宋伟等，2013；Li Y R et al，2014）。农村居民点整治规划常用的农村居民点用地整治潜力测算方法包括人均建设用地标准法（石诗源和张小林，2009）、户均建设用地标准法（胡道儒，1999）。人均建设用地标准法缺乏对农民宅基地中必要生产用地的考虑，也没有考虑农户数量及其家庭结构变化，潜力测算面积偏大；户均建设用地标准法，比按人均建设用地标准测算更符合农民生活实际，较为合理，但没有考虑闲置（功能闲置）。一般对农村居民点用地整治潜力的研究，主要基于一定标准测算区域农村居民点用地整治的宏观潜力，或将农村居民点用地作为一整个图斑处理（宋伟等，2006；陈荣清等，2009），无法考虑农村居民点用地内部结构及其功能承载状况。这种状况，在很大程度上是与在土地利用现状调查时，仍将农村居民点作为最基础的地类对待有关。虽然国家标准《土地利用现状分类》（GB/T 21010—2017）从土地用途角度将农村居民点内部土地利用进行了细分，但除北京等少数地区外，中国绝大多数地区的土地利用调查均没有深入到农村居民点内部（包括山东省），因此无法获知农村居民点用地内部结构及农村居民点用地功能承载状况。

本书作者认为，如果农村居民点内部用地发挥了其功能，便是农户需求所致，就应该谨慎推进农村居民点用地整治。例如，应该充分考虑农村宅基地闲置和废弃状况，以及宅基地闲置的内涵。废弃的宅基地没有功能承载，是农村居民点整治潜力的来源，但是宅基地中的季节性闲置在很大程度上是由于农户外出务工造成的，农户没有在城市安居乐业之前，其宅基地仍在发挥功能，不能算作农村居民点整治潜力来源。因此，基于农村居民点用地功能承载状况，测算农村居民点整治潜力，更符合农户生计需求，也更符合以人为本的农村人居建设。

基于此，本书以核桃园、大瓮山、高桥和唐家庄子 4 个农村居民点为例，深入实地调研，从农村居民点用地的利用和功能承载角度出发，测算农村居民点用地整治潜力。鉴于农村宅基地是农村居民点的主体，也是农村居民点用地整治潜力测算的主要对象，根据研究区农村住宅利用实际，对农村宅基地进行了细分，对不同使用状态宅基地的功能进行了解释（见表 8-1）。农村居民点用地内部的街巷用地能够实现"所见即所得"的遥感判断与目视解译，宅基地（使用、闲置和废弃）、工矿仓储用地等，需要在影像判读的基础上，实地调研确定其利用状况和功能属性。

表8-1 农村宅基地功能状态分类

土地利用现状分类				功能承载
一级分类	二级分类	三级分类	含义	
07	072	0721 使用中的宅基地	指处于利用状态的宅基地，包括正在建设的宅基地	居住/生产功能
		072 季节性闲置宅基地	指全年大部分时间处于闲置状态，但逢年过节时户主居住	居住/生产功能
		0723 闲置宅基地	指房屋完好，已经无人居住的宅基地	无功能承载
		0724 废弃宅基地	指建成过但已无地上房屋或是废弃已无法居住的宅基地	无功能承载

（1）农村居民点内部各地类的功能承载状况

以各村高清遥感影像配准矢量化后的.shp图层为准，对农村居民点内部各地类的面积进行测算，结果见表8-2。

表8-2 农村居民点用地内部结构及其面积

农村居民点		宅基地				工矿仓储用地	商服用地	公共管理与公共服务用地	街巷用地
		使用中	季节性闲置	闲置	废弃				
核桃园	面积/hm²	3.85	0.34	0.38	0.42	0	0.38	0.05	2.01
	比例/%	51.73	4.61	5.05	5.66	0	5.11	0.74	27.1
大瓮山	面积/hm²	22.71	1.48	1.1	2.97	53.65	1.9	0.03	2.83
	比例/%	26.2	1.7	1.27	3.43	61.89	2.19	0.04	3.27
高桥	面积/hm²	20.37	1.82	1.21	2.45	21.85	10.68	14.95	10.14
	比例/%	24.41	2.19	1.45	2.93	26.18	12.79	17.91	12.15
唐家庄子	面积/hm²	5.92	0.23	0.43	0.18	2.52	0.5	0.02	1.96
	比例/%	50.33	1.92	3.67	1.57	21.42	4.21	0.18	16.7

从不同地类承载的功能看（见图8-1），工矿仓储用地和商服用地主要的功能承载是非农生产功能，这些农村居民点一般区位条件优越，接近城市或者交通变利，农户就地发展非农经济产业，对于提高农户生计水平具有重要意义，因此农村居民点用地的非农生产功能是由农户生计需求所致，不能轻易通过农村居民点用地整治而予以"消灭"。两者占农村居民点用地的比例，核桃园为5.11%、大瓮山为64.08%、高桥为38.97%、唐家庄子为25.63%，在进行农村居民点用地整治中，这些用地不具有整治潜力。

图8-1　大瓮山农村居民点内部土地利用类型的功能承载状况

公共管理与公共服务用地、街巷用地主要的功能承载是生活服务功能，是农户的日常生活和交往之必需，也不具有整治潜力，而且随着乡村振兴战略的实施，为了提高农户的生活服务水平，可能还需要扩大这些用地的比例，以提供农户更多公共服务。两者占农村居民点的比例，核桃园为 27.84%、大瓮山为 3.31%、高桥为 30.06%、唐家庄子为 16.88%。

使用中的宅基地主要的功能承载是居住功能，也有部分承载农业生产功能，是农户生活与生产需求所致，不具有整治潜力。占农村居民点用地的比例，核桃园为 51.73%、大瓮山为 26.2%、高桥为 24.41%、唐家庄子为 50.33%。

季节性闲置宅基地多由农户举家外出务工造成，由于大部分没有落户城镇，其宅基地仍具有功能承载。只有当户主完全放弃对其农村住宅的功能需求时，潜力才能释放。占农村居民点用地的比例，核桃园为 4.61%、大瓮山为 1.7%、高桥为 2.19%、唐家庄子为 1.92%。

闲置宅基地和废弃宅基地的户主已经去世或搬到他处，已经不再承载功能需求。闲置宅基地多数情况为一户多宅，或是由于老人去世将住房给儿子继承，或者是农民由于改善居住环境的需求而另外新盖住房，导致老宅基地闲置。废弃的宅基地则多是由于户主去世而失去居住功能。因此，这两类用地是农村居民点用地整治潜力来源。两者占农村居民点用地的比例，核桃园为 10.71%、大瓮山为

4.7%、高桥为 4.38%、唐家庄子为 5.24%。

（2）农村居民点用地整治潜力结果

依据农村居民点用地功能承载状况，农村居民点用地整治潜力来源为无功能承载的闲置和废弃住宅。由表 8-2 可知，核桃园农村居民点整治潜力为 10.71%、大瓮山为 4.7%、高桥为 4.38%、唐家庄子为 5.24%。

当然，可以把季节性闲置宅基地作为农村居民点整治的远景潜力来源，由表 8-2 可知，各村居民点的远景整治潜力，核桃园为 15.32%、大瓮山为 6.4%、高桥为 6.57%、唐家庄子为 7.16%。

由此可见，农业生产村的农村居民点用地整治潜力要大于工商业生产村和城镇非农就业村。这是因为农业生产村劳动力大量外流导致农村宅基地闲置废弃相对较多，而工商业生产村对建设用地需求强烈，土地的闲置废弃比例并不高，城镇非农就业村由于靠近城镇，区位好，农民可以就近到城市工作，生活便利，因此农村居民点闲置废弃比例也不高。由此可见，考虑了土地功能承载状况的农村居民点整治潜力，充分尊重了农村劳动力转移及产业经济发展状况，是比较科学的计算方法，能够尽可能地减少对农民生产和生活的不利影响，以及对建设用地的实际需求状况。

8.2.2 农村居民点重构模式评判

由于农民新村是农村居民点整治后农户生产生活的载体，其建设模式将直接关系到民生质量。在新型城镇化建设及城乡统筹的时代背景下，深入村域内部，根据农户生计需求差异设计相应的新村建设模式，成为政府在推进农村居民点整治时面临的重要任务，也对相关研究提出了迫切需求。本书以沂水县 4 个已经或正在实施的农村居民点整治项目为例，评价农民新村建设模式对农户生计的影响并提出改进建议，以期为农村居民点整治、农民新村建设提供参考。这 4 个村分别为东土沟、四旺（山区村）、李家营（丘陵村）和韩家曲（平原村）。

（1）农户生计结构

根据调研村农户就业的地域差异，将农户生计活动划分为县域外非农就业、县域非农就业、县域非农兼业及农业生产。基于上述对农户生计活动的划分，从劳动力、人均收入和劳均就业时间 3 个指标分析农户生计结构（见表 8-3）。

表8-3　农户生计结构及其量化

民生质量		指标	公式
农户生计结构	劳动力结构 QLF	县域外非农就业劳动力比例 QLF_1	$QLF_i = qlf_i / \sum\limits_{i=1}^{n} qlf_i$ qlf_i 为 i 就业领域劳动力比例，$i=4$
		县域非农就业劳动力比例 QLF_2	
		县域非农兼业劳动力比例 QLF_3	
		农业生产劳动力比例 QLF_4	
	人均收入结构 PCE	人均县域外非农就业收入比例 PCE_1	$PCE_i = \sum\limits_{i=1}^{n} pce_i / TP$ pce_i 为 i 就业领域人均收入比例，TP 为村总人口，$i=4$
		人均县域非农就业收入比例 PCE_2	
		人均县域非农兼业收入比例 PCE_3	
		人均农业生产收入比例 PCE_4	
	劳均就业时间结构 LET	劳均县域外非农就业日数比例 LET_1	$LET_i = \sum\limits_{i=1}^{n} let_i / TL$ let_i 为 i 就业领域劳均就业时间比例，TL 为村劳动力数量，$i=4$
		劳均县域非农就业日数比例 LET_2	
		劳均县域非农兼业日数比例 LET_3	
		劳均农业生产日数比例 LET_4	

从劳动力结构看，东土沟、四旺村劳动力以从事农业生产为主（分别占51.11%和59.09%），其次是县域外非农就业（44.44%和34.09%）；李家营村劳动力以县域外非农就业（43.85%）和农业生产（42.11%）为主；韩家曲村劳动力以非农生产为主，但农业生产劳动力占比仍高达22.32%。从人均收入结构看，县域外非农就业收入为4个村农户最重要的收入来源，除韩家曲以县域非农就业收入为第二收入来源外，其余3个村均以农业生产收入为第二收入来源。从劳均就业时间结构看，韩家曲劳均县域非农就业日数占比最高（36.44%），其余3个村为县域外非农就业。

可见，调研村农户生计是多元化的。随着与县城的邻近，非农生计比重逐渐提升，但农业生产依然是农户重要的生计活动：4个村农业生产劳动力比例为22.32%~59.09%、人均农业生产收入比例为12.14%~21.44%、劳均农业生产日数比例为9.49%~16.34%。农业生产具有季节性，所需劳动日数少但劳动力数量多（见表8-4），这也是劳均农业生产日数占比低，而农业生产劳动力占比高的原因。同时，农户可充分利用闲暇时间在庭院内饲养禽畜，不计人力，生产灵活，丰富了生计渠道并增加了生活资料自给率。

表8-4 调研村不同生计活动的劳动力及劳动日数

生计结构	劳动力	作物类型	面积/hm²	每公顷劳动日数	生产总日数	人均劳动日数
农业生产	680	小麦	116.67	81.45	40340	59.32
		玉米		111.45		
		花生	83.47	162		
		甘薯	12.93	75		
		生姜	3.33	780		
		芋头	3.33	225		
县域外非农就业	646	—	—	—	193880	300.12
县域非农就业	300	—	—	—	84678	282.26
县域非农兼业	225	—	—	—	58054	258.02

注：小麦和玉米种植在同一地块上，一年两熟。

（2）农村居民点重构模式

从调研村农民新村建设实际情况来看，各村建设呈现出不同特征。偏远山区的东土沟村把老年户和青年户分开安置，户型分别统一，老年户住宅为"平房+院落"，青年户集中上楼；四旺村全部采用"平房+院落"的形式集中安置。远郊村李家营村则是采取就近楼房建设模式，户型统一，同时为兼顾农民畜禽养殖，在附近建设专门养殖小区。近郊村韩家曲村也是采取就近楼房新建模式，为适应农户家庭经济差异，又分为4种不同大小的户型（见表8-5）。

表8-5 农户新村建设实际状况

区域	村庄	新村建设	住房形态	配套设施
偏远山区	东土沟	老年户和青年户分开安置	老年户：就近"平房+院落"（135m²，3间房）青年户：异地楼房（105m²）	老年户：自来水、硬化街巷青年户：自来水、硬化街巷、健身场所、图书馆及文化馆
	四旺	就近安置，集中统一	全部为"平房+院落"，老年户（135m²，3间房），青年户（180m²，4间房）	自来水、硬化街巷
远郊丘陵	李家营	就近安置，集中上楼	户型统一，楼房，105m²/套	自来水、硬化街巷、娱乐中心、新村东侧500m处建养殖小区
近郊平原	韩家曲	就近安置，集中上楼	沿街分布，楼房，首层为店铺，住房分4种户型：63m²、97m²、117m²和120m²	自来水、卫生室、硬化街巷、娱乐中心、铺设燃气和暖气

1) 山地村。东土沟农民新村，将农户分为老年户（62 户）和青年户（134户），对老年户实行就近平房安置，青年户异地楼房安置。老年户安置在该村东林地（占地 1.18hm²），住宅为"平房+院落"结构（总用地面积 135m²，3 间房），配套自来水，硬化街巷；青年户安置在镇驻地黄山铺社区（占地 1.5hm²），住宅为楼房（105m²），距离东土沟 15km，配套自来水、健身场所等设施。四旺村地处山坡滑坡体上，农民新村就近建设在村北，将农户分为老年户（79户）和青年户（36 户），全部采用"平房+院落"结构的住宅，青年户为大户型（180m²，4 间房），老年户为小户型（135m²，3 间房），并配备自来水，街巷硬化，同时规定，凡自行到城镇购房居住的农户，在各项补偿的基础上额外奖励 1万元。

2) 丘陵村。李家营农民新村位于村北，采取就近楼房新村建设模式。新村共建楼房 7 栋，户型统一为 105m²，配套自来水、硬化街巷、村民娱乐中心等设施。同时，考虑到禽畜养殖对农户具有重要生计意义，政府在新村东部 500m 处建造了专门的养殖小区。

3) 平原村。韩家曲农民新村位于村北，采取就近楼房新村建设模式。计划建 16 栋 5 层的楼房，根据农户的经济实力和家庭人口数将楼房分为 63m²、97m²、117m² 和 120m² 共 4 种户型。配套自来水、卫生室、沿街店铺，硬化街巷及村民活动中心等设施。

（3）对农村居民点重构模式的评价

农民新村住宅结构及选址区位，将极大影响农户的生计。如图 8-2 所示，当前农村"平房+院落"式的住宅结构，不仅具有居住功能，而且具有禽畜养殖、蔬菜种植等生产功能，以及存储粮食和农机具功能，是一个与农户生计息息相关的多功能复合体；而楼房功能则趋于单一的居住，农户很难利用其从事生产活动。生产方式决定生活方式，在农业生产依然是农户重要生计来源的情况下，若为追求节地指标而采取一刀切式的楼房建设农民新村，将破坏农户农业生计、提高其生活成本（吴旭鹏等，2010；信桂新等，2012），在农户不能实现稳定非农生计情况下，农业生产活动的退化可能造成农户生计困难。同时，农户与周边的耕地在长时期的相互作用中形成了农村居民点的选址及规模，形成了合理的耕作半径，农民新村的选择亦应在旧村附近，避免异地建设对农户农业生产造成不利影响。

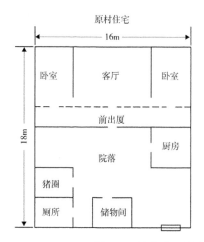
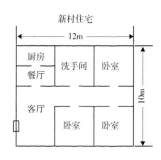

图8-2　韩家曲旧村住宅与新村住宅结构对比

因此，农村居民点整理中的新村建设模式必须充分考虑农户的生计结构。基于此，通过对调研村农户生计及农村新村建设的调研，认为各农民新村建设模式将对农户生计活动及生活成本产生不同影响（见表8-6）。

表8-6　沂水县农民新村建设模式评析

区域	沂水县实践	评价
边远山区	东土沟：青年户异地楼房；老年户就近"平房+院落"	维护老年户生计结构，增加青年户耕作半径和生活成本
	四旺：就近"平房+院落"，鼓励搬迁	维护生计结构
远郊丘陵	李家营：就近楼房	庭院经济受限制，提高生活成本
近郊平原	韩家曲：就近楼房	庭院经济受限制，提高生活成本

1）对农户生计活动的影响。东土沟针对老年户实行就近"平房+院落"的新村建设模式合理，老年户以农业生产为主，就近安置不会扩大其耕作半径，农户可在院落内堆放农机具、养殖禽畜，新村建设前后农户生计不受影响（见图8-3）；针对青年户的异地楼房安置模式值得商榷，以农业生产为主的农户，耕作半径由原来的分布在居民点周边扩大到15km，极大提高了耕作成本。四旺就近"平房+院落"的新村建设模式充分顾及农户生产实际，农户入住新村后耕作半径不会扩大，其庭院经济亦得到保留，同时，由于山区交通不便，区位差，年轻人外流普遍（据调研，东土沟和四旺年轻人结婚均到城镇购房，村里已经没有2005年后新建或改建的住宅），鼓励农户到城镇购房的经济政策顺应了年轻人

和生计非农化的农户搬离山区的意愿。

东土沟旧村　　　东土沟老年户新村　　　东土沟青年户新村　　　李家营新村

四旺旧村　　　　四旺新村　　　　韩家曲旧村　　　　韩家曲新村

图8-3 样点村旧村与农民新村对照图

李家营农户生计分化较为明显，仍有42.11%的劳动力从事农业生产。楼房社区式的农村新村建设模式将对农户农业生产造成不利影响，虽然建设了统一的养殖小区，但与庭院养殖相比，由于与农户住宅分离，需要由专门人员看护，成本较高。

韩家曲是样点村中农户生计非农化程度最高的居民点，但仍有22.32%的农业劳动力和16.74%的兼业劳动力，农业生产收入及农业就业日数仍占一定比例，一刀切式的楼房社区新村建设模式，显然没能很好地顾及此类农户的生计结构。

2）提高农户生活成本。楼房功能单一（居住功能），农户失去从事庭院种养殖的空间载体，导致其收入来源减少，或降低其生活资料的自给率。水、燃料及物业费等增加了农户生活成本。因此，农户在生产方式没有改变的情况下入住楼房社区，要被迫改变生活方式，会增加农户生计负担，尤其对农业生产依然占重要地位的农户而言。因此，东土沟针对青年户的异地楼房新村建设模式，以及李家营和韩家曲就近楼房新村建设模式，将会不同程度地提高农户生活成本，并对以农业生产为重要生计来源的农户的生计活动造成不利影响。

同时，由于本研究的4个村均远离城镇，城镇的公共服务并不能覆盖到这些地区。因此，农民新村建造的楼房并没有配备取暖、燃气等生活服务设施，造成农户生活不便。

（4）农民新村建设适应性分析

从农民新村建设实际效果来看，农民集中居住或上楼确实提高了农村住房用地的节约集约利用水平，而且居住环境和配套设施也有很大提升。从 4 个调研村所处区域和其农户生计结构分化而言，其中集中上楼的模式忽略了农村农业生产的需要，农民居住方式超前于农户生计分化。传统的"平房+院落"式农村住宅兼具住房和农业生产工具存放场所的双重功能，是一个与农区农户生计息息相关的多功能复合体，而楼房功能则趋于单一的居住，农户很难利用其从事农业生产活动。生产方式决定生活方式，在农业生产依然是农户重要生计来源的情况下，若为追求节地指标而采取一刀切式的楼房建设农民新村，将破坏农户农业生计、增加其生活成本，不利于农村农业生产和农民生活稳定，在农户不能实现稳定非农生计的情况下，农业生产活动的退化还可能加剧其贫困；而且，长期以来，农户与其承包地所形成的合理耕作半径也将被打破，农民新村异地新建和集中居住的方式，不可避免地会对农户农业生产造成不利影响。另外，把老年户和青年户分开安置的做法也是对农村社会生活生态的冲击，不仅人为隔开青年人与老年人的生活交流，破坏农村代际和邻里之间的感情，而且隔断了农村农业生产生活经验和文化的传承。

（5）小结

当前，借助于土地整治平台，使农民居住向中心村集中成为新农村建设的主要目标。由于经村庄整治建设的农民新村仍然是农民生产生活的载体，农户生计分化后的农村经济和农民就业格局对农村发展影响较大，因此，农民新村建设既要考虑农户生计分化后对农业生产的影响，又要考虑新型城镇化背景下兼业农户以及非农就业农户脱离农村转为城镇居民的长远规划。

从调研村所反映的农户生计分化特征来看，县域经济中心对近郊村农户生计分化的影响最为明显，其县域非农就业和兼业生产特征突出；而其他远郊、偏远山区村庄的非农就业生计活动没有县域非农就业的特征，反而表现为县域外非农就业的特征，并且保留较大比例的农业生产就业结构，其人均收入结构和劳均就业时间结构表现大体一致。农户生计结构所体现的分化特点，必然要求农村在新村建设模式上不能搞一刀切模式，不能不顾农村仍有农业生产的情况，而是要适应农户生计分化出现的新情况。

在土地资源供给趋紧的形势下，对村庄建设用地进行内部挖潜、推动农村居住集中、推进村庄节约集约用地是当前农村土地利用与规划必须应对的问题。在此背景下，农民新村建设不能复制以往分散、大庭院的居住模式，需要进行适度集中。根据调研村所呈现的农户生计分化特点，近郊村庄由于受县域经济中心的影响突出，农户生计组成结构中，农业生产比重小，兼业、县域内、县域外就业特征突出，农民注重对生活品质的追求，因此对于这类村庄整治适宜采取集中建设的形态。而对于远郊和偏远山区村庄，虽然非农生计贡献比重加大，但农业生产是该区域的主要社会经济生活状态，因此该区域村庄整治不能盲目集中上楼，不能搞大集中居住形态，而是要适应农业家庭生产的现状，适当分散布局（见表8-7）。

表8-7　农户生计分化与农民新村建设适应要求

分布区域	农户生计分化特点	新村建设要求	住房形态
近郊村	生计多元分化明显，农户兼业、县域内、县域外就业特征突出，仍保留少量农业生产	农业生产功能消退，住房多元化需求提升，生活配套设施需求提升，农民注重生活品质追求	集中
远郊、偏远山区	农业就业结构占主导，其次为县域外非农就业，兼业特征不突出，但非农收入占主导	适应农业生产的要求，需要有相应的农业生产设施功能用房	适当分散

8.3　小结

（1）农村居民点重构，应当充分尊重农户对农村居民点的功能需求。农业生产村，应该谨慎实施"房改居"，尊重农户对农村居民点农业生产功能需求，通过修缮房屋、完善基础设施等途径，改善农户生活居住环境。非农生产村，农户有发展非农经济的建设用地需求，因此，应当将农村居民点整理后的新增建设用地指标优先用于本村非农经济发展。通过统一规划，实现非农生产空间和居住空间的合理配置，完善农村基本公共服务，改善农户居住和生活环境。城镇非农就业村，农户就近到县城从事非农生产，逐步放弃对农村居民点生产功能需求，在农村居民点整理时，应当以推行"房改居"为主，适应农户非农生计转型的需求，改善其生活居住环境。

（2）基于农村居民点功能需求视角，为指导农村居民点整理实践提供了新的视角和依据。根据农村居民点内部土地功能承载状况，以大瓮山村为例，指出工矿仓储用地和商服用地为农户承载了非农生产功能，公共管理与公共服务用地及街巷用地为农户承载了生活服务功能，使用中的宅基地和季节性闲置宅基地承载着农户居住功能，上述地类由于具有功能承载，不具有整理潜力。闲置宅基地和废弃宅基地失去功能承载，是整理潜力来源。进而以研究的 4 个村为例，测算出其整理潜力分别为核桃园 10.71%、大瓮山 4.7%、高桥 4.38%、唐家庄子 5.24%。基于农户生计视角，选取劳动力、人均收入和劳均就业时间 3 个指标，评价了研究区 4 个农村居民点整理项目的农民新村建设模式。农业生产仍然为研究区农户重要的生计来源，东土沟异地楼房新村建设模式、李家营和韩家曲就近楼房新村建设模式，挤压了农户的农业生产空间，损害了农户对农村居民点农业生产功能的需求，提高了农户的生活成本。同时，由于缺乏燃气、暖气等公共服务设施，造成农村居民点生活服务功能不足，对农户生活造成不便。东土沟和四旺就近"平房+庭院"的新村建设模式，没有破坏农户对农村居民点农业生产功能的需求，同时改善了农户生活居住环境，农村居民点生活功能得到优化。

（3）当前很多农村居民点整治，为了腾出更多的建设用地指标，政府将农民新村建造成楼房社区，导致居民点功能单一，庭院经济消失，原先很多自给的生活资料需要购买，影响农户生产的同时，导致其生活成本提高。当然，农村居民点整治很重要的一个目标是促进土地的节约集约利用，通过城乡建设用地空间置换，满足工业化的用地需求，维护耕地总量平衡。因此，政府在实施农村居民点整治、建设农民新村时，应当摒弃"一刀切"思维，在村域尺度内部，针对不同生计结构的农户，建造不同形态的住宅。一般来说，楼房结构是基于非农生计特征和生活方式设计，"平房+院落"式的住宅可维持农业生计活动，农民新村建设既要考虑农户生计分化出现的新特点，也要兼顾农业生产、农村社会实际，农户生计多元化特点需要匹配多元化的农民新村建设模式。

农村作为一个人地关系地域系统，农村居民点是其核心，农村居民点用地功能也是乡村地域功能有机体的核心组成部分。因此，农村居民点重构也是乡村重构与转型的重点。但是，在乡村振兴战略背景下，若要实现"产业兴旺、生态宜居、乡风文明、治理有效、生活富裕"的总要求，除了考虑农村居民点用地功能外，还要系统考察农民就业、农村经济、产业发展演变等诸多农村构成要素的演变规律与机制，在此基础上，因地制宜提出乡村发展管理措施，才能实现乡村振兴。

第9章　农村居民点用地功能更新对乡村振兴的启示

习总书记在十九大报告中提出了乡村振兴战略，并确立了"产业兴旺、生态宜居、乡风文明、治理有效、生活富裕"的总要求，为当前我国农业、农村发展指明了方向。乡村振兴是一个较漫长的历程，不可能一蹴而就。而且，需要将农村视为一个地域系统，综合考虑农村地区多要素综合效应。土地作为社会经济构成要素的载体，也是实施乡村振兴战略的重要载体，通过对农村土地利用的管控，对优化乡村产业格局、居住格局及生态格局，激活农村发展活力，具有十分重要的战略意义。村庄规划编制是全面落实《乡村振兴战略规划（2018—2022年）》和《农村人居环境整治三年行动方案》部署的重要途径，其中的一个核心理论依据就是尊重农村居民点用地功能更新规律，适度打开并合理配置农村居民点内部用地。而不同类型农村居民点用地功能更新的方向是不同的，因此，中央农办、农业农村部、自然资源部、国家发展改革委、财政部联合发布《关于统筹推进村庄规划工作的意见》（农规发〔2019〕1号）要求"各地要结合乡村振兴战略规划编制实施，逐村研究村庄人口变化、区位条件和发展趋势，明确县域村庄分类，将现有规模较大的中心村，确定为集聚提升类村庄；将城市近郊区以及县城城关镇所在地村庄，确定为城郊融合类村庄；将历史文化名村、传统村落、少数民族特色村寨、特色景观旅游名村等特色资源丰富的村庄，确定为特色保护类村庄；将位于生存条件恶劣、生态环境脆弱、自然灾害频发等地区的村庄，因重大项目建设需要搬迁的村庄，以及人口流失特别严重的村庄，确定为搬迁撤并类村庄"。因此，根据农村人口变化、区位条件及发展趋势等因素合理确定不同类型农村居民点用地功能更新方向，对于指导村庄规划，进而丰富乡村振兴战略理论及内容，具有重要意义。

由于我国地域的广阔性和农村经济发展水平的差异性，不同类型的农村居民点用地在内部结构及功能承载上差异性很大，导致农村居民点用地功能更新也截然不同。在实施农村居民点重构过程中，应充分考虑并尊重这一事实。因此，本章的主要目的就是根据前述的研究，以山东省沂水县为例，根据农村经济发展及居民点用地功能特征，将农村分为传统农区和经济发达地区，选择典型农村居民点，在对其自然地理及区位、起源与发展、人口变化及劳动力转移、农村居民点用地功能特征进行详细分析的基础上，提出不同类型农村居民点用地功能更新方向及发展管理的思考，为推动乡村振兴战略提供依据和支撑。

9.1 传统农区农村居民点用地功能更新对乡村振兴的启示

中国农村近百年的历史，是一部自然经济衰败的历史，城乡关系也伴随城市化发展而变化、重构，人口流动使得许多传统农区的自然村落严重空心化，并逐步衰落。传统农区是指在区位上远离城镇，经济上很少直接受到非农经济辐射，农村产业仍以传统农业和小农经济为主的区域。这些地区由于发展二、三产业的禀赋不足，因此，农户为了获取更好的生计来源，劳动力出现大量转移。农户就业呈现非农化及兼业的趋势。但是，由于地貌和自然环境差异，这些传统农区的农村内部仍存在一些差异。在边远山区，由于交通不便、资源禀赋差，或者地形地势过于崎岖，使土层薄、水土流失严重，或者生态脆弱，导致农村经济长期处于贫困状态，成为我国精准扶贫的重要区域，也是实现全面小康最难啃的骨头。全国 11 个集中连片特困地区（不包括已经实施特殊政策的西藏、新疆南疆四地州、甘青川滇四省藏区）就全部分布在山区（大兴安岭南麓片区、燕山—太行山片区、吕梁山片区、六盘山片区、秦巴山片区、大别山片区、武陵山片区、乌蒙山片区、滇西边境片区、滇桂黔石漠化片区、罗霄山片区），因此劳动力转移情况较为严重，农村经济也呈现明显的衰败迹象。而在平原地区，虽然发展非农经济的禀赋条件也不好，但是耕地资源相对较好，而且交通较为便利，因此，农户除了从事农业生产和外出务工外，还出现兼业状况，就近到镇上或是县城等打零工，农村经济状况并没有山区经济衰败明显，而且由于经济要素集中的需求，甚至出现了一些中心村，周边分布着零散的村庄。

但是，对于这些受自然、经济严重制约的农村，农民外出打工 3 个月的收入，相当于种地一年的收入，除老、残、幼、懒者，纷纷弃农从工。偏远地区局限于自身条件，缺乏吸纳外界资源的能力，农业萧条，转型困难，这股巨大的离心力催生出"城市过密"和"农村过疏"的问题。农村在工业化和城市化影响下自我淘汰和筛选，那么衰落就可视作这些农村发展到中后期的一个必然阶段。基于此，本书将传统农区再细分为山区和平原区，选取山东省沂水县的典型村，通过深入细致的调研和案例剖析，系统总结山区村和平原村在区位条件、经济发展、劳动力就业、农村居民点用地功能特征及乡村资源禀赋方面的差异，在此基础上，提出基于农村居民点用地功能更新的农村发展管理措施及其建议，为乡村振兴战略提供实践经验与依据。

9.1.1 山区村

（1）自然地理与区位

连崮峪地处沂水西南山区的夏蔚镇，这里是沂蒙著名的崮区（崮的顶部平展开阔，峰巅周围峭壁如削，峭壁下面坡度由陡到缓，似一座座高山城堡，成群耸立，雄伟峻拔）。崮区由于地势崎岖，耕地多为坡耕地，因此土层较薄，肥力较差，而且由于交通不便，长期与外界缺乏经济联系，这些地区的村庄在工业化和城镇化背景下，与其他村庄的发展差距越来越大。连崮峪的农村居民点分布在山腰上，按山谷—山腰—山顶，植被由林果和庄稼逐渐变为荒草（山顶缺水，而且山谷的井水很难用水泵引到山顶，即便引到山顶种植林果和庄稼，成本也太高），呈现出明显的垂直分异特征。

连崮峪距离夏蔚镇驻地 25km，距离沂水县城 50km。但由于山区路多弯曲盘旋，即使是在通了柏油路的今天，从该村骑摩托车到夏蔚镇也要 1h，更不用说之前全是土路的时候，其交通十分闭塞，阻碍了连崮峪社会经济发展，也阻碍了该村与外界的要素流通与交换，使得该村处于相对落后的发展状态（村内到现在也只有一个小卖部，出售香烟、盐、糖果等日用品）。

（2）农村起源与发展

连崮峪由明初葛姓建村，后曹姓自沂源县迁来，继韩、荣、焦、石等姓来居，如今共 16 姓。村处连崮山后的峪中，故名。从村碑的记载中可知，崮与峪是对应的，崮相当于山头，峪相当于山谷。曹锦清在《黄河边的中国》中，将中国的村庄按姓氏分为单姓村（由一个姓氏组成）、主姓村（一个或两个姓氏占主导）和杂姓村（由多个姓氏组成，无明显的优势姓氏）。沂水的村庄多为主姓村，由一个或两个姓氏为主，其他姓氏比重不高。这或许是因为，在村庄早期的形成时，多为宗族或亲戚结伴到一个处女地开荒定居，遂形成主姓村，虽然其后随着嫁娶或者其他原因导致其他姓氏前来，但始终处于边缘地位。

为了考察连崮峪形成时农户的姓氏和宗族构成，通过实地调研，结合遥感影像图得知，连崮峪最早起源于 A 地（见图 9-1，即现在的中心村），土地为曹、毛两大姓氏占有。其后有乞丐和流民前来乞讨，由于山地需要开发，为了扩大和经营土地，曹、毛两姓地主给其一块地（图 9-1 中的 B、C），允许其盖屋居住，为地主种地，这些外来流民遂成为地主的长工而定居结婚，随着人口的增多，形成 B、C 两个自然村。封建社会，由于动乱或者人口增多，造成农民不断流离失所、逃荒，形成灾民。灾民到一个地方后，为该地方的地主种地获得维持生计的粮食。但由于封建社会严格的等级制度，这些灾民不能和地主比邻而居，只能到离地主有一定距离的地方住下。于是，中心村之外的自然村形成了。从对连崮峪的调查中可知，这可能是农村居民点产生的一种方式。

图9-1　连崮峪卫星航拍图（2014 年）

山区自然和生态环境恶劣，即使是在自然农业时代，也是由于平原地区的耕地无法满足增加的人口，或是为了躲避战乱等灾害，导致农户被迫向山区转移。但是，山区耕地和资源禀赋都较差，农户在山区只能勉强维持温饱。而随着工业化、城镇化的推进，由于城乡之间的差距越来越大，并且农户有了新的生计来源，山区农户就大量转移。连崮峪村在社会经济转型的背景下，也出现人口大量外流，农村经济、社会文化凋敝等问题。

（3）农户就业及劳动力转移状况

2014年，连崮峪共有478人，170户。60岁以上的约130人（70岁以上55人），18岁以下80人。老龄化严重，劳动力约268人，占56.07%。从劳动力就业情况看，40岁以上的劳动力，约占总劳动力的60%，由于该村种植果树，需要的劳动力及劳动时间都比较多，因此大多留在村里；40岁以下的年轻人基本都外出务工（约占劳动力的40%）。农用地485亩，约80%为园地（果园），分布在山谷到山腰部位。农民人均纯收入约10000元。

通过对连崮峪村的调查得知，中老年人在家务农，年轻人外出务工，是远离城镇的山区农村社会经济发展中的普遍现象，而且由于交通闭塞，农民外出不便，因此很少有农户到就近的城镇兼业，这显著区别于平原区的农村劳动生计特征。城市郊区的农村，由于易于接受城市经济辐射，就地发展非农经济的条件优越，或者农户干脆白天去城里打工，晚上回来休息，也形成了迥异于山区的农户生计结构。

连崮峪村人均耕地约1亩，农业结构中，林果生产占主导地位，粮食作物为辅（沂水县夏蔚镇一带山区较多，农户因地制宜发展林果，形成了不同于丘陵和平原的农业结构）。通过实地调研，若在较好的年景，不考虑干旱及劳动力市场的波动，种植经济作物的收入成本见表9-1。

表9-1 山东省沂水县连崮峪村经济作物种植成本—收益表（2014年）（单位：元/亩）

作物	毛收入	成本				净收入
		化肥	农药	套袋	总计	
苹果	15000	3000	1000	2000	6000	9000
桃子	10000	2000	1000	800	3800	6200

可见，若在理想的年景，种植苹果每亩地可获纯收入9000元，桃子每亩地可获纯收入6200元。而连崮峪人均约1亩地，如果按照所有土地均种植果树，且收益最佳，人均纯收入为6200~9000元，由上述可知，该村农户人均纯收入为10000元，可见，农业收入是该村的主要收入来源。但实际上，很多农户达不到这个水平，而且也有相当部分土地种植粮食，这样农业收入和非农收入大概各占50%。但是，由于山区生存环境恶劣，劳动力外流的情况依然非常严重，一方面，虽然种植经济作物收益一般高于粮食作物，但需要的劳动力也远远高于粮食作物，再加上市场的波动，种植经济作物也存在很大风险。因

此，在家从事林果经营的多为老人，年轻人基本不愿意留在山里的农村从事农业生产。

进一步对山东省沂水县 5 个山区村（东土沟村、四旺村、李家营村、余粮村和核桃园村）进行调研，2014 年这 5 个村的外出农民工占农村劳动力的比重 40.29% ~ 46.27%，本地农民工占农村劳动力的 5.23% ~ 18.39%。一方面说明像沂水县这样的山区县也深受城市化的影响，农民工数量巨大；另一方面说明沂水县非农经济不发达，因此，绝大部分山区劳动力"离土又离乡"，转移到县城之外的城市打工。由此可见，城市化的发展，对山区农村经济发展的影响主要是促使其劳动力转移。劳动力转移也对农村社会经济产生了深远的影响，出现了留守老人和儿童，降低了山区农村发展活力，进而引发山区产业和经济的空心化与衰退。

（4）农村居民点用地结构及功能状况

由于地处山区，连崮峪村农户就地取材，用石头作为建房的主要原料。直到今天依然如此，只是在外面涂抹石灰或者水泥。该村总共 170 户，宅基地 215 处。为与生产生活相适应，农户住房内部结构为：北面为四间住房，西边为一间厨房，东边为两间储物间和厕所，南边为一个禽畜圈，喂养禽畜。由于年轻人基本不在村里生活，因此近些年该村并没有出现新的住房，由此导致连崮峪呈现一副破败的景象。地势也相当崎岖，甚至后家的房基和前家的屋顶在一个水平面上，这给农户的日常生活和生产都带来了不便。山区农村居民点的选择，也从侧面反映出在山区耕地资源对农户生计的极端重要性。

连崮峪村基本功能服务设施匮乏，除了自来水（2004 年有了自来水），没有排水、医疗、健身等基本的公共服务。在 2004 年之前，由于地处山区，居民点分布在山腰上，农户饮用水较为匮乏，就在村内修建水窖，将夏季的降水储存起来当作饮用水。直到 2004 年在山谷打了几口井，将其引到村内，农户才喝上自来水，解决了引水难及不安全问题。另外，为了生计，农户建造扬水站，将山谷的井水引到山顶，扩大了耕作面积，将部分果树和粮食作物种植到山腰上部。由于生存条件恶劣，公共服务缺乏，自 2005 年后，该村没有一处新建宅基地，因为本村年轻小伙子如果想结婚，必须到县城买房居住，这是约定成俗且必备的条件，而年轻姑娘也都嫁到条件较好的村子或城镇。因此，可以设想，若干年后，该村将"消失"。这也是广大山区农村面临的共同问题，恶劣的生存环境引发年轻人大量转移，农村的衰退和消失也成了工业化、城镇化进程中区域经济发展的规律，也是区域空间结构演化的规律与趋势。

（5）农村居民点用地功能更新方向

大部分山区村庄相当于《关于统筹推进村庄规划工作的意见》里面提到的"搬迁撤并类村庄"，即"位于生存条件恶劣、生态环境脆弱、自然灾害频发等地区的村庄，因重大项目建设需要搬迁的村庄，以及人口流失特别严重的村庄"。连崮峪村的年轻人基本通过上学、当兵或打工走出山村。从未来发展趋势看，农村劳动力外流、村庄产业衰败是必然趋势，农村居民点用地功能也就逐渐失去了承载功能。除了一些历史文化名村、传统村落、少数民族特色村寨、特色景观旅游名村等特色资源丰富的村庄，可以视为保护类村庄，其他大部分传统农区的山区村，农村居民点用地功能都将趋于废弃。

2014 年，沂水县并没有要求在县城买房或者工作的农业户口转户，即使在县城买了房或者有了稳定工作，仍然是农业户口。因此，为了促进城乡融合发展，户籍制度改革要与时俱进。特别是像连崮峪这样的山区，农村衰落和年轻人的流失是必然的趋势，应该促进或引导这些地区转移的人口在城镇解决落户问题。同时，山区人口逐渐减少，农地也有规模经营的可能，为缓解山区人地矛盾、促进山区生态恢复提供了前提。农村的衰落，在世界范围内来看，都是不容忽视的问题。国内现阶段对农村衰落的趋势虽达成基本共识，但对农村衰落的研究仍没有形成系统体系，缺乏对农村衰落的理性认识。

9.1.2　平原村

（1）自然地理及区位

金场村位于沂水县四十里堡镇东北部，和许家湖镇是沂水地势最为平坦的地区，系沂河、沭河冲积平原，土层深厚、耕地肥沃。金场村有耕地约 1500 亩，人均 1.38 亩，高于山地丘陵区农户人均耕地面积，其中 1/3 为水浇地。金场村距离镇驻地 2.5km，距离沂水县城 20km，交通便利，区位较为优越，骑摩托车 5min 便可到达镇驻地，30min 可到达县城，为农户就近非农兼业提供了便利条件。平原区在传统农业社会就是农户建村首选之地，到现在仍然是人口、经济承载力较高的地区。

（2）农村起源与发展

据金场村村碑记载，该村为明朝洪武年间，夏姓自莒县夏家沟村搬迁至此建村。早年因有人在此设场淘金，故名金场。该村为主姓村，夏姓占全村总人口的

90%以上，其他姓氏还有谢、孙和魏。最早夏姓2兄弟和谢姓4兄弟搬迁至该村，但夏姓善于持家、经营土地及家产，遂人丁兴旺，成为该村的大姓。魏姓为该村的上门女婿。到目前为止，谢姓、孙姓和魏姓总共不超过20户。

改革开放之前，金场村老百姓完全以农业为主，种植小麦、玉米、花生和地瓜，也有养猪和养鸡。20世纪80年代后期开始有人外出打工，各种经济迅速发展，包括庭院养殖和一些手工业，如木匠、豆腐制作与经营等，农业种植结构变化不大。20世纪90年代非农就业结构开始出现分化，年轻人外出务工，中老年人就近做建筑工作，手工业和庭院养殖逐渐衰退。21世纪以来，农户非农就业更加多样和灵活，呈现出明显的分化特征。

（3）农户就业及劳动力转移情况

金场村共有352户，1086人；其中60岁以上老人168人，18岁以下200人；劳动力占66.22%（比例高于山区）。农户就业结构大体为：50%的劳动力外出务工，35%的劳动力兼业（务农和就近非农就业），15%的劳动力单纯从事农业生产。40岁以下的男性基本都外出务工，40~60岁的男性除了农业生产外，还在附近务工（木板厂、零工、建筑等），年轻的妇女或跟着丈夫外出务工，孩子留给老人看管，或在家看孩子，并在附近从事非农生产。60岁以下的兼业户，一年中务农时间为30~40天，务工时间约为250天。60岁以上的老人务农时间约为50天，非农生产（打零工）约100天。外出务工人员，一年中务农时间约15天，非农生产时间约300天。农民人均纯收入13000元，非农收入占主导。

金场村农户主要种植玉米、小麦和花生等粮食作物，四十里堡镇以林果为主的农村只有堂家官庄村和双泉村，可见，平原区农村农业生产仍以粮食为主，葡萄、西瓜及黄烟等经济作物总共不超过50亩。

金场村2014年玉米、小麦和花生的投入—产出状况如下。

1）玉米亩产900斤，按照1.2元/斤计算，毛收入1080元；成本包括：化肥200元、农药20元（杀虫剂10元、灭草剂10元）、犁地70元、种子70元，共计360元。纯收入720元/亩。

2）小麦亩产700斤，按照1.1元/斤计算，毛收入770元；成本包括：化肥200元、农药20元、犁地70元、播种40元、种子35元（除去国家种子补贴）、收割100元，共计465元。纯收入305元/亩。

3）花生亩产450斤，按照4元/斤，毛收入1800元；成本包括：化肥250元、农药20元、地膜40元、犁地70元、拉沟70元、矮壮素15元、脱粒15元，共计 480 元。纯收入 1320 元/亩。

由于种植花生是一年一熟，小麦和玉米轮作为一年两熟，因此一亩地种小麦、玉米年纯收入为 1025 元。按照收益最大化原则，若农户全部种植花生（1320 元/亩），金场村人均耕地 1.38 亩，按照户均（户均 3.09 人）4.26 亩，年纯收入为 5623 元。但是因为粮食需求，农户往往将多半的耕地种植小麦和玉米，实际上农户靠种地的收入，户均还不到 5623 元。因此，该村农户人均纯收入（13000 元，种植业最大人均纯收入为 1822 元，占总收入的 14.02%）中的绝大部分是通过非农生计获取的（即使农户通过养殖、种植经济作物获取一定收入，但农业收入占农户总收入的比重一般不超过 20%）。这也从侧面反映出，在传统的平原农区，仅靠经营农业是无法维持现有生活标准的，因此，工业化、城镇化的进程为农户提供的非农就业与兼业，维护了农户现有的生活水平，不至于使平原村经济过度衰退。

为了更进一步说明农户非农就业程度，作者详细调查了金场村非农劳动力和非农时间比例（见表 9-2）。以金场村为代表的平原区农村居民点，无论农户的非农劳动力投入，还是非农劳动时间比重，都远远高于农业。城镇化的推进，将城市和农村紧紧联系在一起，成为一个有机体。

表9-2　金场村农户就业时间比重

劳动力结构	40 岁以下	40~60 岁	60 岁以上
劳动力比例	40%	50%	10%
非农劳动时间比例	95.23%	86.21%	66.67%

（4）农村居民点用地结构及功能状况

金场村有 352 户，但却有 450 处宅基地（连崮峪对应的数据是 170 和 215，户均宅基地 1.26 处），户均宅基地 1.28 处。造成一户多宅的原因为：①儿子结婚盖新房，但是父子没有分户；②老人去世并且已经销户，但是房子仍在；③户口已经迁入城市，但宅子仍在。而且，大量的青壮年加入季节性的外出务工队伍，部分富裕起来的农户回村建设新房，由于缺乏统一规划管控，村庄布局显得较为凌乱，需要通过对农村居民点用地的统一规划，配置内部结构，优化农村居民点空间。

金场村除了自来水、垃圾桶（每 25 户一个）外，缺乏其他的基本公共服务设施，这是沂水县大部分农村居民点的共同特征。图 9-2 是作者于 2013 年 4 月在山东省沂水县某个平原村调查时所摄，由于缺乏垃圾处理设备，农户随地乱扔垃圾的现象十分普遍，导致村庄内部生活环境恶化。因此，提高农村地区的基础设施和公共服务设施水平，是摆在政府面前的急迫任务。金场村是原国土部门推行的城乡增减挂钩项目区，计划将全村农户集体搬迁。在调研过程中，作者发现不愿意搬迁的主要集中在两个年龄阶段：第一类是老人，不搬迁的理由是没钱、嫌麻烦、已经习惯了平房；第二类是年轻人，他们的房子在村里是最新最好的，不搬迁的理由是没钱、不舍得新房拆除。该村新房要比连崮峪村多，可能是因为连崮峪的年轻人都在县城买房，而金场村这种现象并不是特别严重，大部分年轻人结婚仍要在村里盖新房，留在村里生活。由此也可以引发思考，无论是推行新农村建设，还是城乡建设用地增减挂钩，要谨慎推行整村推进这种模式。因为，有些平原村人口很多，新房也很多，不像山区农村规模一般较小，而且劳动力转移现象严重，如果整村复垦的话，可能造成浪费，也不利于农民生活稳定，因此，在平原区推行这些工程，要择优助推。

图9-2　沂水县村庄内部的垃圾成堆（2013年冬拍摄）

（5）农村居民点用地功能更新方向

金场村由于靠近城镇，因此其经济发展在传统农区村庄里面是比较好的，在一些区位较差的传统农区平原村，劳动力外流更加明显，人口规模逐渐缩小。因此，平原区的村庄可分为两类：一类是逐渐集聚发展的中心村，即《关于统筹推进村庄规划工作的意见》里面提到的"集聚提升类村庄"；另一类是规模较小的零散的一般村庄。在集聚提升类村庄，农村居民点用地功能相对稳定，但是内部用地结构较为混乱，功能亟待优化；而在一般村，农村居民点用地功能逐渐废弃和空心化。

平原区农村居民点规模和人口数量比山区要大，同夏蔚镇的连崮峪村一样，金场村也面临着劳动力外出务工，常住人口降低的趋势，只是这些劳动力，有不少是在乡镇和县城打工，属于兼业行为，实际上劳动力流失比山区的连崮峪少。因此，传统农区农村常住人口不断减少是趋势，由于工业化、城市化的推进，如何应对农村的空心化（人口空心化、产业空心化），如何妥善解决进城农民工的生存问题，都是未来中国发展需要解决的重大问题。

9.1.3 日本乡村再生计划

工业化、城镇化进程中乡村衰败及劳动力转移是世界性的普遍趋势，对衰败乡村的支持与投入也是实现城乡一体化及提高全国人民福祉的重要战略。尤其是发达国家，在经历了工业化后，陆续对其乡村进行重点投入，以促进乡村地区的再生与振兴（见表9-3）。因此，系统总结发达国家乡村振兴的措施与经验，对于我国促进乡村地区经济发展、实现乡村振兴战略具有重要借鉴意义。

表9-3 乡村振兴：8个发达国家的成功经验

乡村振兴类型	模式的内涵	具体做法	经验总结
日本造村运动（一村一品、乡村再生）	因地制宜型：以挖掘本地资源、尊重地方特色为典型特点，通过因地制宜地利用乡村资源来发展和推动农村建设，实现乡村的可持续性繁荣	首先，根据地形特点、自然条件，培育独具特色的农产品生产基地；其次，为了提升农产品的附加值，政府采取对农、林、牧、副、渔产品实行一次性深加工的策略；再次，通过完善教育指导模式，提高农民的综合素质和农业知识；最后，政府对农业生产给予大量补贴和投入，支持农村发展	非常讲究具体问题具体分析的思路，通过整合和开发本地传统资源，形成区域性的经济优势，从而打造富有地方特色的品牌产品。因地制宜型的乡村治理能够充分发挥本地优势，有利于提升乡村社会的整体效益
韩国新村运动	自主协同型模式：以创造低成本推动农村跨越式发展的典型模式，主要通过政府努力支持与农民自主发展相配合共同推动与实现乡村治理的目标	第一，针对农村基础设施破旧的现状，政府在乡村积极兴建交通等基础设施，以此整顿农村生活环境；第二，改变现有农业生产方式，建设专业化农产品生产基地，提升村民的经济收入；第三，培育和发展互助合作型的农协，对各类农户提供专业服务和生产指导；第四，在各个乡镇和农村建立村民会馆，用于开展各类文化活动，激发农民的参与性和积极性；第五，政府在农村开展国民精神教育活动，创造性地让农民自己管理乡村和建设农村	自主协同型模式是在城乡差距十分大的国家或地区非常实用的一种乡村治理模式。一方面，政府为了维护自身的合法地位，塑造良好的政府形象，需要对农村进行整治和改造；另一方面，长期处于贫困处境的农民，也非常愿意通过自身的努力改变落后的现状，改善生活质量和增加经济收入

乡村振兴类型	模式的内涵	具体做法	经验总结
德国村庄更新	循序渐进型模式：将乡村治理看作一项长期的社会实践工作，在这个过程中，政府通过制度层面的法律法规调整，对农村改革进行规范和引导，逐渐地将乡村推向发展与繁荣	1936年，政府通过实施《帝国土地改革法》，由此开始对乡村的农地建设、生产用地以及荒废地进行合理规划；1954年，村庄更新的概念正式被提出，在《土地整理法》中政府将乡村建设和农村公共基础设施完善作为村庄更新的重要任务；1976年，首次将村庄更新写入修订的《土地整理法》，保持村庄的地方特色和独具优势来对乡村的社会环境和基础设施进行整顿完善；20世纪90年代，村庄更新融入了更多的科学生态发展元素，乡村的文化价值、休闲价值和生态价值被提升到和经济价值同等的重要地位，实现了村庄的可持续发展	针对经济社会的快速发展，政府需要不断调适现行的乡村治理目标、方式和手段，通过宏观上的规划制定和综合管理，依靠制度文本和法律框架促进农村社会的有序发展
荷兰农地整理	精简集约型模式：指在国土面积不大、乡村资源相对匮乏的国家，通过整合现有农村资源，充分发挥地区优势，促进农村社会的和谐发展	20世纪50年代，政府颁布实行了《土地整理法》，明确了政府在乡村治理中的各项职责和乡村发展的基本策略。在此之后通过的《空间规划法》对乡村社会的农地整理进行了详细的规定；1970年以后，政府重新审视了农地整理的目标，通过更加科学合理的规划和管理，避免和减少农地利用的碎片化现象，实现农地经营的规模化和完整性	国家在农村资源相对有限的情形下，通过对乡村的精耕细作、多重精简利用的方式，达到规模化和专业化的经济社会效益。一方面促进了农村经济的发展，保护了乡村地区的自然生态环境；另一方面也达到了村庄城市化、可持续性发展的目的
瑞士乡村建设	生态环境型模式：指政府在乡村建设中，通过营造优美的环境、特色的乡村风光以及便利的交通设施来实现农村社会的增值发展	重视自然环境的美化和乡村基础设施的完善。瑞士政府通过制定相关激励政策，对农业发放资金补助，向农民提供商业贷款，帮助其改善农村环境；通过国家财政拨款和民间自筹资金的方式，政府为乡村建设学校、医院、活动场所以及修建天然气管道、增盖乡村交通等基础设施，以此完善农村公共服务体系，缩小城乡之间的差距	生态环境型模式是以绿色、环保理念为依托，强调将乡村社会的生态价值、文化价值、休闲价值、旅游价值以及经济价值相结合，从而改善乡村生活质量，满足地方发展需求

续表

乡村振兴类型	模式的内涵	具体做法	经验总结
法国农村改革	综合发展型模式：指以满足农村现代化的需求为核心，通过农村建设的集中化、专业化以及大型化方式，推动乡村的综合发展	法国农村改革主要包括两方面内容，"发展一体化农业"+开展领土整治。所谓"一体化农业"，就是在生产专业化和协调的基础上，由工商业资本家与农场主通过控股或缔结合同等形式，利用现代科学技术和现代企业方式，把农业与同农业相关的工业、商业、运输、信贷等部门结合起来，组成利益共同体。开展领土整治，通过国家相关法律法规帮助和支持经济欠发达地区的乡村，实现农村社会资源的优化配置，以此加快乡村社会的现代化建设	在国家整体规划和科学指导的精神下，通过有效协同的方式，很好地整合了社会中各个部门的优势资源，使其共同致力于推动乡村社会的发展。综合发展型模式非常强调完善的合作机制，以融合和互促的手段建设利益共同体，形成工农共同发展的良性经济循环，加快了农业现代化实现
美国乡村小城镇建设	城乡共生型模式：以遵循城乡互惠共生为原则，通过城市带动农村、城乡一体化发展等策略来推动乡村社会的发展，最终实现工业与农业、城市与农村的双赢局面	通过对大城市的人口分流来推进中小城镇的发展。在小城镇的建设上，美国政府非常强调富有个性化功能的打造，结合区位优势和地区特色，注重生活环境和休闲旅游的多重目标。小城镇有着良好的管理体制和规章制度，能够对全镇的经济社会进行统筹监管，保证小城镇发展的有序与稳定。由于美国城乡一体化已经基本形成，因此，美国小城镇建设能够很好地带动乡村的发展	该模式产生于特殊的社会人文环境，多见于经济发展程度较高的发达国家，以农村完善的公共服务体系和发达的城乡交通条件为基础，能够全面提升国家的现代化水平。在城乡共生模式下，政府在追求经济目标的同时，更加重视乡村生态、文化、生活的多元化发展
加拿大农村计划	伙伴协作型模式：指在互相交流和充分沟通的基础上，通过跨部门之间的协商合作形成战略伙伴关系，最终共同致力于乡村善治目标的实现	第一，通过建立跨部门的农村工作小组支持和解决乡村问题；第二，建立农村对话机制，及时掌握社情民意，为民众排忧解难；第三，构建农村透镜机制，使各级政府部门官员时刻牢记为人民服务的宗旨；第四，推动和组织不同主题的农村项目，激发企业和个人到农村创业的激情；第五，在欠发达的农村地区建立信息服务系统和电子政务网站，为村民提供信息咨询服务和专家指导建议	政府通过协调各部门之间的关系，与村民形成了新型的合作伙伴关系，积极帮助农民改善生活，促进农村现代化的快速实现。伙伴协作型乡村治理模式的主要价值在于实现城乡的统筹协调发展，通过平衡城市与农村的经济社会发展水平，提高农村社会的整体效益

注：根据微信公众号"大地风景"整理。

　　综上所述，西方发达国家乡村治理已经走过了漫长的历程，至今已形成 8 种乡村治理模式，充分体现了多中心治理理论的思路，从而实现了乡村社会的稳定繁荣发展。同我国一样，日本也是一个人多地少、人地矛盾突出，而且山区众多的国家。日本在工业化和城镇化进程中，也面临农村劳动力转移的"过疏化"进程，为此，日本政府进行了大量的农村发展管理措施，通过实施乡村再生计划，力求恢复农村经济，缩小城乡差距。因此，了解日本工业化、城镇化进程并总结其乡村再生计划，对于我国具有一定的借鉴意义。为此，本书对日本战后工业及经济进行简单的梳理，了解其乡村再生计划实施的背景，在此基础上，基于作者的博士生导师——中国农业大学张凤荣教授于 2015 年在日本德岛县上胜町对山区农村衰落与再生计划的系统调研，总结其乡村再生对我国山区乡村发展管理的启示。

（1）日本战后经济社会发展总体趋势

日本战后经济经历了 40 年的快速增长，1946—1951 年，经济年均增长率为 9.9%，1951—1955 年，年均增长率为 8.7%；20 世纪六七十年代，经济高速发展期，年均增长率在 10% 以上（见图 9-3）；经济低速增长期（20 世纪 90 年代初），年均增长率在 5% 左右；长期经济停滞期（21 世纪以来），年均增长率不足 1%。

图9-3　1961—2010 年日本每 10 年国内生产总值平均增长率

战后日本产业发展总体特征是，第一产业不断萎缩，第二产业稳中下降，第三产业不断增加（见图 9-4）。1953 年第一产业占 GDP 的比重高达 20% 以上，而到 2010 年，这一数字仅为 1.5% 左右；第二产业的比重从 1955 年的 30% 上升至 1970 年的最高点 45.94%，随后呈现下降态势，2010 年降为 27.47%；第三产业则从 1955 年的 47.04% 上升至 2010 年的 70.99%。现在第三产业占到 80% 以上，第三产业高度发达。

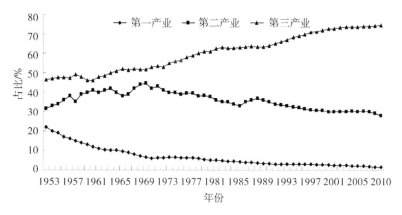

图9-4　1953—2010 年日本三大产业就业结构变化

随之，三大产业就业构成发生了巨大变化（见图 9-5），从就业人口来看，工业化和第三产业化过程更加明显。第一产业就业人口占总劳动人口的比重从 1953 年的 39.84% 下降至 2010 年的 4.07%；第三产业就业人口比重从 1953 年的 35.83% 上升至 70.92%；而第二产业就业人口比重同样呈现先升后降态势，从 1953 年的 24.33% 上升至 1973 年的 36.64%，随后下降至 2010 年的 25.1%。

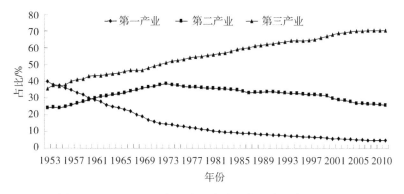

图9-5　1953—2010 年日本三大产业占国内生产总值比重

农林业就业人数逐年下降，非农就业人数逐年升高，战后就业总人数持续增加，1948 年日本就业总人数为 3460 万人，2010 年达 6257 万人；但农林业就业人数逐年下降，占比由 1948 年的 47.3% 下降到 2010 年的 3.74%；非农就业人数逐年升高，占比由 1948 年的 52.7% 升高到 2010 年的 96.26%。

长期的经济发展，积累了大量社会财富。1997 年，日本实际国内生产总值达到峰值，为 52.3 百万亿日元，与 1952 年相比，增长了 83 倍。经济增长为农业投资奠定了基础，第二次世界大战后，日本不断加大对农业的资金投入，地方性财政支出中，农林水产费支出由 1964 年的 3194.2 亿日元增长到 1996 年顶峰的 6.8 万亿日元；随后农林水产费逐年减少，2008 年共支出 3286.66 亿日元。从占比来看，农林水产费支出占地方财政总支出的比例有所下降，由 1964 年的 8% 降低为 2008 年的 4%。第二次世界大战前，日本城市人口比重就大于农业人口，2010 年农业人口比重仅为 4.51%，城市人口比重高达 95.4%。经济发展过程中，人口老龄化加剧，第二次世界大战以来，日本老龄化速度不断加快，65 岁及以上人口比重由 1945 年的 5.1% 增加至 2010 年的 23.02%；0～14 岁儿童比重由 1945 年的 36.8% 下降至 2010 年的 13.15%，出生率趋于下降，且劳动力供应不足。

（2）上胜町农村再生计划

1）上胜町的社会经济状况与发展态势。日本德岛县胜浦郡上胜町位于德岛县中央的山区乡（海拔 600m 以上占 65%，150～600m 占 30%），亚热带湿润气候。砂页岩，褶曲发达。落差大，西部为中山区（云早山，1495m；高丸山，1439m），南部为低山区（400～1000m）。地势西高东低，位于胜浦川上游。共 55 个聚落。

由于工业化的推进，日本城市化高度发达，农村人口呈现"过疏化"趋势，尤其是在山区。上胜町总人口呈持续下降的趋势，1955 年为 6263 人，1985 年为 2712 人，2015 年为 1541 人。当地政府根据调研推测，到 2040 年上胜町人口将下降为 884 人。伴随着人口转移的同时，人口出生率也在逐渐下降，1983—1987 年为 1.98，1998—2002 年为 1.54。年少人口（0～14 岁）和生产年龄人口（15～64 岁）持续减少，今后将依然呈现减少的趋势。

目前，上胜町农村住房空置率超过 15%。虽然农户的房子可以自由买卖，根据调研，房子可以拎包入住、出行也方便的，最高 500 万日元（发生的案例），但成交的很少。很少有人愿意到上胜町这种山区乡买房居住。

由于人口转移，农村经济发展陷入停滞和萧条状况，上胜町是一个国家财政输入乡，2011 年财政总支出为 322 万日元，主要用于人员、教育、卫生、消防等。2011 年财政收入为 334 万日元，其中，地方税收 155 万日元，国家都道府县的财政转移支付 179 万日元。

2）上胜町农村再生的实践——再生规划。

①基本目标：减缓人口的减少，包括鼓励年轻人生育，减少人口流出和吸引

人口流入。

②行动计划：发展骨干产业——彩农业，利用自然、食材、美丽的农村风景等，发展四季逗留型旅游，利用好空闲农家，发展农家旅馆；增加农业和林业的附加值；积极创办其他产业；放心、安全、舒适的生活环境的整备（道路整备、居住环境整备），公共交通的充实，以及文化生活的活跃。

彩农业：上胜町生产的彩叶占日本料理店需求的 80%。年产值 2.6 亿日元，生产彩叶的 200 多户，平均户收入 100 万日元，其中年收入超过 1000 万日元的有 1 户，超过 500 万日元的已有 20 户。经营的树叶种类已经增加到了 350 个品种，主要包括红叶、柿树叶、南天竹叶、山茶树叶以及梅花、樱花、桃花等点缀日本料理的装饰材料。

采取的是订单农业。Irodori 公司作为中介，从总收入 2.6 亿日元中取 5% 的信息费。但采叶子的人越来越少，政府和 Irodori 公司招募人来体验。但大多数是来看看，留下来的人很少。为了吸引人来定居，政府（町）建了廉租房，头五年每年给 100 多万日元的补贴。但是外来定居的人还是寥寥无几。只有那些不愿离开故土的老年人还在从事彩农业。未来农村年轻化是不可能的，但是保持一个可持续的中老年社会还是有希望的。那就是希望到农村环境生活的城里退休的人。最终，农村还是要通过人口过疏化来减少农民，农业规模化有利可图，才可能有青年人、中年人来从事。上胜町这样的偏远山区，人口减少，村庄消失，恢复森林（现在几乎都是，连伐木的都很少）是必然的。也许，将来会恢复林业采伐。

其他提升农村基本公共服务和人居环境的再生措施还包括废物回收、零排放、环境建设等，但是人口回流的很少，更不可能吸引城镇和其他地区的农村人口到上胜町买房定居。外来人口多为暂时性人口，多为来此体验彩农业及休闲观光的人。

9.1.4　对乡村振兴的启示

通过调查的 2 个村可见，连嵋峪村耕地资源稀缺，不考虑劳动力投入成本且忽视干旱给农业产量带来的影响，也不考虑市场价格波动状况，即在最佳条件下，苹果净收入为 9000 元/亩，桃子净收入为 6200 元/亩，因此，仅靠经营经济作物，连嵋峪人均年收入最多还不到 1 万元，而且种植经济作物是极为复杂而精细的工作，包括施肥、打农药、套袋等。金场村种植玉米纯收入 720 元/亩、小麦 305 元/亩，由于小麦玉米轮作一年两熟，一亩粮食作物年均纯收入为 1025

元。因此，仅靠种植粮食，金场村人均年收入仅为1414.5元。而根据本书作者实地调研得知，沂水县2014年农民工工资水平见表9-4，可见，无论是经营经济作物，还是种植粮食作物，仅靠微薄的土地，无法与外出打工竞争，因此，传统农区劳动力大量转移也就成了必然趋势。与此同时，山区村和平原村也存在差别。以连崮峪村为代表的山区农村以发展林果业为主，其农业收入和非农收入各占50%；而以金场村为代表的平原区农村居民点，农户以务工和粮食种植为主要生计策略，农业收入约占20%，金场村大量中青年劳动力外出务工，其他劳动力也不是纯粹以农业生产为主，而是兼业（在附近的工厂里上班），这主要是基于其相对优越的区位（离县城和四十里堡镇都很近）。而连崮峪除了年轻劳动力外出务工，其余劳动力基本在家务农。也就是说，平原区农民的就业更加多样化，而山区农村的生计脆弱性更加突出，这也是山区农村呈现更加衰退的趋势的原因。因此，在乡村振兴战略背景下，应区别对待传统农区的山区村和平原村，根据农村居民点用地功能更新方向和农户生计需求，分类实施农村发展管理政策措施。

表9-4 山东省沂水县农民工工资水平 （单位：元/月）

就业行业	外出农民工	本地农民工
建筑	3500~4000	2800~3500
机械	3500~4000	2500~2800
电子	3000~3500	1800~2200
服装	3000~3500	1500~2000
服务	2500~3000	1500~1800
食品	1800~2500	1200~1500

（1）山区村

这类型农村面临人口流失且老龄化、宅基地和耕地严重萎缩等生产生活功能双重退化问题，大都生态环境脆弱，村庄出现较为严重的衰退。当前的扶贫工作强调要加大村庄的整治力度，利用"挂钩政策"复垦空心村，但是在生态脆弱的山地丘陵区大规模开展村庄整治工作并不适宜，这是因为山区耕作效益差，且效率低下，存在较为严重的撂荒、弃耕等现象，如果对山区的居民点用地进行复垦，不仅容易引发生态问题，而且还容易导致过程性浪费。山区由于耕地土层薄，因此，在湿润的地区极易出现水土流失造成土壤的贫瘠化，而在其他地区则极易出现干旱情况，再加上山区没有灌溉措施，靠天吃饭现象普遍，因此，一旦发生干旱，将会对农业造成致命打击。图 9-6 是本书作者于 2014 年在山东沂水山区调研时所摄，由于缺水，庄稼已经面临枯萎死亡，当地农民说，收成几乎无望，幸好大量劳动力外出打工，因此，不至于对农民生活造成致命打击，这也从侧面反映出山区由于耕地质量差引发的农村衰落现象，成为一个不容忽视的事实。

图9-6　山东省沂水县山区村东土沟村因干旱导致枯萎的庄稼（2014 年夏拍摄）

由前文的案例可知，我国出现的大量农民进城打工与当年的日本极其相似。日本在 20 世纪 50 年代后期开始进入经济高速发展阶段，人口、产业持续向城市集聚，造成农村人口"过疏化"（减少）和劳动力减少、土地撂荒等问题（牛山敬二，2012）。虽然 20 世纪 70 年代开始对农村实施"振兴"和"再生"计划，以求恢复农村经济、解决人口"过疏化"问题，包括改善农业基础设施、增加农机具、发展加工业及扩展流通领域等，但只有少数山区农村出现了人口回流和经济恢复等再生现象（牛山敬二，2012），山区农村演变的主旋律仍然是耕地撂荒、农业萎缩、人口外流、经济衰退等。2014 年中国农业大学张凤荣教授访问日本富士大学，与农业经济学家中村良则座谈日本农业情况，了解到，日本政府努力阻止农村消失，为此设立了地方创生大臣，其职责是激发地方活力，但农村消失是自然经济规律，估计 50 年后日本将有 1/4 市、町、村消失。日本是一个高福利国家，农村实现了村村户户通水、电、气，而且医疗保障制度完善，都没有解决农村人口流失的难题。说明，城市化进程中，农村人口流失，特别是贫困山区人口流失是不可阻挡的历史规律。因此，"撒胡椒面"式的扶贫缺乏针对性，脱离市场和农民主体，有的地区资源条件占优，产业发展急需专项资金的投入，而有的地区人口外流严重，过多投入则造成浪费。尤其在衰落山区，产业发展难，人口外流，输血容易造血难。开发式扶贫重在培养贫困地区的自我发展能力，依靠内在活力促进产业开发和经济的持续发展，衰落地区能不能"扶得起来"和"怎样扶"需要从实际出发。

因此，当前该类型农村应以满足农户的基本生活功能为主，土地利用结构无须过多调整，对于有意愿搬离的农户，遵循"一户一宅"原则，由村集体和政府引导搬迁至中心村妥善安置，对于仍然选择留在原地的农户，往往也是收入水平较低的家庭，保证其水电的基本供应和基础的出行需求，不必再进行"户户通公路"等基础设施投入工程，截流下这部分投入以其他形式补贴给农户。针对留守的多为老弱人士，日常开销少而医药开销大的情况，进一步完善农民医疗和养老保障体系，使其病有所医。没有必要做过多的基础设施配套，因为在过度稀疏的人口条件下，投入和使用往往不成比例。对待该类型村庄，要充分顺应社会经济发展规律，以生态型的利用目标为主，采取"无为而治"整治理念，使其自然消亡；对于该区域传统建筑保存较为完好或地域人文精神较为丰厚的村庄则要完善其基础设施配套，通过全方位的环境整治，构筑具有地域特色的社会文化景观，将其作为地域历史文化实物的见证，对于个性化的"精髓"区间实施特殊保护，进而实现对其生产、生活空间的"重构"和"活化"。当然，也有一些地方搞乡村旅游，但大部分是都市山区和有非常特殊的自然或者人文资源的村庄，不是所有的山区农村都可以振兴。

可见，实施乡村振兴，不是"一刀切"的全面振兴，要充分考虑乡村的多元化兴衰演变规律。在快速城镇化的进程中，山区必然面临乡村衰退和村落减少的问题。这些地区搞新农村建设、土地整治、基本农田建设及农村居民点重构，投入大量人力、物力和财力，是不明智的，必然造成过程性浪费。因为人口向山区和荒原迁移的时代已经过去了，工业化、城市化、现代化的步伐不会停止，山区农村人口减少，耕地荒芜/生态恢复是一个不可逆转的社会经济发展规律。因此，山区"村庄不减、格局不优"，乡村振兴要"顺势而为、择优助推"。

（2）平原村

此类村作为传统农区的主体，泛指贫困山区之外的广大农区村。因此，平原村也是我国村庄的主体，实施乡村振兴及全面建成小康社会，主体也在此类村庄。相比于山区村，平原村自然资源相对优越，而且区位条件也较好，虽然农村劳动力也存在外流的趋势，而且呈现明显的空心化，但相对于山区村的衰落和贫困化，此类农村发展也会相对较好一些。该类型的村庄既是粮食生产核心区，也是未来一定时期乡村人口的主要承载区，在乡村振兴战略的政策导向下，应以强化生产功能、改善生活功能为目标。在空间布局上，要因势利导，壮大中心村发展，吸收周边零散村的人口到中心村集聚，优化资源要素的空间集聚格局，为农业规模化经营创造条件。

中心村（集聚提升类村庄）采取"重点发展"的模式，优化配置农村居民点用地生产功能和生活功能，吸纳从周边零星村搬迁的农户，有效节约政府农村公共基础设施的投入管理成本。中心村的发展应提高农产品附加值，结合区域优势发展特色农产品产业，加快土地流转力度，提高农业规模化、机械化和现代化水平。对于零散和规模较小，以及空心化严重的村庄，可以考虑积极引导人口到周边中心村镇集聚，优化土地利用格局，复垦农村居民点用地，提高区域耕地的连片程度和经营规模。

对于农业生产空间，要借助于土地整治平台，完善区域农业生产条件，通过土地流转发展多种形式的适度规模经营，健全农业社会化服务体系，增强新型农业经营主体的引领带动作用，最终形成特色农产品优势突出、水土资源匹配良好、农产品生产和环境承载能力协调的新型农业生产空间。可以考虑采取"农业产业化改造模式"，推动耕地流转，推动农业产业化发展。为了提高研究区耕地利用效率、改善农民生产生活水平，在进行农村居民点整治的同时应当进一步引导当地农村劳动力的就业转移并推动耕地流转，应当大力支持家庭农场式的农业经营方式，推动成立农业合作社，推动耕地的统一流转，确保农民的合法权益。对于耕地规模经营意愿不强的农户，应引导其就业完全向非农化方向转移，将耕地转包至规模化经营的农户。对于耕地规模经营意愿较强的农户，引导其向家庭农场式的经营方式转变，适度扩大耕地经营规模，同时政府应当考虑加大对此类农户的补贴。

而在农村居民点建设上，前文已经阐述过。这里要再次说明的是，传统农区的村庄空心化已经有大量的研究，但是在强调耕地保护的政策目标下，有些地方政府过于重视和强调旧村的复垦，而对新村建设，大部分基于"城市社会"的形式，而这种农村居民点重构最大的问题是，忽视了农村居民点用地内部结构与功能演变规律，因此也就与农户生计产生了矛盾。同时，由于有些传统农区村具有很大的人口和居民点面积，极易形成中心村，对此类农村居民点，要谨慎推行复垦工程，要对其公园、学校、医院等进行集约化建设，丰富农村居民点用地多功能性，逐步将其建设成为富有活力的中心村，为乡村振兴提供服务支撑，进而辐射带动各个村落，全面强化居住区的道路、供水、排水等设施建设，引导乡村居住区向核心区集聚，降低配套设施的建设成本。而对于规模较小、人口较少、空心化严重的农村，在进行复垦时，也要注意农户的生计特征和农村居民点用地功能特征，在新村建设时予以保留和保持，考虑改善农村的基础设施现状，尤其是村内的道路交通条件。另外，合理地进行村庄规划，挖掘农村居民点内部用地潜力，采取整理、复垦等手段对废弃、闲置宅基地进行处理，提高农村居民点的土地利用效率。

此外，传统农区村庄内部的环境污染也触目惊心，因此，此类的农村居民点建设，要优化人居环境，包括合理配置基础设施和公共服务用地，改善公共服务设施，提升农村居民点用地生活居住功能，将其建设成为和谐的人居空间。同时，构建各种政策集，顺应农村劳动力转移趋势，保障其合理转移到城镇并保障其合法权益。从而减少该区人地关系矛盾，为农业的规模化和集约化经营创造条件，最终形成生产—生活—生态空间的合理组合和优化配置。

9.2　经济发达区农村居民点用地功能更新对乡村振兴的启示

此类农村多分布在城镇近郊，或者我国东部经济发达地区，在农户就业结构、劳动力转移及农村经济结构与农村居民点用地内部类型等方面，与传统农区存在显著差异。由于受城镇经济辐射强烈，呈现出非农产业占据经济主体地位的格局。由于农户就业结构和农村经济构成的差异，经济发达地区农村也包括了两类：一类是本村发展非农经济，出现多种非农生产功能用地，农村居民点用地内部结构及功能逐渐多样化，本书称之为功能多样化村；另一类是靠近城镇，本村非农经济不发达，农户多早出晚归，到城镇从事非农就业，而农村居民点用地逐渐向生活居住型转变，本书称之为社区型村。但这种自下而上的农村发展模式由于缺乏科学的规划引导，导致居住、工业、商贸等用地空间相互混杂，农村居民点用地内部结构与功能不匹配，或者由于集体经济薄弱，对村庄公共服务投入不足，导致农村人居环境差等问题。基于此，本书在将经济发达地区农村分为功能多样化村和社区型村的基础上，以沂水县前马荒村和唐家庄子村为例，系统剖析两类村庄自然地理及区位发展演变、农村居民点用地功能特征及其更新方向，提出有针对性的农村发展管理措施，为该区的村庄规划、乡村空间规划及乡村振兴战略实施提供案例借鉴与依据。

9.2.1　功能多样化村

（1）自然地理及区位

前马荒位于沂水县城近郊，地处平原，濒临沂河，地势平坦，土壤肥沃，有着发展种植业的独特优势，而且区位优势突出，位于龙家圈镇驻地北1km，沂水县城西1.5km，交通便利，毗邻龙家圈工业园，区位条件优越，为发展非农经济提供了极为便利的条件，内有工业企业，经济较为发达。

（2）农业发展演变

前马荒位于龙家圈镇。根据村碑记载，相传宋末元初，邱姓自安丘县（今安丘市）迁此立村。元末明初，罗、朱、李等姓迁此。清初，高、赵、牛、任、王、刘等姓来居。早年此处是数百亩草荒洼地，官府和富户在此牧马，习称马荒洼。后简称马荒，此处建有二村，村址在前，故名。

新中国成立之初，前马荒村有人口约900人，不足300户。全村共有耕地3000多亩，比现在的行政边界大。人均耕地3亩，其他的是一些荒草地等。而此时，毗邻前马荒村的杨家庄子、后埠子等村人均耕地稀少。原因是，前马荒地主多且拥有的土地多，大地主有4家，户均拥有的土地500~700亩，还有几户不足200亩的小地主。因此，在新中国刚成立时，该村土地颇多，人均耕地也远比邻村多。

到了1958年，该村大量土地被划入邻村，人均耕地锐减到1.5亩，直到1983年，人均耕地约1.2亩。在此时期，前马荒村的经济以农业为主，主要种植小麦、玉米、地瓜和高粱。由于亩产较低（小麦200斤/亩、玉米600斤/亩、地瓜200斤/亩），农户主食以地瓜和玉米为主。为了增加粮食产量，通过以下3个途径获取肥料：①集体让家家户户养猪（一来为农家肥，二来到年底卖出，换取工分）；②农户通过挖自家院子里的土，砸厨房的土坯当作肥料，然后再给院子里填上新土，重新盖厨房；③夏天在村内挖一个池子，把野草、烂树叶等和农户的农家肥，以及家里刷碗刷锅的水倒入，到秋末种植小麦时当作肥料。

1983年之前，除了种地、饲养禽畜，该村没有其他副业。1984年前后，前马荒的村民到县城国有企业当临时工获取非农经济来源，1988年前后出现外出务工现象，1990年，村民开始经营非农产业（鞋厂和糖厂）。非农就业和兼业行为逐渐增多，主要就业渠道为国有企业、私营企业和乡镇企业。

由于本地及周边非农经济发达，而且沂水一中在该村南部，且占用了该村的地。所以从 2000 年开始，有外来人员到该村租房或买房，或是为了到县城、前马荒及周边从事非农产业，或是为了陪孩子读书。因此，截至 2014 年，前马荒基本没有闲置和废弃的住房。约有 100 个租户，农村非农经济得到发展，农村居民点用地内部结构多样化特征明显。

（3）农户就业及劳动力转移状况

前马荒 2014 年共有 1821 人，529 户，户均 3.44 人。由于耕地大量被工业企业占用，只是在村的西南和东北有零星耕地 200 亩，人均 0.1 亩。农户就业以非农为绝对主导。

前马荒农户的就业结构大体如下：50～70 岁的老人干一些零工，比如建筑、环卫等，少部分从事种植业；30～50 岁的一般都在县城和本村及其附近的厂子工作。截止到 2014 年，前马荒有外来企业 5 家，2 个规模饭店，本村农户自己经营的企业有 4 个鞋厂和 3 个制糖厂。此外，个体经营户有 50 户，其中小商店 14 家、小饭店 18 家，养鱼户 8 户、养鸡户 2 户，其他比如油坊、汽修等 8 户。

总之，这些企业为农户提供了大量的非农就业机会，农户白天上班，晚上回家，仅有约 5% 的劳动力选择外出就业（沂水县城外），多为年轻劳动力，特别是 30 岁以下的未婚者。

（4）农村居民点用地结构及功能状况

由于非农经济发展，前马荒的农村居民点用地结构呈现多样化。其中，宅基地及住房除了具有居住功能外，还出租给外来者，所以也就具有了收益功能；而村内的工业企业用地、商服用地也大量出现，使得农村居民点用地内部出现了非农生产功能用地及出租收益用地。从用地结构及功能以及农户的就业特征来看，前马荒已经不再是传统意义上的农村居民点，而是具有了某些小城镇的功能：具有非农产业，对外具有辐射功能、吸引外来人口来此集聚。虽然前马荒居民点用地功能呈现多样化，但是也存在一些问题：村内的公共服务设施较少，垃圾得不到有效的处理，导致人居环境亟待改善；村内也有一些土路，雨天的时候影响出行；等等。这些生活服务功能亟待提升。同时，村内的非农生产用地利用较为粗放，占地面积大，而且也有与居住交互混杂的局面，影响了农村居民点用地功能的整体发挥，需要通过农村居民点重构或者用地规划，合理规划各类用地比例及其结构，促进农村居民点用地各类功能及空间布局科学合理。

（5）农村居民点用地功能更新方向

由上述分析可知，前马荒居民点功能多样化，经济以非农产业为主，农民已经基本放弃了农业经营。从这点看,已经不能称为一个农村居民点。农户基本去县城或在本村,或是到周边的工业园工作,只有 50 岁以上的老人干一些零工,如建筑、环卫等。结合该村所处的区位,在不久的将来,有可能发展成为一个完全非农化的聚落,或者成为县城的一部分,完全融入城镇中。此外,有些农户为了改善居住环境,在拥有足够的资本后,在村内盖起楼房(见图9-7),这主要是由于他们已经不再从事农业生产,因此居住需求也逐渐向市民趋同。

图9-7　前马荒村民自建的社区(拍摄于 2014 年夏)

可见,由于靠近城镇,非农经济发达,此类村庄用地功能逐渐多样化,具有小城镇的某些功能,成为城乡融合发展的前沿地带。因此,该区大部分农村是《关于统筹推进村庄规划工作的意见》里面提到的"城郊融合类村庄"。未来,这些农村居民点用地功能将更加多样化,尤其是非农生产用地需求强烈,而且村民对于农村居民点用地生活服务功能优化提升的需求也不断增强。

通过对沂水的调研发现,沂水县城周边的农村,从改革开放一开始就有就近务工和外出务工相结合的现象,本地非农经济逐步发达后,外出务工现象逐渐减少,比如前马荒到 2014 年,只有大约 5% 的农户外出务工,大部分人选择就地或就近非农生产,可更好地兼顾生产和生活,避免出现留守儿童和留守老人,能够防止农村社会文化网络的衰退。由此可见,本村非农就业,或者早出晚归到附近地区非农就业,可以避免很多社会问题,是一种比外出务工更合理的生计方式,只是这种情况更多地出现在非农经济发达的地区。在传统农区,农户只能通过外出务工的形式,提高生计安全和生活水平。

9.2.2 社区型村

（1）自然地理及区位

唐家庄子村位于平原及低缓丘陵区，地势起伏较缓，村西靠近东红公路处为平原，村东、村北及南部为低缓的丘陵，土地资源禀赋较好，为种植业提供了良好的条件。该村交通极为便利，距离沂水县城仅 2km，骑摩托车 5min，为非农就业提供了便利的条件。

（2）发展演变

唐家庄子起源于明初，唐姓始居，后周姓等其他几个姓迁此。唐姓建村，故名。

新中国成立之初，唐家庄子经济结构和沂水县其他区域农村居民点没有区别。集体时期，农户以种植为主，主要种植小麦、玉米、高粱、花生和地瓜，其他的副业还有养猪和兔子。虽然距离沂水县城很近，但由于当时整个沂水的非农经济不发达，而且农户就业被束缚在土地上，因此，该村并没有因为距离县城近而得到较为有利的发展条件。1970 年前后，该村出现了手工编织业，各家各户编席子，也出现了手推车拉沙子（农户将沂河的沙子拉到县城，供应建筑），这些经济现象都是以工分的形式被村集体记录，挣取工分。

1983 年唐家庄子村集体将耕地均分给农户个人，人均 0.79 亩，主要种植的作物仍为地瓜、花生、小麦和玉米。此时，农户主要收入来源仍为农业，包括种地和养殖。1984 年沂水县城的国有企业开始招临时工，地处城郊的唐家庄子村开始显现地缘优势，部分年轻壮劳动力开始到肉联厂、机床厂以临时工的身份上班，这是该村非农收入出现的开端。1988 年私营企业开始发展，如沂水著名的青援、正航、鼎福食品也在这个时期陆续出现，给唐家庄子劳动力就业提供了很好的途径。1996 年开始，沂水县为发展经济，开始招商引资，该村非农就业开始显著增加。该村县域外务工是从 1988 年前后出现的，但是到 1996 年以后，由于沂水县城的企业越来越多，很多农户选择就近非农就业，白天到县城工作，晚上回来。因此，外出非农就业数量开始逐渐减少。

（3）农户就业及劳动力转移状况

2014 年，唐家庄子村共有 750 人，175 户，户均 4.29 人。耕地 330 亩，人均耕地 0.44 亩，跟前马荒（2014 年人均耕地 0.1 亩）一样，由于靠近县城，耕地资源极为紧张。坡耕地占 2/3，主要种植花生，平地占 1/3，主要种植小麦和玉米。

唐家庄子农户经济收入来源极为多元化，主要是到县城及其附近的工业园上班，也有部分到县城及其周边打零工；个体经营户 48 户，主要从事肉菜批发零售、修车、小饭馆及装修等经营；房屋出租户 12 户，主要出租给来该村做生意或者到县城做生意而居住到该村的人；该村只有一个工厂（翻砂厂，20 个员工）。农业收入占农民纯收入的比重很小。非农收入是唐家庄子村农户最主要的收入来源。

为了进一步分析唐家庄子农户非农生计结构，作者对劳动力结构及其就业方向与工资水平进行了详细的调查（见表 9-5）。该村劳动力约 430 人，其中外出务工的约占 5%（多为 30 岁以下的未婚者）；就近非农就业的约 75%（30～50岁），多到县城及周边的工业园上班，主要就业部门为食品厂、机械厂和布鞋厂等。其中，食品厂月工资约为 2500 元，机械厂 3300～3400 元，布鞋厂 2400～2500 元；其余 20%（50 岁以上）为兼业，农忙时从事农业，农闲时干一些零工（多为 50 岁以上的老人），如建筑、城市环卫、街边小吃等。此外，作者还详细询问了每种就业类型的就业时间问题，唐家庄子外出务工的人员，年均劳动日为300 天左右，就近非农就业的为 300 天左右，非农兼业的天数约为 150 天。

表9-5　唐家庄子农户就业结构

人口	户数	户均人口	60 岁以上	18 岁以下	18～60 岁	外出务工	就近非农就业	兼业
750	175	4.29	170（70 岁以上 55）	150	430	22	320	88

注：①不同于其他类型的农村，该村年轻人一般都脱离农业，只有老年人务农，由于非农就业机会多，老年人农闲时也从事非农经营。

②2014 年数据。

虽然唐家庄子村农户收入结构中农业经营占比很小，但是作者也对该村的农业投入—产出做了调查。目的是对比传统农区和城市郊区土地产出率。

1）玉米亩产 700 斤，按照 1.2 元/斤计算，毛收入 840 元；成本包括：化肥200 元、农药 25 元（杀虫剂 10 元、灭草剂 10 元、其他 5 元）、犁地 70 元、种子50 元，共计 345 元。纯收入 495 元/亩。

2）小麦亩产 500 斤，按照 1.1 元/斤计算，毛收入 550 元；成本包括：化肥30 元、农药 25 元、犁地 120 元、播种 40 元、种子 30 元（除去国家种子补贴）、收割 100 元，共计 345 元。纯收入 205 元/亩。

3）花生亩产 350 斤，按照 4 元/斤，毛收入 1400 元；成本包括：化肥 250

元、农药 70 元、地膜 60 元、犁地 120 元、脱粒 15 元，共计 515 元。纯收入 885 元/亩。

由此可知，城市近郊以非农经济为主的唐家庄子，玉米、小麦、花生的亩产纯收入分别为 495 元、205 元、885 元；传统农区的平原村以粮食种植为主的金场村，玉米、小麦、花生的亩产纯收入分别为 720 元、305 元、1025 元，分别高于唐家庄子村 225 元、100 元、140 元。由此可以发现一个很值得思考的问题：在沂水县域内，非农经济发达的农村，由于农业收入并不是农户主要的收入来源，因此，农户对土地经营的重视度并不高，导致土地产出率较低；而在传统农区，由于农业依然是农户重要的生计来源，因此农户对土地的投入较多，土地产出率也较高。在城镇郊区，由于大量农户不再以农业为主要生计来源，因此这些农户对土地的投入和管护力度也较低，这就为耕地的规模化经营提供了条件。传统农区和城镇郊区农村土地利用的差异，或许可以为当前不同类型农村农业政策的调整提供很好的借鉴。

（4）农村居民点用地结构及功能状况

唐家庄子村居民点用地内部结构和功能特征在前文已经说明了，在此不再赘述。

（5）农村居民点用地功能更新方向

通过调查得知，唐家庄子人口是逐年增加的，由于优越的区位条件，年轻人在村里就很容易娶到媳妇。而且由于从事非农经济的条件较好，紧邻沂水县城，因此，甚至有外来人员在本村落脚（32 人）。例如，有一个外来户，全家 4 口人，在该村买了一个 20 年房龄的房子，花了 6.8 万元，从事蔬菜贩卖工作。同时，在 2000 年之后，有钱的一些农户，到村的南部，花钱盖起了具有纯居住功能的二层楼房，不再居住在有院子可以从事农业生产的平房（见图 9-8）。这既是农户追求居住环境质量提升的结果，也是农户生计结构变迁的结果。随着农户就业的进一步非农化，以及耕地面积的逐年缩小（被沂水工业园征收），随着时间的演变，唐家庄子可能发展成一个纯生活居住功能的社区。因此，在此类农村，农户对农村居民点生活功能需求将更为强烈，对于居住功能及生活服务功能品质提升的需求，将是未来此类农村居民点用地功能更新的主要动力及方向。

图9-8 唐家庄子村民自建的社区（拍摄于2014年夏）

9.2.3 对乡村振兴的启示

经济发达地区农村一般依靠良好的区位条件，实现了生计的多样化和非农化，与传统农区相比，经济发达地区农村的农户生计可持续能力强、脆弱性低，而且生活条件也相对较高。在生计上的很大不同是，传统农区大部分非农劳动力外出务工，而经济发达地区的农户则选择在周边地区或本村从事非农生产。因此，农村居民点用地功能状况也有所不同。

与前马荒村不同，唐家庄子村没有工业企业，农户基本是去县城和周边地区（主要是沂水周边的4个工业园：城北工业园、龙家圈工业园、鲁州工业园和庐山工业园）的工厂上班，部分个体经营户从事蔬菜、肉蛋贩卖（主要是供应县城）。唐家庄子发展到现在演变成以居住功能为主导的农村居民点，而前马荒村不同，因为地处龙家圈工业园，村内有5个工业企业，除此之外，农户自主开办了4个鞋厂和3个制糖厂，以及一些商店和小饭馆，因此，除了居住功能，还有大量的非农生产功能。即使是在经济较为发达的城市郊区，农村居民点用地功能的演变路径及更新方向可能也会完全不同，农村发展管理政策措施的制定，也应该因地制宜，有所差异。

（1）功能多样化村

对于用地功能多样化的农村居民点，要根据农村居民点用地现状功能及农户生计需求，在进行农村居民点重构时，合理配置农村居民点用地结构。尤其是，这些农村居民点非农产业发达，内部出现了非农产业用地，对农户生计提供了很重要的支持。但是当前我国的建设用地指标采用层层分配的模式，更多的建设用地指标被分配到城镇，广大农村地区作为耕地保护的区域和粮食生产的空间，建设用地扩展受到严格限制。但是，为了农户生计和生活，这些地区的农村居民点确实应该发展一些非农生产用地。因此，产生了实际需求与现状土地管理政策不一致的矛盾。这种矛盾需要在农村居民点重构的过程中予以解决。具体来说，在建设用地受到严格控制的情况下，需要通过优化建设用地内部结构的途径，例如，通过零散地的整合，闲置废弃或者低效利用宅基地的重新利用，配置更多的非农建设用地，满足村非农经济和农户生计的需求。而当前在城市郊区试行的农村集体经营性建设用地，或者是宅基地制度改革等，也为这种尝试提供了政策依据。为农村居民点重构满足农户非农生计需求提供了极大的政策支撑。

同时，虽然该类型村庄村民的整体生活水平较高，但是在城乡二元管理体制下，村干部不仅履行着村庄自治管理的相关职能，同时也承担着本应属于政府提供的部分公共服务职能，由于村集体经济实力较弱，缺乏专项的财政补贴，村庄的基础设施、公共服务设施建设、管理滞后，发展进入了瓶颈期，难以满足农户生活环境优化的目标。同时，由于缺乏科学合理的村庄规划，出现了内部用地结构混乱等问题。在这种情况下，农村居民点重构还要基于改善农村人居环境的原则，合理配置公共设施用地，优化农村居民点用地内部各类用地的比例和结构。同时，政府还给予一定的资金支持，优化公共服务和农村居民点公共空间，满足农户对于生态宜居的生存空间的需求，切实服务乡村振兴的具体方针与目标。

（2）社区型村

由于农户就近从事非农生计，并逐步放弃了对于农业生产的需求，因此，社区型村的经济和产业逐渐萎缩，农村居民点用地的生产功能也逐渐消失，演化成为纯居住生活小区。农户早出晚归，对农村居民点的生活居住功能需求日益强烈，如唐家庄子村富裕起来的农户，自己花钱盖两层楼房，就是对美好居住环境追求的表现。

对于社区型村的居住、生活空间要按照城市化的发展目标对其整理改造，结合其功能定位，统筹规划布局公共服务设施，通过系统化的基础设施改造和管理体制改革，将其建设成为多元居民共同生活、居住的生活单元。此类农村居民点重构，重点是完善农户居住环境，丰富公共服务用地，逐步完善农村人居环境。

9.3　小结

《关于统筹推进村庄规划工作的意见》指出"统筹考虑县域产业发展、基础设施建设和公共服务配置，引导人口向乡镇所在地、产业发展集聚区集中，引导公共设施优先向集聚提升类、特色保护类、城郊融合类村庄配套"，"结合村庄资源禀赋和区位条件，引导产业集聚发展"，"按照硬化、绿化、亮化、美化要求，规划村内道路，合理布局村庄绿化、照明等设施，有效提升村容村貌"，"依据人口规模和服务半径，合理规划供水排水、电力电信等基础设施，统筹安排村民委员会、综合服务站、基层综合性文化服务中心、卫生室、养老和教育等公共服务设施"，为农村居民点用地功能更新提出了一些具体的指导原则，成为指导农村居民点用地功能更新的重要方向。

在城镇化的快速推进过程中，传统农区农村居民点用地功能结构与空间形式面临加速分化重组的历史阶段，实施乡村振兴战略，促进城乡融合发展是新时期化解"三农"问题的重大举措。为此，要充分依据区域的经济水平、人口变动、资源环境等条件，结合不同经济梯度下村庄演化趋势的判读，以控制时点、调整方向、优化模式为目标，有针对性地制定政策干预措施，推动区域人地关系的良性、协同发展。当前沂水农村，无论是传统农区还是经济发达地区的农村，均缺乏集体经济，因此，本村集体经济肯定不能满足优化农村居民点用地功能，尤其是基本公共服务设施的能力，政府必须给予支持，为农户解决基本的公共服务。要想实现乡村振兴，传统农区的农村是关键，这也是我国大多数和真正的农村。要优化农村居民点用地功能，除了提供必要的设施外，扶持和壮大农村经济也是重点，这也是产业兴旺的需求。但是这些地区非农经济不发达，而且发展非农经济的禀赋条件较差。因此，需要在农业上下功夫，如何结合区位优势，发展特色农业，是非常关键的。经济发达地区的农村居民点用地功能要么逐渐多样化，向小城镇演变，不再是传统意义上的农村居民点，要么就逐渐演变为居住小区，农户就业已经完全非农化，农村发展管理政策的制定，也要考虑到这一点。

最后，需要指出的是，农村居民点用地功能演变是一个长期、渐进的过程，在城镇化的进程中农村居民点用地多功能空间体系将面临进一步的分化重组，至于哪些村落会受到冲击而消亡，哪些村落会进一步发展壮大，基于我国的特殊国情，既不能任由环境来决定，放任自流，也不能过分强调主观能动性，认为人定胜天。实施乡村振兴战略，既不是"一刀切"的全面振兴，也不是简单的改造农村基础设施，而是将城市和乡村作为一个有机整体，在遵循经济、生态、文化、社会发展规律的基础上，按照差异化的发展策略，通过健全城乡融合发展体制机制和政策体系，着力培育农村地区的现代产业，增强农村发展的活力与内生动力，建立与新型城乡关系相匹配的新型社会经济结构，通过对关键节点的科学把握，降低农村居民点调控带来的社会风险，进而以最少的"投入"，激发出最大的"化学反应"，最终实现农村居民点用地功能更新，乡土文化得到全面传承，人居环境得以彻底改善，农民生活富足安康的发展格局。

第 10 章　结　语

10.1　本书的主要结论

本书从农村居民点用地内部结构和农户生计变迁两个视角研究农村居民点用地多功能演变与空间分异，并提出了基于功能需求的农村居民点重构思路及其对乡村振兴的启示。首先，从农村居民点用地内部结构及其要素承载状况，识别农村居民点用地功能；其次，提出了一个农村居民点用地功能演变的"驱动力—状态—响应"分析框架，以山东省沂水县和山西省长治市为例，运用参与式农村评估+问卷调查相结合的方法，选取典型村进行实证研究；最后，提出基于功能需求的农村居民点重构新思路。基于以上研究思路，本书得出如下结论。

（1）研究历史资料发现，宋朝及之前，沂水县平原农村居民点新增速率快于其他地貌区，新建村的农户来源地以省外为主；元明时期，丘陵农村居民点新增速率快于其他地貌区，新建村的农户来源地以县外为主；清朝及中华民国，山地农村居民点新增速率快于其他地貌区，新建村的农户来源地以县内为主。说明在农业社会以农业为主要甚至唯一生计来源的背景下，农村居民点产生和发展主要受耕地资源禀赋的影响。农户对农村居民点的选址，首先考虑耕地资源禀赋优越的平原，随着人地矛盾的凸显，才逐步向丘陵和山区转移。

研究统计数据和调研数据发现，工业化社会，沂水县农村居民点演变的特征由农村居民点的数量增加和空间格局变化，转变为农村经济和农户生计的多样化、非农化及分化。进而以调研的 16 个村为例，选取非农劳动力比例、人均非农收入比例和劳均非农就业时间比例 3 个指标，定量探讨了农村非农化程度及其空间分异。结果表明，2013 年沂水县农村非农化程度介于 37.54%~90.65%，非农化普遍；同时呈现明显的空间分化，本村非农就业村的农户就地发展非农生产，非农化程度最高，其他类型农村的农户通过劳动力异地非农转移实现农村非农化。

（2）农村居民点用地生产功能的演变与空间分化研究表明，随着时间的推移，沂水县农村居民点用地生产功能由同质同构向异质异构演变。改革开放前农村经济停滞时期，农户以种植和养殖为主要生计策略，农村居民点用地以农业生产功能主导，体现在农户利用住宅及房前屋后种植蔬菜、养殖禽畜；改革开放以来，农户生计逐步多样化、非农化和分化，促使农村居民点用地生产功能多样化和非农化，并呈现明显的空间分化。农业生产村的农户以种植和县域外非农就业为生计策略，农村居民点用地以农业生产功能主导，体现在农户利用住宅从事农业生产。工业生产村和商旅服务村的农户以本村非农就业和县域外非农就业为生计策略。工业生产村以工业生产功能为主，体现在居民点用地内部工矿仓储用地的扩展。商旅服务村以商旅服务功能为主，体现在居民点用地内部商服用地的扩展。城镇非农就业村的农户以县城非农就业为主，放弃农业生产，农村居民点用地生产功能在逐步萎缩。

农户生计策略变迁促使居民点内部土地生产功能转型，直接导致农村居民点用地生产功能演变；农村发展政策决定了农村居民点用地由单纯的农业生产功能到非农生产和农业生产等多功能的演变方向；地理环境则制约着农村居民点用地生产功能分化，邻近城镇的农村受非农经济辐射影响较强，农村居民点用地非农生产功能得到发展。边远山区发展非农经济的禀赋不足，农村居民点用地以农业生产功能主导。农户生计资产状况是农村居民点用地生产功能分化的内生动力，邻近城镇的农户长期受市场经济影响，积累了发展非农经济的人力资本。远离城镇的农户非农就业以外出务工为主，也使得就地发展非农生产的人力资本缺乏。

（3）农村居民点用地生活功能演变与空间分化研究表明，随着时间的推移，沂水县农村居民点用地生活功能不断完善。居住功能方面：住宅建筑材料从土坯墙体、麦秆屋顶演变到浆砌青石墙体、青瓦（黑瓦）屋顶，再演变到红砖墙体、红瓦屋顶；农户住宅建材质量得到改善；居住空间不断扩展，住房用地占住宅占地面积比例不断提高的同时，住宅结构出现分化。农业生产村住宅为"平房+庭院"结构，其余类型村住宅以"平房+庭院"结构和楼房相结合。其中，工业生产村和商旅服务村的楼房兼具居住功能和非农生产功能。城镇非农就业村的楼房为纯居住功能；住宅翻新、闲置与废弃也在21世纪以来农村经济加速分化时期迅速发展，随着与城镇的邻近，农村住宅翻新比例上升，闲置废弃比例下降。生活服务功能方面：与城镇接壤的商旅服务村和城镇非农就业村基本公共服务设施完善度由16.67%提高到66.67%；农业生产村和工业生产村基本功能服务设施完善度由16.67%提高到33.33%后又降低为16.67%。

生计成果的丰富，促使农户通过优化住宅建筑材料、扩展居住空间和翻新住宅的方式来优化农村居民点用地居住功能。农户以家庭生计为目标的决策导致农村基本公共服务设施投入不足，不同区位的农村居民点受到城镇基本公共服务延伸影响的强弱不同，导致农村居民点用地生活服务功能出现空间分化。

（4）以山西省长治市为例，进行农村居民点用地多功能空间分异的探讨。将农村居民点用地多功能分为生活功能、农业生产功能和非农生产功能。随着与县城的邻近，农村居民点用地多功能表征属性呈规律性变化。生活功能表征属性方面，农户翻新、改造住房越频繁，农村居民点内部生活服务设施愈加完善；农业生产功能表征属性方面，人均耕地面积、农业生产对农户生计的贡献逐步降低，农户对农业生产功能的需求逐步减弱；非农生产功能表征属性方面，农村居民点非农生产空间逐渐扩大，维系农户就业和收入的非农产业活动对农户生计的贡献度逐步提高。

不同类型农村居民点用地优势功能分异明显。边远型和远郊型优势功能是农业生产功能，随着与县城的邻近，近郊型和城中村优势功能逐渐转变为非农生产功能和生活功能。

（5）根据不同类型农村居民点功能的差异，提出基于功能需求的农村居民点重构新思路。指出，农村居民点重构，应充分尊重农户生计需求，考虑农村居民点内部用地的功能状况，以实现农村居民点用地多功能优化和更新为目标。从农村居民点用地整治潜力角度认为，具有功能承载的用地是农户需求的结果，不具有整治潜力。闲置和废弃宅基地无功能承载，具有整治潜力。进而以研究的 4 个村为例，测算出其整治潜力分别为核桃园 10.71%、大瓮山 4.7%、高桥 4.38%、唐家庄子 5.24%。从农村居民点整治农民新村建设模式角度，基于农户生计视角评价了研究区 4 个农村居民点整治项目的农民新村建设模式。在农业生产仍然为农户重要生计来源的情况下，楼房新村建设模式挤压了农户的农业生产空间，提高了农户的生活成本。同时，由于缺乏燃气、暖气等公共服务设施，造成农村居民点用地生活服务功能不足，给农户生活造成不便。

本书基于农村演化规律，以山东省沂水县为例，将农村划分为传统农区型和经济发达型 2 个一级类，山区农村、平原区农村、功能多样化农村和社区型农村 4 个二级类，通过典型村的系统深入剖析，对不同类型农村的区位、发展演变、农户就业及劳动力转移、农村居民点用地内部结构与功能状况、发展趋势等进行了实证，系统总结了不同类型农村居民点用地功能更新方向，并据此提出了农村发展管理的具体思考框架，要充分依据区域的经济水平、人口变动、资源环境等条件，结合不同经济梯度下村庄演化趋势的判读，以控制时点、调整方向、优化模式为目标，有针对性地制定政策干预措施，推动区域人地关系的良性、协同发展。本研究以期为乡村振兴战略的实施提供借鉴。

总而言之，农户的一切生产活动都是为了生活，任何生产方式的改变，其目的都是提高生活质量。农户生计策略围绕着获取更多的收入，收入的提高必然提高生活质量。为了获取更多的收入和提高生活质量，农村居民点内的生产功能用地与生活功能用地结构也发生变化。收入的提高，改善生活质量存在可能，同样土地上承载的生活功能其质量与完善程度也在不断提高。

10.2 本书研究特色与创新

（1）从研究视角上，不再将农村居民点用地视为一个图斑，而是通过对农村居民点用地内部结构的系统剖析，从微观尺度阐述农村居民点用地功能的演变规律。在此基础上，构建基于功能需求的农村居民点重构思路，通过调整优化农村居民点用地内部结构，实现农村居民点用地多功能整体提升。在理论上深化和扩充农村居民点转型研究的框架，在实践中为乡村振兴及乡村空间规划提供决策支撑。

（2）当前农村居民点用地整治及重构实践多聚焦于传统农区的空心化和衰落农村，此类农村居民点用地内部结构，其用地功能有空心化和萎缩的趋势。经济发达地区农村居民点用地结构及功能逐渐多样化且存在此消彼长的权衡关系，具有独特的演变规律。经济发达地区农村居民点用地多功能演变规律的研究是本书的一个重要内容，可为都市郊区城乡发展一体化及乡村空间规划提供科学依据。

10.3 讨论与展望

10.3.1 研究不足

农村居民点用地功能是为农户提供生产和生活服务，具有丰富的内涵，其表征属性也涉及农村居民点内部土地利用结构、产业结构及建筑形态等众多要素。

本书从农村居民点用地内部结构和农户生计视角刻画农村居民点用地功能。未来研究中，应加强对农村居民点用地功能内涵的认识，尝试运用更加综合的路径，从农村居民点用地内部土地利用结构、产业结构、人口结构、建筑形态等视角去全面认识农村居民点用地功能内涵和表征属性。

另外，虽然在调研村的选择上尽可能地选取具有代表意义的村，但相对于农村居民点的多样性和研究区的广域性，还略显单薄；未来的研究中，应基于统计学标准，扩大农村居民点数量和类型的调研。

10.3.2 研究展望

当前，中国仍有约 270 万个农村居民点，生活着超过 8 亿农业户籍人口（其中有 2 亿多流动人口季节性往返于城乡之间），依然是中国人口聚居的主要形态（Zhou et al, 2013）。一方面，即便未来一段时期中国的城市化水平达到 60% 甚至更高，仍会有 5 亿~6 亿的人口居住在农村，为 15 亿左右的人提供与农业有关的产品和服务（李裕瑞等，2013）。只要人类对食物的需求一直存在，就会有以农业生产为主的人群和地域，农村居民点就永不会消失。另一方面，受工业化和城镇化的深刻影响，一些地区，尤其是邻近城镇的农村，农户就地发展非农经济，农村居民点以非农生产功能主导，不再是传统意义上以农业生产为主的人口聚居地。例如本书中的大瓮山和高桥，非农经济的发展为农户提供了大量就业机会，成为农户生计需求的重要组成部分。因此，中国广域内的农村居民点类型多样。不同类型农村居民点的功能和农户生计、农村居民点内部土地利用等功能表征属性差异明显。在新型城镇化背景和城乡发展一体化的要求下，以农村居民点功能为切入点，深入研究农村居民点演变规律及空间差异，根据不同类型农村居民点功能需求的差异，实现农村居民点分类整理，将是未来研究亟须加强的领域。因此，应该在如下方面加强研究：

（1）农村居民点用地内部结构类型分类

确定合理的农村居民点用地内部结构是进行农村居民点用地规划与重构的基础。当前，我国尚未有专门针对农村居民点用地内部结构类型和整治、建设规划的标准。为了引导农村居民点建设规划编制，各地也纷纷参考 1990 年《城市用地分类与规划建设用地标准》（GBJ 137—1990）[1] 与 1993 年《村镇规划标准》

---

[1] 现行标准为 GB 59137—2011《城市用地分类与规划建设用地标准》。

（GB 50188—1993）❶ 的相关规定，出台了省、市标准的农村居民点整治与建设规划规范、技术导则等。2007 年，建设部发布《镇规划标准》（GB 50188—2007），同时废止了《村镇规划标准》（GB 50188—1993）；2008 年，住房和城乡建设部印发《村庄整治技术规范》（GB 50445—2008），仅对村庄基础设施建设内容进行了规定，也使得农村居民点用地整治、建设与规划事实上失去了可参考的国家标准。2017 年 11 月 1 日，由国土资源部组织修订的国家标准《土地利用现状分类》（GB/T 21010—2017），经国家质量监督检验检疫总局、国家标准化管理委员会批准发布并实施。该分类标准延续了《土地利用现状分类》（GB/T 21010—2007）对农村居民点用地的细分，即将农村居民点用地与城市用地等同起来，分为住宅用地、公共管理与公共服务用地、商服用地及工矿仓储用地等。不难发现，该分类标准忽视了农村居民点用地的特性，如禽畜养殖用地以及最近发展的新产业、新业态用地，如乡村旅游用地等，也忽视了农村与城市的本质区别。

在研究方面，中国科学院地理科学与资源研究所的刘彦随团队对空心村的研究、席建超团队对旅游村土地利用演变的研究，以及中国农业大学张凤荣团队和北京师范大学姜广辉团队对农村居民点用地结构与功能演变的研究，均对农村居民点内部用地类型进行了结构分析和演变机理的探讨，但是都没有提出一套分类标准。

可见，当前研究和农村居民点用地管理实践，对农村居民点用地内部结构的类型划分并不统一，缺少一套体现乡村特点的农村居民点用地内部结构分类系统。对农村居民点用地内部结构的研究多进行了简单的数量测算和区位特点的趋势性判断，缺少对农村居民点用地内部结构组合类型的刻画与提炼。因此，应跳出当前将农村居民点用地和城市用地分类等同起来的固有思维，探讨农村居民点用地内部独特的类型和分类系统。

（2）农村居民点用地功能内涵的深化

农村居民点功能具有丰富的内涵和表征属性。本书基于土地功能承载状况，以农户需求为出发点，将农村居民点功能识别为生活功能和生产功能。事实上，若将农村居民点置于城乡系统中考察，还发挥着文化功能、景观功能、教育功能、旅游功能等。在已形成城乡连续图谱的今天，或许我们应该跳出单就农村居

---

❶ 现行标准为 GB 50188—2007《镇规划标准》。

民点而论农村居民点的狭隘视角，将农村居民点置于城乡一体的区域视角。因此，基于不同主体对农村居民点功能需求的差异，对农村居民点多功能内涵及其表征属性的研究应当得到加强。同时，要注重全国范围内农村居民点功能差异的比较研究，为因地制宜进行农村居民点规划、建设和管理提供支撑。

同时，农村居民点不仅仅是一个物质实体，也是一个社会、文化的存在，而对于农村居民点物质—社会空间的研究，可能是在结构、功能研究基础上的进一步深化。尤其是在当前以人为本的社会发展理念下，关注农村居民点非物质部分，促进村民身心健康发展，农村居民点重构，必须从重视物质空间，转向重视物质空间背后的社会利益。农村居民点重构也是协调不同利用主体利益的过程，实现公共利益的最大化。

（3）农村居民点用地多功能复合、混合研究

当前对传统农区农村居民点用地功能的废弃已有大量研究，为国家土地管理决策提供了支撑。但是，在都市郊区及沿海经济发达地区，农村居民点用地不是废弃，而是多样化，同时，这种多样化也催生了土地利用多功能复合和混合，应对经济发达地区农村居民点用地多功能复合和混合特征与机理进行细致的研究，丰富农村居民点演变研究内容，为该区农村居民点优化与乡村空间规划提供决策支撑。

城市规划的经典理论依据是功能分区理论，严格地分为居住区、工业区、商业区等，并用发达的交通网络连接起来，构成物质及能量要素流通的媒介。这是基于城市地域相对广大且不断扩张的事实，因为动辄上百万甚至千万的人口数量，如何在一个空间内更加有序地居住生活和工作，确实是城市规划的一个重大挑战。但是，即使是经典的城市规划理论，也受到了来自各方的挑战，其中最为著名的是加拿大学者简·雅各布斯在《美国大城市的死与生》中提到的功能混合，以增加城市活力、减少城市犯罪等问题。同时，城市规划通过工业化时代的功能分区理论拉开了城市的空间框架，强化了各种经济要素的空间极化，然而却使城市空间的整体性遭到了极大的破坏，不仅带来了表象上物质空间的分割，而且更重要的是其背后对城乡社会、文化环境的割裂（张京祥）。农村聚落作为与城市聚落差异鲜明的人类聚居形态，具有自身特点，如地域空间较小、人口数量较小。在我国严格土地管理的情况下，如果也沿用功能分区的思路，是不合适的。因此，土地多功能复合与混合，成为农村居民点重构的主要理论依据。

同时，增长主义的终结，精明收缩，耕地保护压力大，建设用地指标缺乏，

农户需求多样化等现实背景，都需要对农村居民点用地多功能复合利用和土地立体空间使用，改进当前新村建设中的单纯居住社区模式导致的土地利用功能单一的偏差，可为精明收缩前提下的农村居民点用地规划、村庄规划以及乡村空间规划提供理论依据，助推乡村振兴的实现。

参考文献

［1］Banski J, Stola W. Transformation of the spatial and functional structure of rural areas in Poland ［J］. Journal of Rural Studies, 2002, 18 (3): 1-12.

［2］Barnett A, Fargione J, Smith M P. Mapping trade-offs in ecosystem services from reforestation in the Mississippi Alluvial Valley ［J］. BioScience, 2016, 66 (3): 223-237.

［3］Chambers R. The origins and practice of participatory and rural appraisal ［J］. World Development, 1994, 22 (7): 953-969.

［4］Chen R S, Ye C, Cai Y L, et al. The impact of rural out-migration on land use transition in China: Past, present and trend ［J］. Land Use Policy, 2014, 40: 101-110.

［5］Clay D C, Reardon T, Kangasniemi J. Sustainable intensification in the highland tropics: Rwandan farmers' investments in land conservation and soil fertility ［J］. Economic Development and Cultural Change, 1998, 46 (2): 351-378.

［6］Dahms F A. Dying villages, counter urbanization and the urban field: A Canadian perspective ［J］. Journal of Rural Studies, 1995, 11 (1): 21-33.

［7］Dahms F A. Settlement evolution in the Arena society in the unban field ［J］. Journal of Rural Studies, 1998, 14 (3): 299-320.

［8］DFID. Sustainable Livelihoods Guidance Sheets ［M］. London: Department for International Development, 2000.

［9］Domon G. Landscape as resource: Consequences, challenges and opportunities for rural development ［J］. Landscape and Urban Planning, 2011, 100: 338-340.

［10］Fan J, Li P X. The scientific foundation of Major Function Oriented Zoning in China ［J］. Journal of Geographical Sciences, 2009, 19 (5): 515-531.

［11］Fang Y G, Liu J S. The modification of North China quadrangles in response to rural social and economic changes in agricultural villages: 1970 – 2010s ［J］. Land Use Policy, 2014, 39: 266-280.

［12］Fang Y P, Fan J, Shen M Y, et al. Sensitivity of livelihood strategy to livelihood capital in mountain areas: Empirical analysis based on different settlements in the upper reaches of the Minjiang River, China ［J］. Ecological Indicators, 2014, 38: 225-235.

[13] Feng Z M, Yang Y Z, Zhang Y Q, et al. Grain-for-green policy and its impacts on grain supply in West China [J]. Land Use Policy, 2005, 22 (4): 301-312.

[14] Grainger A. National land use morphology: Patterns and possibilities [J]. Geography, 1995, 80 (3): 235-245.

[15] Grainger A. The forest transition: An alternative approach [J]. Area, 1995, 27 (3): 242-251.

[16] Guo L Y, Di L P, Li G, et al. GIS-based detection of land use transformation in the Loess Plateau: A case study in Baota District, Shanxi Province, China [J]. Journal of Geographical Sciences, 2015, 25 (12): 1467-1478.

[17] Holden S, Shiferaw B, Pender J. No-farm income, household welfare, and sustainable land management in a less-favored area in the Ethiopian highlands [J]. Food Policy, 2004, 29: 369-392.

[18] Jerzy B, Monika W. Transformations in housing construction in rural areas of Poland's Lublin region: Influence on the spatial settlement structure and landscape aesthetics [J]. Landscape and Urban Planning, 2010, 94: 116-126.

[19] Jiang G H, He X, Qu Y B, et al. Functional evolution of rural housing land: A comparative analysis across four typical areas representing different stages of industrialization in China [J]. Land Use Policy, 2016, (57): 645-654.

[20] Jiang G H, Wang X P, Yun W J, et al. A new system will lead to an optimal path of land consolidation spatial management in China [J]. Land Use Policy, 2015, 42: 27-37.

[21] Kiss E. Rural restructuring in Hungary in the period of socio-economic transition [J]. GeoJournal, 2000, 51 (3): 221-233

[22] Kruska R L, Reid R S, Thornton P K, et al. Mapping livestock-oriented agricultural production systems for the developing world [J]. Agricultural Systems, 2003, 77 (1): 39-63.

[23] La B. Hydrological functions of tropical forests: Not seeing the soil for the trees? [J]. Agriculture, Ecosystems &Environment, 2004, 104 (1): 185-228.

[24] Lambin E F, Meyfroidt P. Land use transitions: Socio-ecological feedback versus socio-economic change [J]. Land Use Policy, 2010, 27 (2): 108-118.

[25] Li T T, Long H L, Liu Y Q, et al. Multi-scale analysis of rural housing land transition under China's rapid urbanization: The case of Bohai Rim [J]. Habitat International, 2015, 48: 227-238.

[26] Li Y H, Li Y R, Westlund Hans, et al. Urban-rural transformation in relation to cultivated land conversion in China: Implications for optimizing land use and balanced regional development [J]. Land Use Policy, 2015 (47): 218-224.

［27］ Li Y R, Liu Y S, Long H L, et al. Community-based rural residential land consolidation and al-location can help to revitalize hollowed villages in traditional agricultural areas of China: Evidence from Dancheng County, Henan Province ［J］. Land Use Policy, 2014, 39: 188-198.

［28］ Liu Y S, Liu Y, Chen Y F, et al. The process and driving forces of rural hollowing in China under rapid urbanization ［J］. Journal of Geographical Sciences, 2010, 20 (6): 876-888.

［29］ Liu Y S, Yang R, Long H L, et al. Implications of land-use change in rural China: A case study of Yucheng, Shandong province ［J］. Land Use Policy, 2014, 40: 111-118.

［30］ Liu Y S, Zhang F G. Appraisal of typical rural development models during rapid urbanization in the eastern coastal region of China ［J］. Journal of Geographical Sciences, 2009, 19 (5): 557-567.

［31］ Long H L, Liu Y S, Li X B, et al. Building new countryside in China: A geographical perspective ［J］. Land Use Policy, 2010 (27): 457-470.

［32］ Long H L, Li Y R, Liu Y S, et al. Accelerated restructuring in rural China fueled by "increasing vs. decreasing balance" land-use policy for dealing with hollowed villages ［J］. Land Use Policy, 2012, 29 (1): 11-22.

［33］ Long H L, Liu Y S, Wu X Q, et al. Spatio-temporal dynamic patterns of farmland and rural set-tlements in Su-Xi-Chang region: Implications for building a new countryside in coastal China ［J］. Land Use Policy, 2009, 26 (2): 322-333.

［34］ Long H L, Tang G P, Li X B, et al. Socio-economic driving forces of land-use change in Kun-shan, the Yangtze River Delta Economic Area of China ［J］. Journal of Environmental Manage-ment, 2007, 83 (3): 351-364.

［35］ Long H L, Zou J, Liu Y S. Differentiation of rural development driven by industrialization and ur-banization in eastern coastal China ［J］. Habitat International, 2009, 33 (4): 454-462.

［36］ Ma W Q, Jiang G H, Zhang R J, et al. Achieving rural spatial restructuring in China: A suitable framework to understand how structural transitions in rural residential land differ across peri-urban interface? ［J］. Land Use Policy, 2018 (75): 583-593.

［37］ Mac D D, Crabtree J R, Wiesinger G. Agricultural abandonment in mountain areas of Europe: Environmental consequences and policy response ［J］. Journal of Environmental Management, 2000, 59 (1): 47-69.

［38］ Mather A S. Recent Asian forest transitions in relation to forest-transition theory ［J］. International Forestry Review, 2007, 9 (1): 491-502.

［39］ Mather A S. The forest transition ［J］. Area, 1992, 24 (4): 367-379.

［40］ Molinillo M, Lasanta T, García-Ruiz R J. Managing mountainous degraded landscapes after farm-land abandonment in the Central Spanish Pyrenees ［J］. Environmental Management, 1997, 21 (4): 587-598.

［41］ Mottet A, Ladet S, Coque N, et al. Agricultural land－use change and its drivers in mountain landscapes: A case study in the Pyrenees ［J］. Agriculture, Ecosystems & Environment, 2006, 114 (2/4): 296-310.

［42］ Nepal S K. Tourism and rural settlements Nepal's Annapurna Region ［J］. Annals of Tourism Research, 2007, 34 (4): 855-875.

［43］ Paquette S, Domon G. Changing ruralities, changing landscapes: Exploring social recomposition using a multi－scale approach ［J］. Journal of Rural Studies, 2003, 19 (4): 425-444.

［44］ Qu Y B, Jiang G H, Zhao Q L, et al. Geographic identification, spatial differentiation, and formation mechanism of multifunction of rural settlements: A case study of 804 typical villages in Shandong Province, China ［J］. Journal of Cleaner Production, 2017, 166 (11): 1202-1215.

［45］ Robinson G M. Conflict and Change in the Countryside ［M］. London: Belhaven Press, 1991.

［46］ Sevenant M, Antrop M. Settlement models, land use and visibility in rural landscapes: Two case studies in Greece ［J］. Landscape and Urban Planning, 2007, 80: 362-374.

［47］ Shao J A, Zhang S C, Li X B. Farmland marginalization in the mountainous areas: Characteristics, influencing factors and policy implications ［J］. Journal of Geographical Sciences, 2015, 25 (6): 701-722.

［48］ Sharp J S, Smith M B. Social capital and farming at the rural－urban interface: The importance of nonfarmer and farmer relations ［J］. Agricultural Systems, 2003, 76: 913-927.

［49］ Song W, Liu M L. Assessment of decoupling between rural settlement area and rural population in China ［J］. Land Use Policy, 2014, 39: 331-341.

［50］ Tang G J, Qiao Z, Gao Xiaolu. Rural settlement land dynamic modes and policy implications in Beijing metropolitan region, China ［J］. Habitat International, 2014, 44: 237-246.

［51］ Tang M H, Li X B. The changing settlements in rural areas under urban pressure in China: Patterns, driving forces and policy implications ［J］. Landscape and Urban Planning, 2013, 120: 170-177.

［52］ Verburg P H, Steeg J, Veldkamp A, et al. From land cover change to land function dynamics: A major challenge to improve land characterization ［J］. Journal of Environmental Management, 2009, 90 (3): 1327-1335.

［53］ Wang Y, Bi G H, Yang Q Y, et al. Analyzing land use characteristics of rural settlements on the urban fringe of Liangjiang New Area, Chongqing, China ［J］. Journal of Mountain Science, 2016, 13 (10): 1855-1866.

［54］ Willemen L, Hein L, Martinus E F, et al. Quantifying interactions among multiple landscape functions in a Dutch rural region ［J］. Ecological Indicators, 2010, 10 (1): 62-73.

［55］ Wu Q Y, Zhang X L, Xu Y L, et al. Dualities of semi－urbanization villages in social－spatial transition: A case study of Zhoucun village in suburban Nanjing, China [J]. Journal of Rural Studies, 2016, 47: 657-664.

[56] Xu Zhigang, Xu Jintao, Deng Xiangzheng, et al. Grain for green versus grain: Conflict between food security and conservation set-aside in China [J]. World Development, 2006, 34 (1): 130-148.

[57] Yamada S, Okubo S, Kitagawa Y. Restoration of weed communities in abandoned rice paddy fields in the Tama Hills, central Japan [J]. Agriculture, Ecosystems&Environment, 2007, 119: 88-102.

[58] Yin P H, Fang X Q, Tian Q, et al. The changing regional distribution of grain production in China in the 21st century [J]. Journal of Geographical Sciences, 2006, 16 (4): 396-404.

[59] Zasada I. Multifunctional peri-urban agriculture: A review of societal demands and the provision of goods and services by farming [J]. Land Use Policy, 2011, 28: 639-648.

[60] Zhang B L, Jiang G H, Cai W M, et al. Productive functional evolution of rural settlements: analysis of livelihood strategy and land use transition in eastern China [J]. Journal of Mountain Science, 2017, 14 (12): 2540-2554.

[61] Zhang L. The political economy of informal settlements in post-socialist China: The case of cheng-zhongcun (s) [J]. Geoforum, 2011, (42): 473-483.

[62] Zhang Y, Li X B, Song W. Determinants of cropland abandonment at the parcel, household and village levels in mountain areas of China: A multi-level analysis [J]. Land Use Policy, 2014, 41: 186-192.

[63] Zhao Y L, Zhang M, Li X B, et al. Farmland marginalization and policy implications in mountainous areas: A case study of Renhuai City, Guizhou [J]. Journal of Resources and Ecology, 2016, 7 (1): 61-67.

[64] Zhou G H, He Y H, Tang C L, et al. Dynamic mechanism and present situation of rural settlement evolution in China [J]. Journal of Geographical Sciences, 2013, 23 (3): 513-524.

[65] Zhu F K, Zhang F R, Ke X L. Rural industrial restructuring in China's metropolitan suburbs: Evidence from the land use transition of rural enterprises in suburban Beijing [J]. Land Use Policy, 2018 (74): 121-129.

[66] Zhu F K, Zhang F R, Li C, et al. Functional transition of the rural settlement: Analysis of land-use differentiation in a transect of Beijing, China [J]. Habitat International, 2014, 41 (1): 262-271.

[67] 蔡昉, 都阳, 王美艳. 户籍制度与劳动力市场保护 [J]. 经济研究, 2001 (12): 41-49.

[68] 蔡昉. 中国农村改革三十年: 制度经济学的分析 [J]. 中国社会科学, 2008 (6): 99-110.

[69] 蔡为民, 唐华俊, 陈佑启, 等. 近20年黄河三角洲典型地区农村居民点景观格局 [J]. 资

源科学，2004，26（5）：89-97.

[70] 蔡为民，张佰林，张凤荣，等. 沂蒙山区农户生计变迁及其住宅形态的响应研究 [J]. 自然资源学报，2017，32（04）：704-714.

[71] 曹锦清. 黄河边的中国：一个学者对乡村社会的观察与思考 [M]. 上海：上海文艺出版社，2001.

[72] 曹顺爱，吴次芳，余万军. 土地生态服务价值评价及其在土地利用布局中的应用：以杭州市萧山区为例 [J]. 水土保持学报，2006，20（2）：197-200.

[73] 曹子剑，张凤荣，姜广辉，等. 北京市平谷区不同区域农村居民点内部结构差异分析 [J]. 地理科学进展，2008，27（2）：121-126.

[74] 曾山山，周国华. 农村聚居的相关概念辨析 [J]. 云南地理环境研究，2011，23（3）：26-31.

[75] 曾早早，方修琦，叶瑜. 基于聚落地名记录的过去 300 年吉林省土地开垦过程 [J]. 地理学报，2011，66（7）：985-993.

[76] 曾早早，方修琦，叶瑜. 吉林省近 300 年来聚落格局演变 [J]. 地理科学，2011，31（1）：87-94.

[77] 曾中秋. 经济人假设的理论发展及方法论评价 [J]. 科学技术与辩证法，2004，21（4）：15-18.

[78] 陈诚，金志丰. 经济发达地区乡村聚落用地模式演变：以无锡市惠山区为例 [J]. 地理研究，2015，34（11）：2155-2164.

[79] 陈诚. 农村聚落功能评价研究：以启东市为例 [J]. 长江流域资源与环境，2014，23（10）：1425-1431.

[80] 陈国阶. 对中国山区发展战略的若干思考 [J]. 中国科学院院刊，2007，22（2）：126-131.

[81] 陈洁，陆锋，程昌秀. 可达性度量方法及应用研究进展评述 [J]. 地理科学进展，2007，26（5）：100-110.

[82] 陈靖，史培军. 土地利用功能分类探讨 [J]. 北京师范大学学报（自然科学版），2005，41（5）：536-540.

[83] 陈龙，周生路，周兵兵，等. 基于主导功能的江苏省土地利用转型特征与驱动力 [J]. 经济地理，2015，35（2）：155-162.

[84] 陈荣清，张凤荣，孟媛，等. 农村居民点整理的现实潜力估算 [J]. 农业工程学报，2009，25（4）：216-221.

[85] 陈心佩，信桂新，魏朝富. 贫困山区弃耕撂荒及其影响因素分析：以重庆市酉阳县两乡四村为例 [J]. 西南大学学报（自然科学版），2016，38（9）：166-174.

[86] 道格·桑德斯. 落脚城市：最终的人口大迁徙与世界未来 [M]. 陈信宏，译. 上海：上海译文出版社，2012.

[87] 陈秧分，刘彦随，龙花楼. 中国东部沿海县域农村经济增长的差异及其成因 [J]. 经济地理，2009，29（7）：1154-1159.

[88] 陈秧分，刘彦随. 农村土地整治的观点辨析与路径选择 [J]. 中国土地科学，2011，25（8）：93-96.

[89] 陈玉福，孙虎，刘彦随. 中国典型农区空心村综合整治模式 [J]. 地理学报，2010，65（6）：727-735.

[90] 陈育宁. 日本山区农业经济发展对我国的启示：日本岛根县农村问题考察 [J]. 中国软科学，2003，（8）：106-109.

[91] 程连生，冯文勇，蒋立宏. 太原盆地东南部农村聚落空心化机理分析 [J]. 地理学报，2001，56（4）：437-446.

[92] 崔卫国，李裕瑞，刘彦随. 中国重点农区农村空心化的特征、机制与调控：以河南省郸城县为例 [J]. 资源科学，2011，33（11）：2014-2021.

[93] 戴尔阜，王晓莉，朱建佳，等. 生态系统服务权衡：方法、模型与研究框架 [J]. 地理研究，2016，35（6）：1005-1016.

[94] 党国英. 以市场化为目标改造农村社会经济制度：当前农村政策的一个评论 [J]. 中国农村观察，2002（4）：72-79.

[95] 党国英. 中国农村改革与发展模式的转变：中国农村改革30年回顾与展望 [J]. 社会科学战线，2008（2）：8-23.

[96] 邓爱民，黄鑫. 低碳背景下乡村旅游功能构建问题探讨 [J]. 农业经济问题，2013（2）：105-109.

[97] 邓华，邵景安，王金亮，等. 多因素耦合下三峡库区土地利用未来情景模拟 [J]. 地理学报，2016，71（11）：1979-1997.

[98] 樊杰，许豫东，邵阳. 土地利用变化研究的人文地理视角与新命题 [J]. 地理科学进展，2003，22（1）：1-10.

[99] 范凌云. 社会空间视角下苏南乡村城镇化历程与特征分析：以苏州市为例 [J]. 城市规划学刊，2015（4）：27-35.

[100] 房艳刚，刘继生. 集聚型农业村落文化景观的演化过程与机理：以山东曲阜峪口村为例 [J]. 地理研究，2009，28（4）：968-978.

[101] 房艳刚，刘继生. 理想类型叙事视角下的乡村景观变迁与优化策略 [J]. 地理学报，2012，67（10）：1399-1410.

[102] 费孝通. 江村经济：中国农民的生活 [M]. 北京：商务印书馆，2001.

[103] 费孝通. 中国士绅：城乡关系论集 [M]. 北京：外语教学与研究出版社，2011.

[104] 冯健，杜瑀. 空心村整治意愿及其影响因素：基于宁夏西吉县的调查 [J]. 人文地理，2016（6）：39-48.

[105] 冯应斌，杨庆媛．农户宅基地演变过程及其调控研究进展 [J]．资源科学，2015，37（3）：442-448.

[106] 付烨．京郊农村住宅功能空间居住实态调查 [J]．小城镇建设，2010：101-104.

[107] 傅伯杰，于丹丹．生态系统服务权衡与集成方法 [J]．资源科学，2016，38（1）：1-9.

[108] 高阳．基于结构与功能演变规律的农村居民点更新研究：河北省遵化市为例 [D]．北京：中国农业大学，2017.

[109] 郜鲁豪，徐旌．基于土地利用变化的安宁市土地生态服务价值评价 [J]．云南地理环境研究，2011，23（1）：24-27.

[110] 谷晓坤，周小萍，卢新海．大都市郊区农村居民点整理模式及效果评价：以上海市金山区为例 [J]．经济地理，2009，29（5）：832-835.

[111] 顾朝林，李阿琳．从解决"三农问题"入手推进城乡发展一体化 [J]．经济地理，2013，33（1）：138-148.

[112] 关小克，张凤荣，曲衍波，等．北京市农村居民点整理时空配置综合评价 [J]．中国土地科学，2010，24（7）：30-35.

[113] 管彦波．西南民族聚落的背景分析与功能探讨 [J]．民族研究，1997（6）：83-91.

[114] 郭椿阳，高建华，樊鹏飞，等．基于格网尺度的永城市土地利用转型研究与热点探测 [J]．中国土地科学，2016，30（4）：43-51.

[115] 郭旭东，邱扬，连纲，等．基于 PSR 框架的土地质量指标体系研究进展与展望 [J]．地理科学进展，2003，22（5）：479-488.

[116] 郭媛媛，莫多闻，毛龙江，等．山东北部地区聚落遗址时空分布与环境演变的关系 [J]．地理学报，2013，68（4）：559-570.

[117] 国家林业局．中国森林资源报告：第七次全国森林资源清查 [M]．北京：中国林业出版社，2009.

[118] 国土资源部土地整治中心．中国土地整治发展研究报告 [M]．北京：社会科学文献出版社，2014.

[119] 韩非，蔡建明．我国半城市化地区乡村聚落的形态演变与重建 [J]．地理研究，2011，30（7）：1271-1284.

[120] 韩茂莉，刘霄泉，方晨，等．全新世中期西辽河流域聚落选址与环境解读 [J]．地理学报，2007，62（12）：1287-1298.

[121] 韩茂莉，张暐伟．20 世纪上半叶西辽河流域巴林左旗聚落空间演变特征分析 [J]．地理科学，2009，29（1）：71-77.

[122] 韩茂莉，张一，方晨，等．全新世以来西辽河流域聚落环境选择与人地关系 [J]．地理研究，2008，27（5）：1118-1128.

[123] 郝海广，李秀彬，张惠远，等．劳动力务农机会成本对农地边际化的驱动作用 [J]．干旱

区资源与环境，2015，29（3）：50-56.

[124] 何仁伟，刘邵权，陈国阶，等 . 中国农户可持续生计研究进展及趋向 [J]. 地理科学进展，2013，32（4）：657-670.

[125] 何仁伟 . 山区聚落农户可持续生计发展水平及空间差异分析：以四川省凉山州为例 [J]. 中国科学院大学学报，2014，31（2）：221-230.

[126] 何威风，阎建忠，周洪，等 . 森林转型的微观机制：以重庆市山区为例 [J]. 自然资源学报，2016，31（1）：102-113.

[127] 贺艳华，唐承丽，周国华，等 . 基于地理学视角的快速城市化地区空间冲突测度：以长株潭城市群地区为例 [J]. 自然资源学报，2014，29（10）：1660-1674.

[128] 贺艳华，曾山山，唐承丽，等 . 中国中部地区农村聚居分异特征及形成机制 [J]. 地理学报，2013，68（12）：1643-1656.

[129] 侯光良，刘峰贵，萧凌波，等 . 青海东部高庙盆地史前文化聚落演变与气候变化 [J]. 地理学报，2008，63（1）：34-40.

[130] 胡道儒 . 开展农村宅基地整理是实现耕地总量动态平衡的有力保障 [J]. 国土经济，1999（4）：4-35.

[131] 胡静 . 城乡结合部建设用地扩展机理研究：以柳州市为例 [D]. 武汉：华中农业大学，2007.

[132] 胡伟艳，魏安奇，赵志尚，等 . 农地多功能供需错位与协同作用研究进展及趋势 [J]. 中国土地科学，2017，31（3）：89-96.

[133] 黄宗智 . 华北的小农经济与社会变迁 [M]. 北京：中华书局，1986.

[134] 惠怡安，张阳生，徐明，等 . 试论农村聚落的功能与适宜规模：以延安安塞县南沟流域为例 [J]. 人文杂志，2010（3）：183-187.

[135] 姜广辉，张凤荣，秦静，等 . 北京山区农村居民点分布变化及其与环境的关系 [J]. 农业工程学报，2006，22（11）：85-92.

[136] 姜广辉，张凤荣，谭雪晶，等 . 北京市平谷区农村居民点用地生态服务功能分析 [J]. 农业工程学报，2009，25（5）：210-216.

[137] 姜广辉，张凤荣，谭雪晶 . 北京市平谷区农村居民点用地空间结构调整 [J]. 农业工程学报，2008，24（11）：69-75.

[138] 姜广辉，张凤荣，周丁扬，等 . 北京市农村居民点用地内部结构特征的区位分析 [J]. 资源科学，2007，29（2）：109-116.

[139] 蒋省三，刘守英 . 土地资本化与农村工业化：广东省佛山市南海经济发展调查 [J]. 管理世界，2003（11）：87-97.

[140] 金其铭，董昕，张小林 . 乡村地理学 [M]. 南京：江苏教育出版社，1990.

[141] 金其铭 . 我国农村聚落地理研究历史及近今趋向 [J]. 地理学报，1988，43（4）：

311-317.

[142] 金其铭. 中国农村聚落地理 [M]. 南京：江苏科技出版社，1989.

[143] 鞠颖. 农村住宅功能构成与空间设计：以重庆为例 [J]. 价值工程，2011，34：67.

[144] 蓝宇蕴. 城中村流动人口聚居区的功能分析：基于城中村空间改造的思考 [J]. 中国福建省委党校学报，2008（12）：59-60.

[145] 李周. 中国农村发展的成就与挑战 [J]. 中国农村经济，2013（8）：4-14.

[146] 李波. 基于多源遥感数据的城市建设用地空间扩展动态监测及其动力学模拟研究 [D]. 杭州：浙江大学，2012.

[147] 李灿，张凤荣，姜广辉，等. 京郊卫星城区域农村居民点土地利用特征分析 [J]. 农业工程学报，2013，29（19）：233-243.

[148] 李承桧，信桂新，杨朝现，等. 传统农区土地利用与覆被变化（LUCC）及其生态环境效应 [J]. 西南大学学报（自然科学版），2016，38（5）：139-145.

[149] 李翠珍，徐建春，孔祥斌. 大都市郊区农户生计多样化及对土地利用的影响：以北京市大兴区为例 [J]. 地理研究，2012，31（6）：1039-1049.

[150] 李红波，胡晓亮，张小林，等. 乡村空间辨析 [J]. 地理科学进展，2018，37（5）：591-600.

[151] 李红波，张小林，吴启焰，等. 发达地区乡村聚落空间重构的特征与机理研究：以苏南为例 [J]. 自然资源学报，2015，30（4）：591-603.

[152] 李君，李小建. 河南中收入丘陵区村庄空心化微观分析 [J]. 中国人口·资源与环境，2008，18（1）：170-175.

[153] 李君，李小建. 综合区域环境影响下的农村居民点空间分布变化及影响因素分析：以河南巩义市为例 [J]. 资源科学，2009，31（7）：1195-1204.

[154] 李力行. 发展农村金融的关键：发挥农用地和宅基地的抵押融资功能 [J]. 农村工作通讯，2011（14）：37.

[155] 李平星，陈雯，孙伟. 经济发达地区乡村地域多功能空间分异及影响因素：以江苏省为例 [J]. 地理学报，2014，69（6）：797-807.

[156] 李升发，李秀彬. 耕地撂荒研究进展与展望 [J]. 地理学报，2016，71（3）：370-389.

[157] 李仕冀，李秀彬，谈明洪. 乡村人口迁出对生态脆弱地区植被覆被的影响：以内蒙古自治区为例 [J]. 地理学报，2015，70（10）：1622-1631.

[158] 李双成，张才玉，刘金龙，等. 生态系统服务权衡与协同研究进展及地理学研究议题 [J]. 地理研究，2013，32（8）：1379-1390.

[159] 李小建，杨慧敏. 乡村聚落变化及发展型式展望 [J]. 经济地理，2017，37（12）：1-8.

[160] 李小建，高更和，乔家君. 农户收入的农区发展环境影响分析：基于河南省1251家农户的调查 [J]. 地理研究，2008，27（5）：1037-1047.

[161] 李小建, 高更和. 中国中部平原村庄农业生产区位研究: 以河南南阳黄庄为例 [J]. 地理科学, 2008, 28 (5): 616-623.

[162] 李小建, 罗庆, 樊新生. 农区专业村的形成与演化机理研究 [J]. 中国软科学, 2009 (2): 71-80.

[163] 李小建, 罗庆, 杨慧敏. 专业村类型形成及影响因素研究 [J]. 经济地理, 2013, 33 (7): 1-8.

[164] 李小建, 乔家君. 欠发达地区农户的兼业演变及农户经济发展研究: 基于河南省 1000 农户的调查分析 [J]. 中州学刊, 2003 (5): 58-61.

[165] 李小建, 时慧娜. 基于农户视角的农区发展研究 [J]. 人文地理, 2008 (1): 1-6.

[166] 李小建, 周雄飞, 郑纯辉, 等. 欠发达区地理环境对专业村发展的影响研究 [J]. 地理学报, 2012, 67 (6): 783-792.

[167] 李小建, 周雄飞, 郑纯辉. 河南农区经济发展差异地理影响的小尺度分析 [J]. 地理学报, 2008, 63 (2): 147-155.

[168] 李小建. 欠发达农区经济发展中的农户行为: 以豫西山地丘陵区为例 [J]. 地理学报, 2002, 57 (4): 459-468.

[169] 李小云, 董强, 饶小龙, 等. 农户脆弱性分析方法及其本土化应用 [J]. 中国农村经济, 2007 (4): 32-39.

[170] 李秀彬, 赵宇鸾. 森林转型、农地边际化与生态恢复 [J]. 中国人口·资源与环境, 2011, 21 (10): 91-95.

[171] 李秀彬. 农地利用变化假说与相关的环境效应命题 [J]. 地球科学进展, 2008, 23 (11): 1124-1129.

[172] 李秀彬. 土地利用变化的解释 [J]. 地理科学进展, 2002, 21 (3): 195-203.

[173] 李玉恒, 阎佳玉, 武文豪, 等. 世界乡村转型历程与可持续发展展望 [J]. 地理科学进展, 2018, 37 (5): 627-635.

[174] 李裕瑞, 刘彦随, 龙花楼, 等. 大城市郊区村域转型发展的资源环境效应与优化调控研究: 以北京市顺义区北村为例 [J]. 地理学报, 2013, 68 (6): 825-838.

[175] 李裕瑞, 刘彦随, 龙花楼. 黄淮海典型地区村域转型发展的特征与机理 [J]. 地理学报, 2012, 67 (6): 771-782.

[176] 李裕瑞, 刘彦随, 龙花楼. 中国农村人口与农村居民点用地的时空变化 [J]. 自然资源学报, 2010, 25 (10): 1629-1638.

[177] 梁进社. 地理学的十四大原理 [J]. 地理科学, 2009, 29 (3): 307-315.

[178] 梁小英, 顾铮鸣, 雷敏, 等. 土地功能与土地利用表征土地系统和景观格局的差异研究: 以陕西省蓝田县为例 [J]. 自然资源学报, 2014, 29 (7): 1127-1135.

[179] 廖丹清. 中国城市化道路与农村改革和发展 [J]. 中国社会科学, 1995 (1): 53-63.

[180] 廖柳文, 秦建新, 刘永强, 等. 基于土地利用转型的湖南省生态弹性研究 [J]. 经济地理, 2015, 35 (9)：16-23.

[181] 林坚, 李尧. 北京市农村居民点用地整理潜力研究 [J]. 中国土地科学, 2007, 21 (1)：58-65.

[182] 林永新. 乡村治理视角下半城镇化地区的农村工业化：基于珠三角、苏南、温州的比较研究 [J]. 城市规划学刊, 2015 (3)：101-110.

[183] 刘超, 许月卿, 孙丕苓, 等. 土地利用多功能性研究进展与展望 [J]. 地理科学进展, 2016, 35 (9)：1087-1099.

[184] 刘滨谊. 人类聚居环境学引论 [J]. 城市规划汇刊, 1996 (4)：5-11.

[185] 刘成武, 李秀彬. 农地边际化的表现特征及其诊断标准 [J]. 地理科学进展, 2005, 24 (2)：106-113.

[186] 刘海泳, 顾朝林. 北京流动人口聚落的形态、结构与功能 [J]. 地理科学, 1999, 19 (6)：497-503.

[187] 刘继来, 刘彦随, 李裕瑞. 中国 "三生空间" 分类评价与时空格局分析 [J]. 地理学报, 2017, 72 (7)：1290-1304.

[188] 刘明皓, 戴志中, 邱道持, 等. 山区农村居民点分布的影响因素分析与布局优化：以彭水县保家镇为例 [J]. 经济地理, 2011, 31 (3)：476-482.

[189] 刘沛, 段建南, 王伟, 等. 土地利用系统功能分类与评价体系研究 [J]. 湖南农业大学学报 (自然科学版), 2010, 36 (1)：113-118.

[190] 刘鹏, 陈荣蓉, 杨朝现, 等. 基于 "三生空间" 协调的农村居民点布局优化研究 [J]. 水土保持研究, 2017, 24 (2)：283-288.

[191] 刘巧玲. 充分发挥宅基地及农房用益物权的融资功能：四川省遂宁市案例分析 [J]. 西南金融, 2009 (7)：45-46.

[192] 刘婷, 邵景安. 三峡库区不同土地利用背景下的土壤侵蚀时空变化及其分布规律 [J]. 中国水土保持科学, 2016, 14 (3)：1-9.

[193] 刘彦随, 李进涛. 中国县域农村贫困化分异机制的地理探测与优化决策 [J]. 地理学报, 2017, 72 (1)：161-173.

[194] 刘彦随, 刘玉, 翟荣新. 中国农村空心化的地理学研究与整治实践 [J]. 地理学报, 2009, 64 (10)：1193-1202.

[195] 刘彦随, 刘玉, 陈玉福. 中国地域多功能性评价及其决策机制 [J]. 地理学报, 2011, 66 (10)：1379-1389.

[196] 刘彦随. 中国东部沿海地区乡村转型发展与新农村建设 [J]. 地理学报, 2007, 62 (6)：563-570.

[197] 刘彦随. 中国新农村建设地理论 [M]. 北京：科学出版社, 2011.

[198] 刘易斯·芒福德. 城市发展史：起源、演变和前景 [M]. 宋俊岭，倪文彦，译. 北京：中国建筑工业出版社，2004.

[199] 刘樱，周春山，黄婉玲，等. 大都市区农村土地非农化空间特征及机理：以广州市为例 [J]. 地理科学进展，2018，37（8）：1119-1130.

[200] 刘永强，龙花楼. 黄淮海平原农区土地利用转型及其动力机制 [J]. 地理学报，2016，71（4）：666-679.

[201] 刘玉，刘彦随，郭丽英. 环渤海地区农村居民点用地整理分区及其整治策略 [J]. 农业工程学报，2011，27（6）：306-312.

[202] 刘玉，刘彦随，郭丽英. 基于SOFM的环渤海地区乡村地域功能分区 [J]. 人文地理，2013（3）：114-120.

[203] 刘玉，刘彦随，郭丽英. 乡村地域多功能的内涵及其政策启示 [J]. 人文地理，2011（6）：103-106.

[204] 刘玉，刘彦随. 乡村地域多功能的研究进展与展望 [J]. 中国人口·资源与环境，2012，22（10）：164-169.

[205] 龙花楼，李婷婷. 中国耕地和农村宅基地利用转型耦合分析 [J]. 地理学报，2012，67（2）：201-210.

[206] 龙花楼，李秀彬. 区域土地利用转型分析：以长江沿线样带为例 [J]. 自然资源学报，2002，17（2）：144-149.

[207] 龙花楼，李秀彬. 中国耕地转型与土地整理：研究进展与框架 [J]. 地理科学进展，2006，25（5）：67-76.

[208] 龙花楼，李裕瑞，刘彦随. 中国空心化村庄演化特征及其动力机制 [J]. 地理学报，2009，64（10）：1203-1213.

[209] 龙花楼，屠爽爽. 论乡村重构 [J]. 地理学报，2017，72（4）：563-576.

[210] 龙花楼，李婷婷，邹健. 我国乡村转型发展动力机制与优化对策的典型分析 [J]. 经济地理，2011，31（12）：2080-2085.

[211] 龙花楼，李秀彬. 长江沿线样带农村宅基地转型 [J]. 地理学报，2005，60（2）：179-188.

[212] 龙花楼，刘彦随，邹健. 中国东部沿海地区乡村发展类型及其乡村性评价 [J]. 地理学报，2009，64（4）：426-434.

[213] 龙花楼. 论土地利用转型与土地资源管理 [J]. 地理研究，2015，34（9）：1607-1618.

[214] 龙花楼. 论土地利用转型与乡村转型发展 [J]. 地理科学进展，2012，31（2）：131-138.

[215] 龙花楼. 中国农村宅基地转型的理论与实证 [J]. 地理学报，2006，61（10）：1093-1100.

[216] 龙花楼. 中国乡村转型发展与土地利用 [M]. 北京：科学出版社，2012.

[217] 鲁莎莎，刘彦随，关兴良. 农业地域功能的时空格局与演进特征：以106国道沿线典型样

带区为例 [J]. 中国土地科学, 2014, 28 (3): 67-75.

[218] 吕立刚, 周生路, 周兵兵, 等. 区域发展过程中土地利用转型及其生态环境响应研究：以江苏省为例 [J]. 地理科学, 2013, 33 (12): 1442-1449.

[219] 马雯秋, 何新, 姜广辉, 等. 基于土地功能的农村居民点内部用地结构分类 [J]. 农业工程学报, 2018, 34 (4): 269-277.

[220] 马晓冬, 李全林, 沈一. 江苏省乡村聚落的形态分异及地域类型 [J]. 地理学报, 2012, 67 (4): 516-525.

[221] 门明新, 张俊梅, 刘玉, 等. 基于综合生产能力核算的河北省耕地重点保护区划定 [J]. 农业工程学报, 2009, 25 (10): 264-271.

[222] 蒙吉军, 艾木入拉, 刘洋, 等. 农牧户可持续生计资产与生计策略的关系研究：以鄂尔多斯市乌审旗为例 [J]. 北京大学学报 (自然科学版), 2013, 49 (2): 321-328.

[223] 牛剑平, 杨春利, 白永平. 中国农村经济发展水平的区域差异分析 [J]. 经济地理, 2010, 30 (3): 479-483.

[224] 牛山敬二. 日本农业与农村的现状及危机 [J]. 中国农史, 2012 (1): 73-87.

[225] 欧阳国辉, 王轶. 社会转型期农村居住形态研究 [J]. 湖南师范大学学报 (自然科学版), 2011, 34 (3): 90-94.

[226] 朴玉顺. 朝鲜族住宅的现代功能与传统文化的结合：以沈阳地区农村朝鲜族节能住宅设计为例 [J]. 城镇形象与建筑设计, 2004 (4): 29-33.

[227] 恰亚诺夫. 农民经济组织 [M]. 萧正洪, 译. 北京: 中央编译出版社, 1996.

[228] 钱建平, 周勇. 基于DSR的城乡结合部土地价格影响因素体系的构建 [J]. 地理与地理信息科学, 2004, 20 (6): 57-60.

[229] 曲福田, 陈江龙, 陈雯. 农地非农化经济驱动机制的理论分析与实证研究 [J]. 自然资源学报, 2005, 20 (2): 231-241.

[230] 曲衍波, 姜广辉, 张佰林, 等. 山东省农村居民点转型的空间特征及其经济梯度分异 [J]. 地理学报, 2017, 72 (10): 1845-1858.

[231] 曲衍波, 张凤荣, 郭力娜, 等. 农村居民点整理后耕地质量评价与应用 [J]. 农村工程学报, 2012, 28 (2): 226-233.

[232] 曲衍波, 张凤荣, 宋伟, 等. 农村居民点整理潜力综合修正与测算：以北京市平谷区为例 [J]. 地理学报, 2012, 67 (4): 490-503.

[233] 曲艺, 龙花楼. 城市土地利用隐性形态空间分异及其影响因素：以中国289个地级以上城市为例 [J]. 经济地理, 2016, 36 (10): 1-8.

[234] 曲艺, 龙花楼. 基于开发利用与产出视角的区域土地利用隐性形态综合研究：以黄淮海地区为例 [J]. 地理研究, 2017, 36 (1): 61-73.

[235] 冉逸萧. 重庆市酉阳县山区农村衰落特征及原因分析 [D]. 北京: 中国农业大学, 2017.

［236］饶传坤.日本农村过疏化的动力机制、政策措施及其对我国农村建设的启示［J］.浙江大学学报（人文社会科学版），2007，37（6）：147-156.

［237］任国平，刘黎明，孙锦，等.基于"胞—链—形"分析的都市郊区村域空间发展模式识别与划分［J］.地理学报，2017，72（12）：2147-2165.

［238］沙志芳.农村社会分化进程和变迁趋向分析：苏中10村调查［J］.扬州大学学报（人文社会科学版），2007，11（5）：20-25.

［239］邵景安，郭跃，陈勇，等.近20年三峡库区（重庆段）森林景观退化特征［J］.西南大学学报（自然科学版），2014，36（11）：1-11.

［240］邵景安，张仕超，李秀彬.山区耕地边际化特征及其动因与政策含义［J］.地理学报，2014，69（2）：227-242.

［241］施冬健，张黎.城市的集聚与扩散效应［J］.商业研究，2006（5）：142-144.

［242］石诗源，张小林.江苏省农村居民点用地现状分析与整理潜力测算［J］.中国土地科学，2009，23（9）：52-58.

［243］石智雷，杨云彦.外出务工对农村劳动力能力发展的影响及政策含义［J］.管理世界，2011（12）：40-54.

［244］史铁丑，李秀彬.欧洲耕地撂荒研究及对我国的启示［J］.地理与地理信息科学，2013，29（3）：101-103.

［245］史铁丑，徐晓红.重庆市典型县撂荒耕地图斑的提取与验证［J］.农业工程学报，2016，32（24）：261-267.

［246］史艳玲.浅析日本农村过疏化现象的成因及其对农业发展的影响［J］.农业经济，2008（8）：39-40.

［247］舒帮荣，李永乐，曲艺，等.经济发达地区镇域农村居民点演变驱动力空间差异研究：以太仓市陆渡镇和浏河镇为例［J］.长江流域资源与环境，2014（6）：759-766.

［248］宋洪远，黄华波，刘光明.关于农村劳动力流动的政策问题分析［J］.管理世界，2002（5）：55-65.

［249］宋世雄，梁小英，梅亚军，等.基于CBDI的农户耕地撂荒行为模型构建及模拟研究：以陕西省米脂县冯阳洼村为例［J］.自然资源学报，2016，31（11）：1926-1937.

［250］宋伟，陈百明，张英.中国村庄宅基地空心化评价及其影响因素［J］.地理研究，2013，32（1）：20-28.

［251］宋伟，陈百明，杨红，等.我国农村宅基地资源现状分析［J］.中国农业资源与区划，2008，29（3）：1-5.

［252］宋伟，张凤荣，孔祥斌，等.自然经济限制性下天津市农村居民点整理潜力估算［J］.自然资源学报，2006，21（6）：888-899.

［253］宋伟.农村住宅功能的区域分异规律研究［J］.中国农学通报，2012，28（20）：198-203.

[254] 宋小青. 论土地利用转型的研究框架 [J]. 地理学报, 2017, 72 (3): 471-487.

[255] 孙鸿烈, 郑度, 姚檀栋, 等. 青藏高原国家生态安全屏障保护与建设 [J]. 地理学报, 2012, 67 (1): 3-12.

[256] 汤青. 黄土高原农户可持续生计评估及未来生计策略: 基于陕西延安市和宁夏固原市 1076 户农户调查 [J]. 地理科学进展, 2013, 32 (2): 161-169.

[257] 田光进, 刘纪远, 庄大方. 近 10 年来中国农村居民点用地时空特征 [J]. 地理学报, 2003, 58 (5): 651-658.

[258] 田玉军, 李秀彬, 马国霞, 等. 劳动力析出对生态脆弱区耕地撂荒的影响 [J]. 中国土地科学, 2010, 24 (7): 4-9.

[259] 田玉军, 李秀彬, 马国霞. 耕地和劳动力禀赋对农村劳动力外出务工影响的实证分析: 以宁夏南部山区为例 [J]. 资源科学, 2010, 32 (11): 2160-2164.

[260] 汪明峰, 林小玲, 宁越敏. 外来人口、临时居所与城中村改造: 来自上海的调查报告 [J]. 城市规划, 2012, 36 (7): 73-80.

[261] 王成, 彭清, 唐宁, 等. 2005—2015 年耕地多功能时空演变及其协同与权衡研究: 以重庆市沙坪坝区为例 [J]. 地理科学, 2018, 38 (4): 590-599.

[262] 王成, 唐宁. 重庆市乡村三生空间功能耦合协调的时空特征与格局演化 [J]. 地理研究, 2018, 37 (6): 1100-1114.

[263] 王成, 王利平, 李晓庆, 等. 农户后顾生计来源及其居民点整合研究: 基于重庆市西部郊区白林村 471 户农户调查 [J]. 地理学报, 2011, 66 (8): 1141-1152.

[264] 王成, 赵帅华. 浅丘带坝区近 30 年乡村聚落空间演变规律研究: 以重庆市合川区兴坝村为例 [J]. 西南大学学报 (自然科学版), 2014, 36 (6): 135-141.

[265] 王成新, 姚士谋, 陈彩虹. 中国农村聚落空心化问题实证研究 [J]. 地理科学, 2005, 25 (3): 257-262.

[266] 王春超. 转型时期中国农户经济决策行为研究中的基本理论假设 [J]. 经济学家, 2011 (1): 51-62.

[267] 王桂秀, 卢玫珺, 郑智峰. 农村住宅功能模式的适用策略探析: 以豫北地区为例 [J]. 安徽农业科学, 2012, 40 (21): 10968-10969.

[268] 王晗. 清代绥德直隶州土地垦殖及其对生态环境的影响 [J]. 中国农史, 2010 (2): 22-31.

[269] 王介勇, 刘彦随, 陈玉福. 黄淮海平原农区典型村庄用地扩展及其动力机制 [J]. 地理研究, 2010, 29 (10): 1833-1840.

[270] 王介勇, 刘彦随, 陈秋分. 农村空心化程度影响因素的实证研究: 基于山东省村庄调查数据 [J]. 自然资源学报, 2013, 28 (1): 10-18.

[271] 王介勇, 刘彦随, 陈玉福. 黄淮海平原农区农户空心村整治意愿及影响因素实证研究

[J]. 地理科学, 2012, 32 (12)：1452-1458.

[272] 王金亮, 邵景安, 李阳兵. 近20年三峡库区农林地利用变化图谱特征分析 [J]. 自然资源学报, 2015, 30 (2)：235-247.

[273] 王利平, 王成, 李晓庆, 等. 基于生计资产量化的农户分化研究：以重庆市沙坪坝区白林村471户农户为例 [J]. 地理研究, 2012, 31 (5)：945-954.

[274] 王鹏飞. 论北京农村空间的商品化与城乡关系 [J]. 地理学报, 2013, 68 (12)：1657-1667.

[275] 王琼英, 冯学钢. 乡村旅游研究综述 [J]. 北京第二外国语学院学报, 2006 (1)：115-120.

[276] 王西玉. 农村改革与农地制度变迁 [J]. 中国农村经济, 1998 (9)：4-10.

[277] 王向东, 刘卫东. 中国土地类型研究的回顾和展望 [J]. 资源科学, 2014, 36 (8)：1543-1553.

[278] 王勇, 李广斌. 苏南乡村聚落功能三次转型及其空间形态重构：以苏州为例 [J]. 城市规划, 2011, 35 (7)：54-60.

[279] 王钰. 农村宅基地使用权多元功能的冲突与协调：以社会保障功能与资产增值功能为视角 [J]. 社科纵横, 2009, 24 (10)：114-116.

[280] 魏开, 许学强, 魏立华. 乡村空间转换中的土地利用变化研究：以滘中村为例 [J]. 经济地理, 2012, 32 (6)：14-119, 131.

[281] 吴次芳, 杨志荣. 经济发达地区农地非农化的驱动因素比较研究：理论与实证 [J]. 浙江大学学报 (人文社会科学版), 2008, 38 (2)：29-37.

[282] 吴文恒, 牛叔文, 郭晓东, 等. 黄淮海平原中部地区村庄格局演变的实证分析 [J]. 地理研究, 2008, 27 (5)：1017-1026.

[283] 吴旭鹏, 金晓霞, 刘秀华, 等. 生计多样性对农村居民点布局的影响：以丰都县为例 [J]. 西南农业大学学报 (社会科学版), 2010, 8 (5)：13-17.

[284] 西奥多·W. 舒尔茨. 改造传统农业 [M]. 梁小民, 译. 北京：商务印书馆, 1987.

[285] 席建超, 王首琨, 张瑞英. 旅游乡村聚落 "生产-生活-生态" 空间重构与优化：河北野三坡旅游区苟各庄村的案例实证 [J]. 自然资源学报, 2016, 31 (3)：425-435.

[286] 席建超, 王新歌, 孔钦钦, 等. 过去25年旅游村落社会空间的微尺度重构：河北野三坡苟各庄村案例实证 [J]. 地理研究, 2014, 33 (10)：1928-1941.

[287] 席建超, 王新歌, 孔钦钦, 等. 旅游地乡村聚落演变与土地利用模式：野三坡旅游区三个旅游村落案例研究 [J]. 地理学报, 2014, 69 (4)：531-540.

[288] 席建超, 赵美风, 葛全胜. 旅游地乡村聚落用地格局演变的微尺度分析：河北野三坡旅游区苟各庄村的案例实证 [J]. 地理学报, 2011, 66 (12)：1707-1717.

[289] 夏飞, 袁洁. 中国—东盟自由贸易区交通运输发展的区位熵分析 [J]. 管理世界, 2012

(1)：180-181.

[290] 向国成，韩绍凤．农户兼业化：基于分工视角的分析 [J]．中国农村经济，2005 (8)：4-9.

[291] 向敬伟，李江风，曾杰．鄂西贫困县耕地利用转型空间分异及其影响因素 [J]．农业工程学报，2016，32 (1)：272-279.

[292] 谢花林，刘黎明，李振鹏．城市边缘区乡村景观评价方法研究 [J]．地理与地理信息科学，2003，19 (3)：101-104.

[293] 谢勇．土地征用、就业冲击与就业分化：基于江苏省南京市失地农民的实证研究 [J]．中国人口科学，2010 (2)：65-72.

[294] 辛良杰，李秀彬，谈明洪，等．近年来我国普通劳动者工资变化及其对农地利用的影响 [J]．地理研究，2011，30 (8)：1391-1400.

[295] 信桂新，阎建忠，杨庆媛．新农村建设中农户的居住生活变化及其生计转型 [J]．西南大学学报（自然科学版），2012，34 (2)：122-130.

[296] 邢谷锐，徐逸伦，郑颖．城市化进程中乡村聚落空间演变的类型与特征 [J]．经济地理，2007，27 (6)：932-935.

[297] 徐建春，周国锋，徐之寒，等．城市雾霾管控：土地利用空间冲突与城市风道 [J]．中国土地科学，2015，29 (10)：49-56.

[298] 徐勇．中国农村研究（2002年卷）[M]．北京：中国社会科学出版社，2003.

[299] 阎建忠，吴莹莹，张镱锂，等．青藏高原东部样带农牧民生计的多样化 [J]．地理学报，2009，64 (2)：221-233.

[300] 阎建忠，张镱锂，摆万奇，等．大渡河上游生计方式的时空格局与土地利用/覆被变化 [J]．农业工程学报，2005，21 (3)：83-89.

[301] 杨庆媛，田永中，王朝科，等．西南丘陵山地区农村居民点土地整理模式：以重庆渝北区为例 [J]．地理研究，2004，23 (7)：469-478.

[302] 杨忍，陈燕纯．中国乡村地理学研究的主要热点演化及展望 [J]．地理科学进展，2018，37 (5)：601-616.

[303] 杨忍，刘彦随，陈秧分．中国农村空心化综合测度与分区 [J]．地理研究，2012，31 (9)：1697-1706.

[304] 杨山．发达地区城乡聚落形态的信息提取与分形研究：以无锡市为例 [J]．地理学报，2000，55 (6)：671-678.

[305] 杨悉廉，杨其祺，周兵兵，等．县域农村居民点整理的潜力测算与时序分区 [J]．农业工程学报，2013，29 (12)：235-245.

[306] 姚建衢，郭焕成．黄淮海地区乡村功能类型及其地域模式 [J]．经济地理，1992，11 (4)：11-19.

[307] 叶长盛, 刘平辉, 朱传民. 江西省居民消费结构与用地结构的相互关系研究 [J]. 农业现代化研究, 2009, 30 (5): 543-546.

[308] 俞孔坚, 袁弘, 李迪华, 等. 北京市浅山区土地可持续利用的困境与出路 [J]. 中国土地科学, 2009, 23 (11): 3-8.

[309] 张安录. 城乡生态经济交错区农地城市流转机制与制度创新 [J]. 中国农村经济, 1999 (7): 43-49.

[310] 张佰林, 蔡为民, 张凤荣, 等. 隋朝至1949年山东省沂水县农村居民点的时空格局及驱动力 [J]. 地理研究, 2016, 35 (6): 1141-1150.

[311] 张佰林, 蔡为民, 张凤荣, 等. 中国农村居民点用地微观尺度研究进展及展望 [J]. 地理科学进展, 2016, 35 (9): 1049-1061.

[312] 张佰林, 杨庆媛, 严燕, 等. 快速城镇化进程中不同类型农户弃耕特点及原因: 基于重庆市十区县540户农户调查 [J]. 资源科学, 2011, 33 (11): 2047-2054.

[313] 张佰林, 张凤荣, 高阳, 等. 农村居民点多功能识别与空间分异特征 [J]. 农业工程学报, 2014, 30 (12): 216-224.

[314] 张佰林, 张凤荣, 曲宝德, 等. 山东省沂水县农村非农化程度差异及驱动力 [J]. 地理学报, 2015, 70 (6): 1008-1021.

[315] 张佰林, 张凤荣, 周建, 等. 农村居民点功能演变的微尺度分析: 山东省沂水县核桃园村的实证 [J]. 地理科学, 2015, 35 (10): 1272-1279.

[316] 张佰林. 农村居民点功能演变与空间分异研究: 以山东省沂水县为例 [D]. 北京: 中国农业大学, 2015.

[317] 张德元. 农村宅基地的功能变迁研究 [J]. 调研世界, 2011 (11): 21-23.

[318] 张凤荣, 安萍莉, 孔祥斌. 北京市土地利用总体规划中的耕地和基本农田保护规划之我见 [J]. 中国土地科学, 2005, 19 (1): 10-16.

[319] 张凤荣, 周建, 张佰林. 基于内部用地结构及其功能的农村居民点整理潜力辨析 [J]. 中国农业大学学报, 2016, 21 (5): 155-160.

[320] 张凤荣. 重在保持耕地生产能力: 对新形势下耕地总量动态平衡的理解 [J]. 中国土地, 2003 (7): 13-15.

[321] 张红宇, 刘玫, 王晖. 农村土地使用制度变迁: 阶段性、多样性与政策调整 [J]. 农业经济问题, 2002 (2): 12-20.

[322] 张红宇. 中国农村土地产权政策: 持续创新 [J]. 管理世界, 1998 (6): 168-177.

[323] 张济, 朱晓华, 刘彦随, 等. 基于0.25m分辨率影像的村庄用地潜力调查: 以山东省巨野县12个村庄为例 [J]. 经济地理, 2010, 30 (10): 1717-1721.

[324] 张强. 农村居民点布局合理性辨析: 以北京市郊区为例 [J]. 中国农村经济, 2007 (3): 65-72.

[325] 张瑞娟, 姜广辉, 王明珠, 等. 基于多维特征组合的农村居民点布局分类 [J]. 农业工程学报, 2015, 31 (4): 286-292.

[326] 张小林. 乡村概念辨析 [J]. 地理学报, 1998, 53 (4): 365-371.

[327] 张英, 李秀彬, 宋伟, 等. 重庆市武隆县农地流转下农业劳动力对耕地撂荒的不同尺度影响 [J]. 地理科学进展, 2014, 33 (4): 552-560.

[328] 张玉英, 王成, 王利平, 等. 兴坝村浅丘带坝区不同类型农户农村居民点文化景观特征研究 [J]. 中国土地科学, 2012, 26 (11): 45-53.

[329] 张正峰, 王琦, 谷晓坤. 秀山自治县土地整治生态系统服务价值响应研究 [J]. 中国土地科学, 2012, 26 (7): 50-55.

[330] 张正峰, 赵伟. 农村居民点整理潜力内涵与评价指标体系 [J]. 经济地理, 2007, 27 (1): 137-140.

[331] 赵扬昕, 朱启臻. 乡村农家院落的功能 [J]. 中国农业信息, 2012 (11S): 14-15.

[332] 甄峰, 赵勇, 郑俊, 等. 新农村建设与乡村发展研究: 唐山、秦皇岛乡村个案分析 [J]. 地理科学, 2008, 28 (4): 464-470.

[333] 郑贵廷, 庄慧彬. 在制度框架下研究经济人假设: 从完全理性到适应性理性 [J]. 吉林大学学报 (社会科学版), 2003, 11 (6): 48-53.

[334] 郑红玉, 吴次芳, 沈孝强. 土地混合利用研究评述及框架体系构建 [J]. 经济地理, 2018, 38 (3): 157-164.

[335] 郑健雄, 郭焕成, 林铭昌, 等. 乡村旅游发展规划与景观设计 [M]. 北京: 中国矿业大学出版社, 2009.

[336] 钟宁桦. 农村工业化还能走多远 [J]. 经济研究, 2011 (1): 18-27.

[337] 周丁扬, 安萍莉, 姜广辉, 等. 泰安市农村居民点整理分区研究 [J]. 资源科学, 2011, 33 (3): 497-504.

[338] 周国华, 贺艳华, 唐承丽, 等. 中国农村聚居演变的驱动机制及态势分析 [J]. 地理学报, 2011, 66 (4): 515-524.

[339] 周建, 张凤荣, 王秀丽, 等. 中国土地整治新增耕地时空变化及其分析 [J]. 农业工程学报, 2014, 30 (19): 282-289.

[340] 周婧, 杨庆媛, 信桂新, 等. 贫困山区农户兼业行为及其居民点用地形态: 基于重庆市云阳县 568 户农户调查 [J]. 地理研究, 2010, 29 (10): 1767-1779.

[341] 周立三, 佘之祥. 中国农业地理和土地利用的近期研究 [J]. 地理学报, 1990, 45 (2): 146-153.

[342] 周其仁. 中国农村改革: 国家和所有权关系的变化 (上): 一个经济制度变迁史的回顾 [J]. 管理世界, 1995 (3): 178-220.

[343] 朱彬, 马晓冬. 苏北地区乡村聚落的格局特征与类型划分 [J]. 人文地理, 2011 (4):

66-72.

[344] 朱凤凯，张凤荣，朱泰峰，等．都市山区建设用地增减挂钩可行性研究：基于土地覆被与耕地利用的视角 [J]．资源科学，2013，35（7）：1398-1406.

[345] 朱凤凯．北京市郊区农村居民点用地转型与功能演变研究 [D]．北京：中国农业大学，2014.

[346] 朱泰峰，张凤荣，李灿，等．基于植被覆盖率的农村居民点整理潜力估算及实证 [J]．农业工程学报，2013，29（1）：240-249.

[347] 朱晓华，陈秧分，刘彦随，等．空心村土地整治潜力调查与评价技术方法：以山东省禹城市为例 [J]．地理学报，2010，65（6）：736-744.

[348] 朱晓华，丁晶晶，刘彦随，等．村域尺度土地利用现状分类体系的构建与应用：以山东禹城牌子村为例 [J]．地理研究，2010，29（5）：883-890.

[349] 朱晓青，王竹，应四爱．混合功能的聚居演进与空间适应性特征："浙江模式"下的产住共同体解析 [J]．经济地理，2010，30（6）：933-937.

[350] 朱雪欣，王红梅，袁秀杰，等．广东省佛冈县城乡居民点空间格局优化研究 [J]．中国土地科学，2009，23（8）：51-57.

[351] 邹统钎，马欣，张昕玲，等．乡村旅游可持续发展的动力机制与政府规制 [J]．杭州师范学院学报（社会科学版），2006，28（2）：64-67.

后　记

接触农村居民点微观研究领域，是从我攻读博士的时候开始的。2012 年我有幸进入中国农业大学，跟随中国土地学会副理事长兼学术工作委员会主任张凤荣教授，成为"荣凤门"一员。跟张老师的缘分，其实从 2011 年就已经开始了，当时我在西南大学攻读地理科学学院杨庆媛教授的硕士，张老师去西南大学讲学，我就表达了想北上读他博士的想法，再加上杨老师的极力推荐，没想到转年梦想就变成现实。依然清晰记得开学后，张老师叫我到他的办公室，告诉我博士期间的任务，是依托他的国家自然科学基金项目进行调研与写作。张老师的国家自然科学基金项目就是通过构建农村居民点功能表征要素，探讨农村居民点演变分异规律，在此基础上进行农村居民点的系统分类研究，而我将进一步研究聚焦于农村居民点用地功能这一主题。张老师也兑现了他的承诺，攻读博士学位是我最充实、学术思想最自由的三年，我没有体会到网上描述的博士生如何"悲惨"的那些痛苦感，也没有因为博士毕业难而惆怅，而这要归功于张老师对我的照顾。在张老师的安排下，我不断地对全国各地的农村居民点进行调研，他也经常叫我跟他一起散步，或者把我叫到他的办公室，把他的学术想法告诉我，再加上我平时的思考，逐渐形成了对农村居民点微观尺度研究的认识。我很珍惜跟张老师一起探讨学术观点的那些日子，他将他关于农村土地利用的系统思考毫无保留地传授给了我，甚至在我毕业工作后，他也趁着来天津的机会，将他对于山区农村衰落及土地利用转型的认识讲授给我。我很庆幸进入"荣凤门"大家庭，在有困惑时总能及时从他们那里得到指教。

细算起来，我进入农村居民点用地内部结构与功能的研究领域，也有 7 年了，本书的内容，即是对这 7 年研究成果的系统总结。其中的很多学术思想，得益于张老师的点拨和指导，也得益于很多同领域专家的指导。感谢我的硕导杨庆媛教授，在我读博和工作期间，一如既往地给予我关怀和指导；感谢中国科学院地理科学与资源研究所龙花楼研究员，他作为乡村地理研究领域的"大咖"，没有丝毫的"架子"，对我进行农村居民点研究提供了极大的帮助和鼓舞，作为我的博士毕业答辩委员，他见证了我学术道路上的重要时刻；感谢中国农业大学孙丹峰教授，他经常给我讲述一些土地资源管理方面的学术思想，孙老师虽然研究的是半干旱沙区的土地利用，但是在农村发展领域也有很深的见解；感谢中国农业大学的高阳博士，我们经常交流学术观点，她给了我很多有关农村居民点研究方法与思路的建议。清晰地记得，读博期间，天还未亮，就赶乘公交车到中国科学院地理科学与资源研究所、北京大学等院所听讲座的经历，虽然冒着严寒，但是聆听大家授课而茅塞顿开的那种喜悦感，回忆起来仍倍感温暖。不得不提的是，读博期间我经常到学校图书馆下面的咖啡厅，一坐就是一天，读了不下几十本学术名著，涉及地理学、社会学、经济学等领域，这是我非常珍惜的一段经历，我很多的学术想法是在那里产生的。

本书的顺利出版，要感谢我的工作单位天津工业大学的蔡为民教授，他为我提供了大量的帮助，依托课题安排我到天津蓟州、武清等地调研农村发展状况，本书的一些思想，也是在这些调研过程中形成的。

感谢本书的共同作者，我的两位师兄，北京师范大学姜广辉教授和山东财经大学曲衍波教授。姜教授作为青年才俊，在农村居民点用地演变及整治的理论与应用研究方面，具有很深的造诣。每当我遇到困惑时，总是要打扰他，而且由于我性子急，不分昼夜甚至凌晨也要通过微信或电话联系他，而他也总能及时回复我，我们有些交流甚至是在深夜两点进行的；曲师兄才思敏捷且异常勤奋，时常激励着我，每当我学术上遇到困惑而电话求教于他时，他总能给我及时而有效的帮助，跟我一起耐心地探讨问题，提出解决思路。

本书的写作需要大量的实地调研，为此，我3次到沂水县调研，其中2014年的一次正值暑期，我不间断地连续调查了30天，亲眼看见山区庄稼因为干旱而枯萎，村庄因为劳动力转移而凋敝的情景，以及新村建设呈现出的勃勃生机，这些经历都让我受益匪浅。到山西省长治市的农村进行的调研，也持续了10天，是我们"荣凤门"集体的劳动成果。在这里，要感谢临沂市国土局和沂水县国土资源分局，以及长治市国土资源局相关领导的帮助，以及调研村书记、会计和调查农户的热情配合。正是他们的帮助，让我顺利获得了本书内容所需的数据支撑。

感谢出版社的编辑不厌其烦地对全书进行编审，而且耐心地为我提供建议，才能保证本书顺利出版。感谢我的研究生钱家乘，以及我的本科生田佳鹏、苗本耀、郑慧慧、许智慧、张昌帆等对本书进行了仔细的校对。

张佰林

2019年1月8日于美国俄亥俄州